JN093920

不動産証券化

Introduction to
Closing Practice of
Real estate
Securitization

ビジネスの

教科書

竹永　良典 著
飛鳥リアルエステート
アドバイザリー株式会社 編著

［クロージング実務入門］

秀和システム

■ ダウンロードサービスについて

　本書をより深く理解できるよう、読者特典として本文中で紹介した契約文書例がダウンロードできます。ダウンロードは以下のサイトから行ってください。

　なお、本書で紹介した契約文書（第11・12章）の著作権は著者等に帰属するものですので、商用での頒布・販売はいっさい禁じておりますが、読者の皆さまの実際の契約において、修正・加工の上でご利用いただくことは禁じておりません。ただし、本契約書例の使用に基づくトラブル、損害などに関する責任はいっさい負いかねますことをご了承ください。

㈱秀和システムのホームページ
https://www.shuwasystem.co.jp/

サンプルファイルのダウンロードページ
https://www.shuwasystem.co.jp/support/7980html/6746.html

●注意
(1) 本書は著者が独自に調査した結果を出版したものです。
(2) 本書は内容について万全を期して作成いたしましたが、万一、ご不審な点や誤り、記載漏れなどお気付きの点がありましたら、出版元まで書面にてご連絡ください。
(3) 本書の内容に関して運用した結果の影響については、上記(2)項にかかわらず責任を負いかねます。あらかじめご了承ください。
(4) 本書の全部または一部について、出版元から文書による承諾を得ずに複製することは禁じられています。
(5) 商標
　　本書に記載されている会社名、商品名などは一般に各社の商標または登録商標です。

はじめに

　不動産証券化市場は、2000年代初頭の登場以来規模拡大が続き、不動産ビジネス関係者にとって主要なマーケットの1つとなっています。かかる年月を経てクロージングの商慣習はある程度確立されてきたものの、実際のクロージングの現場では、案件や物件の性格に応じて、または当事者の置かれた状況に応じて論点が生じ、これをいかに解消するかに都度苦労するのが実情です。

　本書はそのような不動産証券化クロージングの各プロセスについて、留意すべき点や実務的なノウハウを助言し、解説を行うものです。

　本書の特徴は3つあります。

　まず、本書の構成は一連のクロージングを各フェーズに分解し、それぞれのフェーズにおける留意点を解説するかたちとしています。クロージングは連続性を持っていますが、後のフェーズで優位に立つため、前のフェーズで行っておくべきこと（行うべきでないこと）があります。本書では有利なクロージングのため、縦の関係性に留意しています。次に迎えるフェーズのために何ができるか（または前のフェーズで何ができたか）を意識して読んでいただきたいと思います。

　次に、クロージングには不動産分野、法務分野、税務・会計分野など様々な知識が必要です。実務に携わる方はいずれかの専門分野を持ち、これを軸として事案に取り組んでいると思われます。また、各人の担当範囲も組織によって様々で、専門外の分野でも守備範囲となることが通常です。本書では穴のないクロージングが実現できるよう、横の関係性を意識して説明しています。専門分野にとどまらず、専門外の分野や通常は担当外となる分野についても理解を深めるよう留意しつつ読んでいただきたいと思います。

最後に、本書は証券化ビジネスにおける 20 年以上の経験に基づく実務のノウハウを示すものです。クロージングを重ねれば、一定の定石のようなものが見えてきますが、それを獲得するには相当の実務経験が必要です。本書はその経験を補完し、または短縮することを目的としています。定石に加えて、それが生まれた背景を意識して読んでいただきたいと思います。

　クロージングは事案によって様々な道筋をたどり、より注意を払うべき点や、より備えるべき点は、毎回異なります。常に同じ方法が最適解とはなりません。しかしながら、本書では、できるだけ実務をそのままご理解いただくため、踏み込んで言及したところも多くあります。趣旨をご理解いただき、踏み込みすぎたところについては温かくみていただけたらと思います。

　本書がわずかでも皆さまの経験値となること、そしてそれが皆さまのレベルアップの助けとなれば望外の喜びです。

　最後に、本書の刊行は秀和システム編集本部の大変なご尽力なくして実現しなかったものです。この場を借りてお礼申し上げます。

2022 年 5 月

飛鳥リアルエステートアドバイザリー株式会社

不動産鑑定士　　竹永　良典

目次

第1部　売買実行までのプロセス

第1章　概要資料の交付

第7章 デューデリジェンス

第8章 **売買契約締結**

第11章 **売買契約書のモデルと解説**

第12章 **売主・買主の信託受益権売買契約の比較**

0-1 | 不動産証券化取引実務上の論点整理

　証券化不動産取引においては、共通化したクロージングプロセスや契約等の枠組みが存在しており、これに沿ったかたちで取引実務が行われることが通常です。よって、これら枠組みに対する理解が実務を行う上では不可欠ですし、深度ある理解をもって、クロージング実務の最適化が期待できます。

　これらクロージング実務については、社内でも専門性による役割分担が行われていることが多く、また、役割分担が行われていない場合でも、売買実務は複数の分野にまたがるものであるため、担当者の専門性が高い部分と、そうでない部分とがあるのが実情でしょう。

　個々の担当者は得意分野の拡大に努めるべきで、それによって守備範囲も拡大できます。また、取引実務にかかる全体的な認識が進めば、予備的な手立てを講じることを通じて、スムーズなクロージングや売買当事者間におけるリスク分担の最適化がかなうでしょう。さらに不動産証券化取引においては、売主・買主がそれぞれファンドや投資法人であるいわゆるプロ・プロの取引のほか、売主・買主のいずれかが事業会社等である場合のプロ・アマの取引が行われることも多いものです。

　そういった場合においても、不動産証券化取引の枠組みが利用されることになるため、これら不動産証券化取引を専門としない主体が、相手方（プロ）の思考や慣行を理解して取引に臨むことは、リスク低減や取引の安定化に資するものと思われます。

　本書では、実務レベルでの取引実務および個別論点の整理を行い、証券化取引当事者におけるクロージング実務の最適化を促進することを目的としています。また、不動産仲介会社や信託受託者、レンダー、証券会社、プロパティマネージャー、リーガルアドバイザーや不動産鑑定業者、エンジニアリングレポート作成会社等の関連当事者に対しても、本書がクロージング実務への理解を促進させ、それぞれの提供するサービスがより深化することを期待するものです。

0-2 | 証券化プレイヤーの分類

　不動産証券化プレイヤーは大きく**コア投資プレイヤー**と**オポチュニスティック投資プレイヤー**とに分類されます。

■コア投資

　上場リートや私募リートの運用会社を中心とするプレイヤーです。原則として、中・長期の投資スタイルであり、安定的なインカムゲインを選好します。運用会社においては、運用資産（AUM*）の積み増しによるポートフォリオ安定化と、これに伴う運用フィーの拡大が志向されます。投資基準が厳密に定められることが多く、投資対象は相対的に限られます。キャピタルゲインを（積極的に）予定せず、物件売却はポートフォリオの改善を目的とする入替が中心となるため、売却機会は限定的です。

　運用会社の報酬体系はおおむね以下のとおりです。

・アクイジションフィー（取得価格×● bps）
・運用フィー（資産額×● bps）
・ディスポジションフィー（売却価格×● bps）

■オポチュニスティック投資

　主に外資系投資ファンドなどを中心とするプレイヤーです。原則として、短期の投資スタイルであり、目標となるIRR*を達成するため、売買差益によるキャピタルゲインが追求されます。報酬体系として、目標IRRを達成した場合のインセンティブフィーが設定されることが一般的です。目標となるIRRを獲得できる物件が投資適格となり、コア投資プレイヤーほどの厳密な投資基準があらかじめ定められることはありません。キャピタルゲインを獲得できるタイミングで随時物件売却を行いますので、売却機会を多く持ちます。運用会社の報酬体系はおおむね以下のとおりです。

＊ **AUM**：Assets Under Management（運用資産残高）の略。
＊ **IRR**：Internal Rate of Return（内部収益率）の略。

・アクイジションフィー

・運用フィー

・ディスポジションフィー

・インセンティブフィー (基準 IRR 超過の利益×●%)

▼投資スタイルによる特徴

属性	コア投資	オポチュニスティック投資
主なプレイヤー	上場リート、私募リート、コアファンドなど	外資系不動産ファンドなど
報酬	アクイジションフィー 運用フィー ディスポジションフィー	アクイジションフィー 運用フィー ディスポジションフィー インセンティブフィー
投資期間	中長期	短期
資金の性格	インカムゲインを選好	キャピタルゲインを選好
運用会社の志向	AUM 拡大 主に期中運用報酬の拡大	IRR 達成 主にインセンティブフィー獲得
取得機会	限定的	多い
売却機会	限定的	多い

　いずれのプレイヤーにおいても、物件取得があって初めて収益機会を得られますので、投資機会は常に求めています。しかしながら、コア投資では**エクイティ**調達方法が限定的である場合が多く*、運用会社がクロージングを行う機会は相対的に少なくなります*。一方でオポチュニスティック投資は、取得と売却とを繰り返す回転型モデルですので、クロージングを行う機会が多くあります。

　クロージングに多く直面し、その経験値を積めば技術は当然上がります。しかし、いずれの投資スタイルをとるかによって、その機会をどれだけ得られるかは異なります。かといって、コア投資プレイヤーが経験値不足を当たり前とすることはできません。

＊…**場合が多く**：コアファンドからの追加出資を行うスキームを除き、増資等の手続きが必要となることが多い。増資は、一定のボリュームが必要となること、手続きに３カ月程度の期間を要すること、投資口価格の影響を受けることなどにより、これを行う機会は限定される。

＊…**少なくなります**：投資法人においては、アクイジションの進捗や投資口価格の影響等によって、増資（≒物件取得）が数年に一度しか行えない場合がある。

0-3 | クロージング技術の影響

　クロージングの技術は、価格調整と補償責任の負担に具体的に影響します。いずれの投資スタイルでも、物件取得・運用・物件売却のサイクルを前提としており、各プレイヤーはこのサイクルで、買主・売主それぞれの立場をとることとなります。そして当然ながら、売主と買主とはリスクを分担する関係に立ちます。

　例えば、クロージング中に減価要因が判明した場合、買主はこれに相当する売買金額の調整を求めます。価格決定後にかかる事態が発生した場合には、これは売主の期待する利益を減少させることとなります。また、減価要因を見落とした場合、価格調整が働かず、買主は割高な金額で取得してしまうこととなります。そのため、買主は**デューデリジェンス***を入念に行い、損害の回避に努めます。また、契約後に減価要因が判明した場合、売買契約上のリスク負担次第では、売主がこれを補償する義務を負います。当然に売主はこれを回避しようとし、買主はその補償義務を契約上組み込もうとします。これらの点で、売主と買主の利益は当然相反します。

▼クロージング上の瑕疵による不利益と手当

	売主		買主	
	不利益	手当	不利益	手当
クロージング中	減価要因の判明による価格調整	事前の適切な資料開示	減価要因の見落としによる割高な取得	適切なデューデリジェンス
契約後	減価要因の判明による補償、契約違反による損害賠償責任・違約金負担	売買契約書の調整	減価要因の見落しによる損失の自己負担	売買契約書の調整

　売主においては、事前の適切な情報開示に努めること、売買契約上で必要以上のリスク負担を行わないことが、買主においては、デューデリジェンスで減価要因を見落とさないこと、売買契約上で売主に適切なリスク負担を行わせることが、それぞれ不利益回避の手当となります。

0-4 | 証券化不動産取引実務の分類

　証券化不動産取引実務は、おおむね以下のフェーズに分類されます。

①概要資料の交付
②秘密保持契約の取り交わし
③詳細資料開示
④詳細資料の精査、プライシング
⑤追加資料の徴求、Q&A の実施
⑥ **LOI*** の交換
⑦デューデリジェンス
⑧売買契約締結
⑨引渡し

　物件情報入手から引渡しに至るまでの大まかな流れは、売主が開示する資料（①〜③）に基づき、買主が対象不動産のプライシングを行います（④⑤）。その上で価格が折り合えば買受申込書 / 売渡承諾書等が交換され（⑥）、買主に優先交渉権が付与されます。その後、物件等に関するデューデリジェンス（⑦）が行われ、その結果抽出された問題点やリスク分担の調整を経て、売買契約書の締結（⑧）、物件の引渡しが行われます（⑨）。

　本稿では、第1部で上記各プロセスおよび論点の説明を行い、第2部で売買契約書ドキュメンテーションの解説を行います。

＊ **デューデリジェンス**：投資先の価値やリスクを調査すること。
＊ **LOI**：Letter Of Intent の略。買主から提示されるものは購入申込書、購入意向表明書、買受申込書、売主から提示されるものは売渡承諾書、優先交渉権付与書、というように様々な名称が用いられる。まれに仲介会社宛に「取り纏め依頼書」として発行される場合もある（仲介会社の地位の確認を主眼に置いたものと考えられる）。

第 1 部

売買実行までのプロセス

第 1 章

概要資料の交付

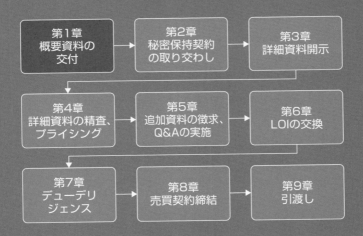

概要資料とは物件売却情報を広く紹介するための販売書面であり、多くの場合は1枚物で提供されます。記載情報は所在・地図・数量などにとどめられ、守秘義務の対象となる情報（テナント情報など）は原則として含まれません。

1-1 | 売主の動機と背景

　売主の物件売却は計画的に行われることが大半です。計画的な売却では、例えば、以下のように売却適期と考えられる場合に売却活動が行われます。

①将来に多額の資本的支出発生が予見される場合
②高単価でのリーシングに成功したなど、さらなるキャッシュフロー改善を買主に期待させられる状況にある場合
③**オーバーレント**＊が発生しているなど、将来におけるキャッシュフローにダウンサイドリスクがある場合
④運用計画に基づく売却時期を迎えた場合
⑤物件収益の最大化が実現されたと考えられる場合
⑥CAPレートの変動などにより、目的とするキャピタルゲイン獲得が期待できる場合
⑦ポートフォリオの入替を目的とする場合
⑧その他資金需要がある場合

　①から③の例は、情報の非対称性に基づき、適正以上の価格での売却を目論むものです。多くの場合、取得担当者は多額の年間取得目標額を背負うため、冷静に見れば売主の目論見が明らかである場合でも買い圧力が勝り、取引に至ることも多く見られます。

＊**オーバーレント**：市場賃料の下落により、契約賃料が市場賃料を上回っている状況。

1-2 売却圧力

　そのほか例外的に、資金調達上の理由（ローン契約上の必要性など）による場合など特別の背景に基づく売却や、（本来不適切ながら）アセットマネージャーにおいて当該期に売却報酬を計上することを目的とした売却などがあります。これらの場合は、売主には一定のタイミングまでに売却を実行すべき特別の事情があり、**売却圧力**が強い状況下にあります。かかる売却では、価格の追求やリスク分担の最適化などよりも売却それ自体が優先されることがあり、買主にとっては取得に適した事案といえます。

実務上のポイント　売却時のポーズ

　金融危機後、ローンのデフォルトが続いた時期には、売り物件情報に対して、当該時点で売却のコントロールを持つ**アセットマネージャー**＊でも、次にコントロールを持つであろう**メザニンレンダー**＊でもなく、いきなり**シニアレンダー**＊に接触する買主も多くありました。アセットマネージャーもメザニンレンダーも一定の期間を超えれば、物件売却の権限を失い、より安価で物件売却が可能な先であるシニアレンダーにコントロールが移行することが予測されたためです。本来は需給バランスの結果、そこに至るまでのどこかの価格で買主が登場することがスキームの前提となっていますが、あまりに資金調達の困難性が高かったため、かかる仕組みは機能しないことが多い市況でした。

＊**アセットマネージャー**：次ページコラム参照。
＊**メザニンレンダー**　：劣後ローンの提供者。
＊**シニアレンダー**　　：優先ローンの提供者。

売却圧力は買主に足元を見られる弱みとなりますので、かかる背景を相手方に伝えることは原則として適切ではありません。一方で、特別な案件であることが買主の関心を引く理由ともなりますので、期日内での売却を必須とする場合には、ある程度これを伝えることが有益な場合もあります。この判断は大変難しいところですが、いざとなったらほかの手当をとれる（無理に売却しなくてもいい）との体を保つことは常に必要（そんな手当が実際にはなかったとしても）です。

Column　証券化取引関係者

●全体

　不動産証券化実務では、アセットマネージャーを中心として、多くの関係者が登場します。各関係者の関与する範囲および深度は専門性によりまちまちですが、アセットマネージャーはこれら関係者と連携し、案件を進めることとなります。

▼証券化取引関係者

分野	当事者	概要
資金調達	エクイティ投資家（投資家）	投資資金を拠出
	レンダー	ローンを供与
	アレンジャー	エクイティまたはローンをアレンジ
運用関係者	信託受託者	信託スキームにおいて受託者となる
	プロパティマネージャー	賃貸管理を担う
アドバイザー	リーガルアドバイザー	契約書の調整、法務のアドバイザー
	税務アドバイザー	税務処理のアドバイザー
	会計アドバイザー	会計処理のアドバイザー
売買	仲介会社	物件仲介を担う
	司法書士	登記手続きを担う
	ウェアハウジング投資家	（投資法人立ち上げや増資までの間で）物件のブリッジを行う主体
デューデリジェンス	不動産鑑定業者（鑑定会社）	物件取得時または期中における不動産評価を担う
	エンジニアリングレポート作成会社	建物遵法性、長期修繕更新費用、危険有害物質調査等を担う
	マーケットレポート作成会社	賃貸市場調査を担う

●アセットマネジメント会社内部

　アセットマネジメント会社では各分野の担当者が連携し、取得から運用に至るまでの実務を行います。会社によって体制はまちまちですが、一連の運用に必要となる職能と担当業務は次のように分けられます。

▼関係部門

	売買部門	運用部門	技術部門	経理部門	法務部門	コンプラ部門	財務・IR 部門
取得	●		●	●	●	●	●
運用		●	●	●	●	●	●
売却	▲	●	●	●	●	●	●

▼証券化業務の流れとプレイヤー（TK-GK スキームの例）

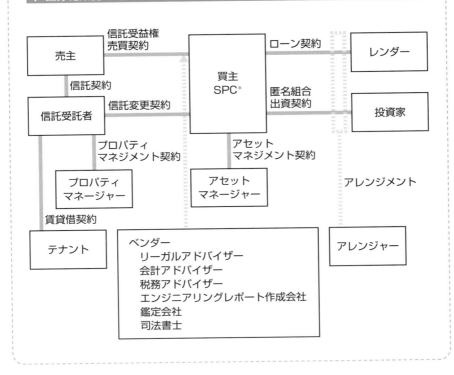

---

* **SPC**：Special Purpose Company の略。特別目的会社と訳される。

1-3 | 売却動機に関する情報

　売却動機に関する情報は、その内容によって買主から足元を見られる端緒となり得ます。よって、売主の立場からは、売却背景に関する照会があったとしても個別具体的な背景は明らかにせず、一般的な回答にとどめることが適切でしょう。一方で、買主の立場においては、売買における売主の状況を把握することによって交渉を有利に進めることが可能となる場合もあるため、売却動機の確認に努めることが望ましいといえます。

実務上のポイント　売却動機伝達の顛末

　Ａ社がＢ社に物件を売却し、その売却代金を原資として、Ｃ社から物件を取得する事案がありました。その際、かかる売却代金の資金使途とスケジュールを意図するところなくＢ社に伝えてしまいました。このとき、Ｂ社はどういった行動をとったでしょうか。

　Ｂ社はデューデリジェンスの遅延や会議体開催上のスケジュールを理由に、意図的に売買実行日を後ろ倒しする動きに出ました。Ａ社においては、Ｃ社からの取得のためにはＢ社への売却が先行せざるを得ません。また、Ｂ社との交渉に時間を費やしていましたので、いまさら別の買主を探すこともできません。結果Ａ社は、Ｂ社との先行した決済を実現させるためにＢ社に対する交渉力を失い、Ｂ社は価格減額も含む多大な成果を獲得しました。Ａ社にとってはうまくやられた実例です。売却動機やその背景は非常にデリケートな問題であり、弱みになる可能性もありますので、その取扱いには相当の注意が必要です。

1-4 | 物件情報の公開と仲介

　不動産アセットマネジメント業界は狭く、人材の流動化も進んでいるため、一定規模のアセットマネジメント会社であれば多くの同業他社にルートを持ちます。

　売主においては、仲介手数料の削減は利益に直結するため、売却情報の提供は、有力検討先への直接の持ち込みと、仲介会社によるそれ以外の先への紹介とが併用されることが多いです。仲介会社との間で一定の貸し借りがある場合＊には、専任媒介またはこれに近いかたちで、特定の仲介会社に優先的に仲介を依頼することもあります。

　仲介会社を用いる場合、複数の業者に広く紹介を許すと、買主候補者に複数のルートから情報の持ち込まれることが生じます。そういった場合には、買主候補者は当該物件について、広く出回っているにもかかわらず売れていない物件（いわゆる**出回り物件**）との心証を持ち、敬遠するおそれがあります。これを回避するため、仲介会社を用いる場合でも紹介予定先をあらかじめ**ネームアップ**＊させ、重複した情報提供を回避するなど手当がとられることが多いようです。

▼ 情報持ち込みが重複する例

自己持ち込み	仲介 X 社	仲介 Y 社
A 社　B 社　C 社	D 社　E 社　A 社	F 社　G 社　A 社　B 社

＊**ネームアップ**：物件情報の紹介に先立って、誰に情報を持ち込むかを仲介会社に明示させること。複数の仲介会社を用いる場合や、仲介と売主自らの持ち込みとを併用する場合などに、情報提供の重複を回避するための手段として用いられる。

＊…**ある場合**：同社が取り仕切るクローズドビッドに参加させたようなケースや、専任案件を優先的に紹介したようなケースなど。

実務上のポイント ネームアップの濫用

　売主たる A 社が仲介会社に売却情報を提供するにあたり、持ち込み先のネームアップを求めた事案がありました。各仲介会社は事業法人などエンド需要者も含めたロングリストを提出しました。A 社は当該リストに基づき、自社で直接持ち込むルートがないかを確認しました。当該事案に直接関わっていない社員によるルートまでが消し込まれた結果、ネームアップ先の多くが A 社自身による直接の持ち込み先とされました。ネームアップが本来の趣旨を超えて利用され、仲介会社が無駄な骨折りをした実例です。

　売主が直接の持ち込み先をあらかじめ明示するかどうか、複数の業者でのネームアップ先が重複した場合にどう整理するかなどは難しい問題です。しかしながら、ネームアップを直接の持ち込み先リストの下敷きとして利用することは信頼関係を損ねかねませんので、仲介会社との関係性を踏まえて取り扱うことが必要です（一部では仲介会社との関係性をそういったものと割り切る考え方もある）。

実務上のポイント 媒介者としての適格性

　昨今では投資法人や運用会社などコンプライアンス意識の高いプレイヤーを中心に、信託受益権売買において第二種金融商品取引業登録をしていない業者の締め出しが進んでいます。

　しかし、一昔前にはそれどころか宅建免許も持たない業者が実質的な媒介を行い、（ライセンス問題回避のため）業務委託料その他の名目で媒介報酬を収受するケースも少なくありませんでした。

　そういったケースでは、取引担当者が当該業者からキックバックを受け取っていたり、一定の調整料として会議室で札束が積まれたり、売主または買主の担当者がこれら業者から小遣いをもらって物件概要書を作成したり、業務委託先の代表者が決裁権者の親族だったり、という不適切な事例もありました。

　媒介報酬は取扱金額に比例して大きな金額となり、不正の温床になりやすい部分であるため、注意が必要です。

1-5 ｜ 買主による検討

　不動産証券化業界において、買主となる市場参加者は常に取得機会を探っています。取得担当者個人単位で年 100 億円や、部門単位で年 1000 億円などの取得目標を課されていることも多く、買い圧力は常に強い状態にあります。一方で、投資基準や目標リターンなどの点から、投資適格となる事案は入手情報数に比して極めて少なく、よって個々の売却情報について、検討を進めるか、見送るかの判断（**スクリーニング**）は早期に行われます。売主においては、いかに買主を引き付けるかが重要なポイントとなり、例えば、以下のような売却方法が用いられることがあります。

①ポートフォリオとして商品化する方法（1 案件のボリュームが増え、予算消化が進むため、買主に訴求力を持つことが多い）
②紹介先を限定し、またはクローズドビッドとすることにより、案件の価値を上げる方法（購入可能性が高いと認識させることにより、案件への取り組みを促進する）
③一次資料で魅力をアピールする方法（売り切りの案件であっても売却用パンフレットや冊子が作られる場合もある）

スクリーニングの方法

　買主がスクリーニングを行うにあたっては、通常は簡易なバリュエーションが必要となります。しかしながら、一次資料ではこれ自体に足りる情報がないことも多く、一方で、それを入手するにも売主から秘密保持契約の取り交わしを求められるなど、リソースがかかることが多いです。リソース削減の観点からは、賃料と CAP レートを変数とした**専有坪単価**（価格÷専有面積）のマトリクスを用いることによって大まかなスクリーニングを行うことも有益です。レンタブル比、空室損、各費目の概算値はアセットタイプごとにおおむね推定可能であり、これによって求められる専有坪単価と売り希望価格との乖離（かいり）を見ることで、検討を進めるに値するか否かのスクリーニングは容易にできるでしょう。

　オフィスビルを対象とした場合のマトリクスを例示すれば次図のとおりです。

▼ 専有坪単価マトリクス

（単位：円／専有坪）

賃料（円／坪） ＼ CAP レート	3.50%	3.75%	**4.00%**	4.25%	4.50%
21,000	5,430,000	5,070,000	**4,750,000**	4,470,000	4,220,000
20,500	5,270,000	4,920,000	**4,610,000**	4,340,000	4,100,000
20,000	**5,120,000**	**4,770,000**	**4,480,000**	**4,210,000**	**3,980,000**
19,500	4,960,000	4,630,000	**4,340,000**	4,080,000	3,860,000
19,000	4,800,000	4,480,000	**4,200,000**	3,950,000	3,730,000

収入項目設定

賃料	**20,000** 円／月・専有坪
Pitch	**500** 円／月・専有坪

支出項目設定

ダウンタイム	6 カ月（4.8% ×潜在総収入）
平均入居期間	10 年
PM	2.0% ×有効総収入
建物管理費	1,200 円 / 月・専有坪
水道光熱費	400 円 / 月・専有坪
修繕費	400 円 / 月・専有坪
固都税	1,500 円 / 月・専有坪
保険料	30 円 / 月・専有坪
リーシングフィー	1 カ月
予備費	0.30% ×有効総収入

CAP レート設定

賃料	**4.00%**
Pitch	**0.25%**

　想定される賃料と CAP レートを求めることは容易です。本例では対象物件について期待利回りが 4.0％、市場賃料が 20 千円 / 坪であった場合の専用坪単価は約 4.5 百万円と求められます。これと売り希望価格との乖離を見ることで、検討に値するかの判断を行うことできます。

　例えば、当該物件の売り希望価格が 5.0 百万円 / 坪である場合、利回り、賃料のいずれか一方（または双方）を相当強く見なければ当該評価は実現せず、これら見立てが困難であれば検討に適さないでしょう。一方で売り希望価格が 4.7 百万円 / 坪である場合には、賃料または利回りの見立て次第では射程に入る水準であり、検討を進める意義は大きいと見ることができるでしょう。

1-7 買主のエクイティ

アセットマネージャーが扱う**エクイティ***の類型は、アセットマネージャーが一定程度コントロールできるもの（投資家からファンド形式で調達済みのものや自己ポジションによるもの、投資法人など調達が相対的に容易なもの）と、都度投資主を募るもの（**セパレートアカウント***や個別にファンドを組成するもの）に大別されます。

後者の、都度金主を見つける類型は、アセットマネージャーにおいて商品化を企画し、それに投資家のエクイティ出資を募るという2段階の投資判断が必要となります。物件情報を入手したアセットマネージャーは、当該案件がエクイティ出資候補者のクライテリアや投資目線に合致した商品になり得るかを検討し、その後、投資家に提案します。よって、他の買主候補と比較して意思決定に時間がかかり、資金調達の確実性にやや劣ります。事案ごとにそれぞれのエクイティを使い分ける主体も存在するため、どういった資金を前提に検討が進められているかを確認することは、売主にとって**ディール***のコントロールやリスク認識上必要でしょう。

***エクイティ**：投資家出資による資本。不動産証券化の場合は匿名組合出資や優先出資による投資が該当し、ノンリコースローンなどデット投資と併せて不動産取得代金の原資となる。
***セパレートアカウント**：特定の投資家を唯一の投資家とするファンド。
***ディール**　：取引や売買のこと。

第２章

秘密保持契約の取り交わし

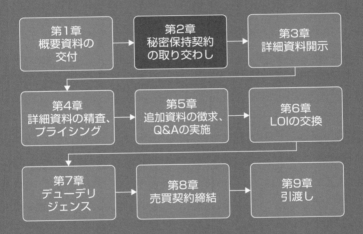

詳細検討に進む場合、より深度のある調査・検討を行うため、詳細資料の開示を求めます。詳細資料には第三者との契約（賃貸借契約、信託契約、境界確認書類等）など、売主自体が第三者に対して秘密保持義務を負っている情報が含まれます。よって、情報の漏洩防止措置を講じる必要があり、開示にあたり秘密保持契約の締結（契約書形式）または差入（誓約書形式）が求められます。

2-1 秘密保持契約の基本的記載事項

秘密保持契約*には以下を軸とした規定がなされます。

①秘密保持義務の対象となる情報・ならない情報
②目的外利用の禁止
③事前開示承諾先
④賠償責任
⑤秘密保持義務を負う期間
⑥秘密保持義務終了後の情報の処分
⑦専属管轄裁判所

■「③事前開示承諾先」について

　第三者への開示は禁止または制限されますが、特定の先に対する開示をあらかじめ承諾しておくことに合理性が認められる場合があります。具体的には、買主がデューデリジェンスを行うにあたり、情報開示することが当然に必要となる鑑定会社やエンジニアリングレポート作成会社などのアドバイザーやリーガルアドバイザー、資金調達のため必須となる金融機関や投資家などがこれにあたります。実務上これら関係当事者への開示なくしては、デューデリジェンスや資金調達を進められません。

　一方で、都度承諾の対象とすると、事務手続きが煩雑となります。よって、事前開示承諾先の範囲を規定することで、実務手続きの軽減が図られます。ただし、その場合でも、何かしら義務違反または情報漏洩があった場合に備えて、以下の定めを行うべきと考えられます。

---

* **秘密保持契約**：CA（Confidentiality Agreement）または NDA（Non-Disclosure Agreement）と呼ぶことが多い。

・「目的のために必要となる範囲」などの限定を付すこと
・**例示列挙**でなく**限定列挙**とすること
　（例示列挙とすると、当然に外縁が不明確となり、情報管理が行い難くなるため妥
　当でない。限定した開示先以外への開示が必要となる場合には、都度承諾を与える
　かたちとすることが適切である）
・事前開示承諾先による漏洩があった場合でも、直接秘密保持契約を締結した直接の
　当事者（買主）がその賠償責任を負うこと
・事前開示承諾先に、原秘密保持契約と同等の秘密保持義務を負担させることを前提
　条件とすること

　なお、買主が関係当事者への情報開示を行うにあたり、当該関係当事者が事前開示
承諾先に含まれるかを都度確認しないことは、事実上多くあるでしょう。これは、関
係当事者への情報開示はそもそも必須であるため、当然に事前開示承諾先に含まれて
いるとの推定が働く（誤認する）ためと考えられますが、両者の間にずれが生じており、
意図せず秘密保持義務違反が生じている場合も往々にしてある点に注意が必要です。
　また、仲介会社が介在する場合、媒介業務の一環として当該業者も詳細情報を取
得することとなります。このとき、買主への情報開示という意識が先行してしまい、
売主と仲介会社との間での秘密保持契約取り交わしを失念しがちであるため注意して
ください。

2-2 | 相互捺印形式と差入形式の別

　秘密保持契約には売主・買主が捺印する形式のものと、買主のみが捺印して売主に差し入れる形式のものとがありますが、いずれを用いるかは、売主の提示するドラフトによることが多いでしょう。

　この点、**差入形式**では、買主が当該物件の取得を検討している事実を含め、売主は何ら秘密保持義務を負わないこととなります。よって、買主において検討の事実などを非開示としたい場合には差入形式ではなく、**相互捺印形式**とした上で、秘密保持義務の対象に当該検討の事実を付すことが必要となります。

実務上のポイント　秘密保持契約締結と期間のロス

　秘密保持契約の締結は必須のプロセスですが、これに過剰な期間がかかる例も散見され、1週間はざらで、場合によっては2週間近くかかるような例も見られます。主には、社内確認者が多すぎることや、些末な点にこだわり、調整に必要以上のやりとりが生じてしまうことが原因となっているようです。

　売主にとっては、より早く買主を決定できるに越したことはありません。また、買主にとっても、早く意思表示ができたほうが、取得競争に勝つ可能性がより高まります。自社が詳細資料受領に1週間かかっているところ、他社が2日でこれを受領していれば、スタートで遅れてしまうことは明らかです。

　このスピードを速める（少なくとも他社に劣らないようにする）ことは、小さなことではあるものの、体制づくりを行う上で、会社または担当部門の義務といえます。

▼秘密保持契約事例（差入形式・1/2）

秘密保持契約書例

●年●月●日

●●　御中

住　所　●●
商　号　●●
代表者　●●

秘密保持に関する確認書

　当社は、末尾記載の資産（以下「本件資産」といいます。）の取得のための調査・検討（以下「本件調査」といいます。）を行うにあたり、貴社より開示される情報について、以下の各条項に従い取り扱うことに同意します。

1．当社は、本件調査に関し貴社より開示される本件資産に関する資料、図面、データその他の情報および資料（以下「秘密情報」といいます。）について、その秘密を保持し、善良な管理者の注意義務をもって管理するものとします。

2．当社は、秘密情報を本件調査以外の目的に使用しません。

〔目的外使用の禁止〕

3．当社は、貴社の書面による事前の許可なくして秘密情報を第三者に開示若しくは漏洩しないものとします。但し次に該当する場合についてはこの限りではありません。
　　1）司法機関または監督当局を含む行政機関の法的手続、指導、要求等により秘密情報の開示を請求された場合
　　2）本件調査のために必要な当社（当社の親会社および関連会社を含む）の役員および従業員、保険契約、融資または信託設定に関わる保険会社・金融機関、ならびに本件調査に関与する弁護士、公認会計士、税理士、不動産鑑定士および設計会社・調査会社等の専門家に対し、本確認書と同等の秘密保持義務を課した上で秘密情報を開示する場合

〔事前開示承諾先〕

4．次に記載する情報については、本確認書に定める秘密情報に該当しないものとします。
　　1）貴社より開示された時点で、既に公知の情報
　　2）貴社より開示された時点で、既に当社が所有していた情報
　　3）貴社より開示された後に、当社の責めによらずに公知となった情報
　　4）貴社に対して秘密保持義務を負うことのない第三者から正当に入手した情報

5．当社は、本確認書の存在および内容ならびに本件調査に関し貴社と当社の間で検討が行われている事実についても秘密情報として扱い、本確認書に定める秘密保持義務を負うものとします。

〔検討の事実自体が秘密保持義務の対象となる旨〕

6．当社は、本件調査が終了した場合または本件調査のために必要な合理的期間が経過した場合には、貴社の請求に従い、貴社より開示された秘密情報を直ちに貴社に返還しまたは破棄するものとします。

7．当社は、本確認書に違反した結果貴社に損害が生じた場合、相当因果関係の範囲でその損害を賠償するものとします。

8．当社は、本確認書に関し争いが生じた場合は、東京地方裁判所を第一審の専属管轄裁判所とすることに同意します。

9．本確認書の有効期間は、本件資産に関する譲渡契約を締結した日または本確認書の作成日から1年を経過した日のいずれか早い日までとします。

以　上

秘密保持契約書例

<本件資産の表示>

1. 土地・建物（いずれも登記記録上の記載）

   土　地
   　　所　　在：●●
   　　地　　番：●●
   　　地　　目：●●
   　　地　　積：●●㎡

   建　物
   　　所　　在：●●
   　　家屋番号：●●
   　　種　　類：●●
   　　構　　造：●●
   　　床　面　積：●●㎡

2. その他
   上記本件不動産の附属設備、工作物及び従物等並びに上記本件不動産にかかわる一切の権利
   等

以　上

第3章

詳細資料開示

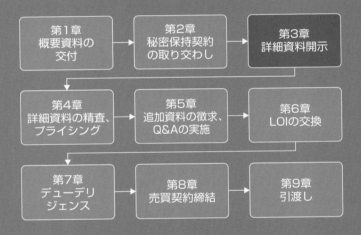

秘密保持契約を取り交わした後、売主から詳細資料が開示されます。当該資料に基づき、買主において価格提示に向けた資料精査が進められます。

3-0 詳細資料の構成

　売主においては通常、売却活動に先立って、買主側での検討にあたり必要になると考えられる情報のパッケージ化が行われます。

■主な交付資料
・登記情報
・法務局備付図面（公図・地積測量図・建物図面）
・実測図・境界確認資料
・越境覚書
・竣工図・建築確認申請図・構造計算書
・建築確認書類（確認済証・検査済証）
・法定点検書類（指摘事項是正エビデンス含む）
・大規模修繕に関する資料
・プロパティマネジメントレポート（レントロール含む）
・賃貸借契約書（覚書含む）
・マスターリース契約書（もしあれば）
・プロパティマネジメント契約書（その他管理契約書含む）
・信託契約書・譲渡承諾依頼書兼承諾書（信託受益権の場合）
・付帯契約に関する資料
・借地契約、管理規約、総会議事録（類型に応じて）
・公租公課関連資料
・保険資料
・旧エンジニアリングレポート
・（旧重要事項説明書・物件概要書）
・その他特記事項に関する資料

■特記事項にあたる情報

　スムーズなクロージングや表明保証違反回避の観点からは、「その他特記事項に関する資料」に漏れがないことが肝要です。

　詳細資料の提供は、売主が詳細パッケージを事前準備する方法のほかに、基本的な資料のみ準備しておいて、その他は質疑に応じて都度対応する方法もあります。しかし、手数はかかるものの、原則として売主において（できるだけ完全な）詳細パッケージを事前準備することが適切です。

　まず、提供情報が買主の質疑の範囲に限定された場合、LOI 交換までの買主に質疑されなかった情報は未開示の情報となります。そして LOI 交換後に未開示情報を開示した場合、買主にとっては、これは価格査定に織り込んでいない事項（情報提供がなかったため価格査定に織り込めなかった事項）となりますので、価格調整の理由とされるおそれがあります。未開示情報は「この情報は聞いていなかった」として論点化してしまうことが多く、売主に開示義務があったのか、買主に確認義務があったのかはともかくとして、結果的に買主が承諾しない限りは、売主における負担は免れられません。

　また、証券化不動産売買では売主は一定の表明保証責任を負担することが慣行化しており、その対象として提供情報の正確性や完全性、網羅性等を求められることも多く、事実上、非開示のまま引き渡すことはできません。そしてその開示が LOI 交換後であった場合には、前記のとおり論点化するおそれがあります。

　よって、できるだけディールを安定化させ、かつ売却時のリスク負担を小さくするためには、事前準備に多少手間がかかったとしても、網羅的な詳細パッケージの作成を行うことが望まれます。

　また、特に資料から直接読み取り難い事象がある場合には、売主取得時の物件概要書や、当該売買用に新たに物件概要書の素案を作成して交付資料の１つとすることも有益です。

3-1 | 詳細資料として開示すべき情報

　買主は、デューデリジェンスにおいて売主から開示された情報に基づき、取得に向けての検討を行い、プライシングを行います。売主開示情報はプライシングの基礎となるため、その網羅性、正確性、完全性については、売買契約上の表明保証事項として求められることが多いです。

　表明保証の負担が最終的にどのように調整されるか（売主が提供情報についてどの程度の責任を負担するか）は契約直前まで固まらないものです。しかしながら、保守的見地から、一定の補償責任を負うであろうことを念頭に置いて、資料開示を進めることが適切です。

　あらかじめ一般的な表明保証事項と照らし合わせてみることで、開示情報の不足の有無を確認することができます。

■網羅性

　売買契約上は、「売主は本件不動産に関して売主が保有しているべき文書および売主が現に有する情報を全て交付していること」などが表明保証事項として規定されることが多いです。開示情報の網羅性について表明保証責任を負担する場合、提供情報に漏れがあり、これによって買主が損害を受けた際、その補償責任を負うこととなります。

　例えば、未開示の賃貸借契約覚書があり、当該覚書において貸主が特別の費用負担を行う規定があったような場合などに、補償責任を追及されることが考えられます。また、設備などについて不具合の発生が報告されており、これが未是正であるにもかかわらず、かかる情報を提供できていない場合、同様の問題が生じます。

　これら不利益が事後的に発生することがないよう、詳細資料のパッケージ化や提供の段階から、取得時の引渡書類リストや物件概要書の確認、プロパティマネージャーへの照会などを行って、漏れがないか確認することが望まれます。

　なお、物件に関する文書および情報は広範にわたり、その全てを適切に認識することは困難でしょう。また、これら情報は建物管理会社やプロパティマネージャーからもたらされるものも多く、報告の過程で漏れが生じることも予想されます。

　さらに、売主が当該物件を取得する以前の情報は、物件取得時の調査や引継ぎが不十分であるなどの理由により、アセットマネージャーの認識外となってしまっている場合もあります。情報の網羅性を満たすには困難が伴うこと、さらには性質的に物件概要書による**カーブアウト**＊も行い難いことを、ドキュメンテーション担当者においても認識することが必要でしょう。

■正確性

　売買契約上は、「売主が交付した文書および売主の提供した情報が正確であること」に加え、「誤解を避けるために必要な事項の記載を欠いていないこと」「誤解を生ぜしめる内容は含まれていないこと」までが表明保証事項として要求されることが多いです。

　こうした開示情報の正確性について表明保証責任を負担する場合、提供情報に不正確な部分があり、または誤解を招く曖昧な部分があり、これによって買主が損害を受けた際、その補償責任を負うこととなります。例えば、賃貸借契約における費用負担区分が現行の実態と相違している場合（運用上で変更されており、これに関する覚書の締結などがなされていない場合を含む）や、テナントからの賃料減額要請があり、PM（プロパティマネジメント）レポート上では協議が終了しているよう読めるにもかかわらず、実際にはそうでなかった場合などに、補償責任を追及されることが考えられます。

＊**カーブアウト**：表明保証事項に反する事実がある場合に、当該事実を物件概要書（または容認事項）に記載することをもって、補償責任の対象外とする手当。

詳細情報は、そもそも総量も多く、その中には第三者の作成によるものも多く含まれます。さらには旧所有者から承継され、売主でさえ事実関係の確認が行い難いものも存在します。加えて、誤解の余地までもが含まれてしまうと、解釈の問題が生じます。これら事情を鑑みるに、かかる正確性を完全に確認することは実務上極めて困難でしょう。その点において、本リスク負担は売買契約上で調整する必要性が、より高い事項であるといえます。

　なお、ドキュメンテーション上の実務では、重要性の限定を付すことで着地点を見つけることも定石の1つです。よって詳細資料パッケージ化・提供段階において、少なくとも重要な文書などに関しては、正確性を備えているかをあらかじめ確認しておくことが必要でしょう。

■完全性

　買主の投資判断に影響を及ぼす可能性のある情報に不足や省略がないことを指します。例えば、賃貸借契約書の添付図面としてリースラインが明示されている場合、提供情報において当該ページが欠落しており、かつこれに起因して買主に損害が生じたならば、補償責任を追及されるおそれがあります。外縁が不明確となるため、ドキュメンテーション上ではこれを負担しない調整（単純に受け入れないことや意図的に隠匿する情報はない旨への修正）が試みられますが、売買契約書ファイナル化まで、どのように着地するかはわかりません。よって、あらゆる着地に備え、詳細資料パッケージ化、提供段階においても、個別資料の欠落がないかなど、完全性を備えるべく最善の確認は行っておくべきでしょう。

　なお、契約時（または売買実行時）までに情報提供を行っていれば、表明保証の問題にはならないものの、その開示タイミングがLOI交換後であれば、事後開示情報として取り扱われ、価格調整の理由とされたり、売主負担での対応などを求められたりするおそれがあります。よって、開示情報の点検および追加情報提供はLOI受領時までに行っておく必要があります。

実務上のポイント　賃貸借契約書別紙の欠落

　物件売却時に引渡書類の確認をしていた際、ある賃貸借契約のリースラインが隣接区画テナントのリースラインと重複していることが発見された事例がありました。別紙として添付されていたリースライン図面が PDF 化の対象から外れていたことから、その判明が引渡し直前となってしまいました。

　リースラインの重複は、契約面積の誤りを通じて買主のキャッシュフロー査定に影響し、さらには、これまで収受した賃料に問題はなかったか、不当利得などの請求を受けるおそれはないか、どのようにして解消できるかなど、多くの論点を生みます。また、この解消にはテナント調整が必要となりますが、そもそもテナントは売買に何ら関係を持ちません。よって、解消の可能性やこれにあたって必要となる時間は予測しづらく、ディールは不安定な状態に陥ります。同様に、リースラインが共用廊下に食い込んでおり（共用負担ではなく）、専用権を主張されると 2 方向避難がとれなくなることが（同じく売買実行直前に）発覚した事例もあります。この場合もリースラインの修正と、場合によっては契約面積の修正が必要となります。

　物件情報は PDF 化され、電子ファイルで提供されることが一般的になっています。ここで、PDF ファイルには、それが完全なものか否か（全ページが PDF 化されているか）の確認は原本との突合なくして確認できません。また、PDF 化を行う際に、技術的な理由や労力的な理由から、一部が省略されることも時折見られます。都度新たに PDF 化を行うことは現実的ではありませんが、特にこうした懸念がある事項（特に第三者が絡む事項）については、楽観視せず、あらかじめ確認しておくことが望まれます。取得時に十分に調査・確認されているであろうとの予断は禁物です。

3-2 | 売却時の体制

売却実務を誰が担うかは各社の業務体制によってまちまちです。売買部門が売却先を探索し、以降のクロージングを運用担当者に引き継ぐケースもあれば、売買部門が運用担当者の補助を受けながらクロージングまでを通貫して行うケースもあります。また、売却に関しては、売買部門（取得部門）は関与せず、アセットマネジメント部門で完結する分担方法もあります。さらに、売買契約書のドキュメンテーションに関して、それぞれの部門内で完結する分担と、法務部門が行う分担とがあります。

各類型のメリットは以下のとおりです。

▼売却の担当

類型	メリット
アセットマネジメント部門	物件情報に精通しており、情報開示・実務的調整をスムーズに行える。
売買部門	（取得・売却の窓口が一本化されることにより）買主や仲介者とのリレーション拡大が可能となる。 調整方法に長ける。

▼ドキュメンテーションの分担

類型	メリット
アセットマネジメント部門 / 売買部門	物件特性に即した契約内容の調整ができる。
法務部門	専門性に優れる。

　一般に、アセットマネジメント部門の担当者は、対象物件についてより深い認識がある一方で、売買契約上の取扱いについて不慣れなことが多いです（例えば契約上の表明保証事項に関する認識が不十分であることに起因して、表明保証違反回避が十分に行えないことがある。また、Q&Aにおいて、〈意図せず〉将来の紛争時に不利益となる回答をしてしまうことがある）。

　一方で、売買実務部門の担当者は、売買実務上の取扱いやあるべきリスク回避などについて専門性を有している一方で、期中管理上の情報を十分に把握しておらず、個別情報の漏れや伝達上の行き違いが生じるおそれがあります。それぞれデメリット（他方のメリットの裏返し）も有するものであり、これらを補完するため、各部門が一体となってクロージングにあたる体制がとられることもあります。その場合には情報の共有や連携に注意を払う必要があるでしょう。

　売主側において、理想的なクロージング体制は、物件売買にも深い経験を有し、かつ、ドキュメンテーションを相当の深度で行える担当者が当該物件のアセットマネジメントを行っており、かつその売却を担当することです。しかし、これら業務は広範に及びますので、全てを備えることは困難ですし、これら全てのスキルを備える頃には昇進し、組織上、直接の担当者でなくなっていることが多いです。よって、やはりいずれかの分野に強みを持つ担当者が、他部門や専門家の力を借りてクロージングに臨むこととなり、高度な連携が必要となります。

3-3 | 情報の補完・事前対応

　資料精査の結果、買主が特定の対応（遵法性の治癒や第三者との覚書の締結等）を求めることは往々にしてあり、合理性のある範囲で売主がその対応を行うことはおおむね慣行化しています。よほど売買当事者間のパワーバランスが傾いていない限り、売主は一定の（ただし合理的な）対応を行うこととなります。これら是正事項については、市場慣行に照らせば売主においても予見することが可能です。

　よって、対応に時間がかかる事項や第三者が関与することよる不確実性を伴う事項については、資料パッケージを作成する段階や売却準備段階において、論点の整理や事前対応（あらかじめ是正工事を行うなど）を進めておくことが望ましいでしょう。

実務上のポイント 売却実務の経験値

　アセットマネジメントと**アクイジション**＊とは別部門とされることが多く、やはり専門性は異なります。そして、ファンドなど売却を頻繁に行う会社のアセットマネージャーと異なり、リートなど売却機会が少ない会社におけるアセットマネージャーは、売却案件に携わるのが数年に一度ということも少なくありません。

　同じアセットマネジメント業務であっても、売買に対する経験の蓄積にはやはり差が生じますので、売却案件を担当する機会に恵まれた場合には、経験値獲得に有効に使うべきです。クロージング上のトラブルの大部分は、本来、アクイジション業務への理解と、これに即した事前準備で回避できます。

＊**アクイジション**：不動産の取得行為またはこの担当者・担当部門を指す。案件情報の収集・投資判断を行うソーシングと、売買実行までを行うクロージングに細分される。

実務上のポイント　売却直前のテナント調整

　売買実行を目前に控えた段階で、特定のテナント区画について２方向避難が確保されていないことが判明した事例があります。貸室分割により、避難階段部分が特定のテナントの専用部にのみ接続する状態となっていた（他のテナントは非常階段を利用できない状態となっていた）ケースです。対処方法としては、避難階段までの廊下を設置し、または建物内での貸室を移動させるなど、物理的な避難方法を確保しなければなりません。よって、この問題の解決方法は極めて限定的なものとなります。

　一方で、その実現には売買に関係のないテナントの協力を得なければなりません。しかしながら、この協力を得るための根拠にも欠けます（テナント側からすれば、いまさらそんなことを言われても、というのが実情です）。さらに、買主との関係では、売買実行日やポストクロージング期限は絶対の期限となりますが、テナントとの関係では、売買スケジュールは何ら関係がありません。そのような場合、売主は切れるカードの少ない交渉に臨むこととなります（当該是正をスケジュールに沿って進めるためにはテナントの協力を得る必要があり、そのためにはできる限りテナントに不利益が生じない〈むしろ協力することで利益を与えられるような〉かたちをとらなければなりません）。

　上記の事例では、他テナントが非常時に専用部分を経由して避難することを承諾する覚書の締結、これに応じた防災上のシステムの導入などの手当を行うことにより、問題の解決が図られましたが、多額のリソースとコストが必要となりました。類似するものでは、同様のテナント協力を得るにあたり、オーナー負担によるテナント内間仕切りや内装の変更、照明の LED 化など、相当の金銭的負担が必要となった事例もあります。予定期間内に整理ができただけでも儲けものでしたが、あのような危うい状態には二度と陥りたくありません。

　テナント調整は、難易度が高く、これがさらに有期限となると、もともと高いハードルがさらに高くなります。このような事態を避けるため、第三者が関係するイシュー（論点）の有無については、売却準備段階から相当の注意を払う必要があります。

3-4 | ベンダー・デューデリジェンスの活用

　売却時（前）において、売主の立場から、当該物件のデューデリジェンスを実施する場合があります。具体的には、売主による建物エンジニアリングレポートの取得や外部売買アドバイザーによるベンダー・デューデリジェンスがこれにあたります。売主によるエンジニアリングレポートの取得は、売却物件の当初取得時において、デューデリジェンスを十分に行えていなかったような場合や、取得時以降相当の期間が経過し、物件の状態や市場におけるデューデリジェンスの基準が変化しているおそれがあるような場合に特に有益であり、これらプロセスを経ることにより論点の事前把握・事前対応が可能となる利点を持ちます。また、これらレポートの提示は初期段階における買主の物件理解につながり、売主の説明負担の軽減にも寄与することが期待されます。さらに、売却活動開始以前にこれを進めておくことにより、クロージング期間の短縮も期待できます。一定のコスト負担や期間は必要となるものの、リスクの事前確認や、不確実性の極小化の手当は、売却活動着手前に当然に行っておくべきであり、これら不利益を回避する観点から、売主自身におけるデューデリジェンスは非常に有益です。1物件あたり2百万〜3百万円のコストは生じますが、クロージング中にボロボロと論点が生じることを防げると思えば、合理的な支出とも考えられます。

実務上のポイント　ベンダー・デューデリジェンス

　リスクの洗い出しのため、ベンダー・デューデリジェンスを求められるケースがあります。スコープは様々ですが、最も多いのは、買主になり代わり、物件資料を徴求し、不明事項を照会し、これによって収集された資料のファイリングとリスト化を行うというものです。これを経て、対応すべき事項の洗い出しや特記すべき事項の早期認識が可能となり、売却用パッケージも整う副次的効果も得られます。

　もちろん売主社内でこれを行うことも可能ですが、結局は取得部門のリソースを消費してしまうことになりますので、資源配分および専門性の観点から、かかる役割を外部に求めることが適していることも多くあります。

　特に取得時から長期間が経っているような物件は、慣行の変化や担当者間での申し送りが適切に行われていないことなどによって、認識されていない事情を抱えていることがあります。

　また物件取得時のデューデリジェンスの深度は、ディールの背景や取得担当者の取り組み方によってまちまちです。よって、どの程度の適切な確認が行われているかは、実際の売却をやってみないとわからないのが実情です。また、買主におけるデューデリジェンス基準が自社のそれより緩いこともあれば厳しいこともあり、これも実際に直面しなければわかりません。自社取得時のデューデリジェンスが緩く（または行われた深度が浅く）、買主のデューデリジェンス基準が厳しいものであった場合、論点が多発し、非常に苦しいクロージングに直面することとなります。特に投資法人組成時の組入物件は、マンパワーの問題や特に投資法人スポンサー拠出の物件であることによる安心感などにより、売却時にイシューが判明することが多いようです。

実務上のポイント 詳細資料としての旧物件概要書

　売主は当該物件取得時の**物件概要書**（または**重要事項説明書**）を保有しています。こうした旧物件概要書の作成時期にもよりますが、その資料の交付は、買主の物件理解が進み意思決定の迅速化に資すること、説明負担の軽減が可能となること、などの利点があり、多くの場合、その提供は有益といえます。

　資料として旧物件概要書の交付を受けた際、売主の取得価格が明らかとなる事例がありました。当該物件概要書に売買代金の記載欄があり、そのマスキングに不備があったことによるものです（マスキング処理がなされていたものの、PDF ファイル上の操作で処理されていたのみであったため、同じく容易に PDF 上でマスキングの削除が可能でした）。売主が予想以上のキャピタルゲインを得ることを知り、安易にディールブレイク（取引中止）としないであろうとの見立てから、強めの交渉を行う方針に変更することとなり、結果、多くのリスク分担や、諸工事を負担させることとなりました。

　マスキングなどの手当を行った場合でも、技術的にこれが適切に行われておらず、結果、該当箇所を相手方に読解されてしまうことは少なからず見受けられます。そして、これを知った相手方が、簿価の推定を経て、交渉スタンスや特定の費用負担の要求、価格調整に利用することは容易に想定されます。かかる不利益を回避するため、当該情報の開示に際し、PDF 上の**墨消し機能**＊を利用するか、またはいったんアウトプットして物理的に加工した上で再度 PDF 化を行う、といった丁寧な手当が必要です。

　なお、旧物件概要書は信託契約別紙として添付されていることも多いため、売主の方針により非開示とされた場合でも、これら資料を併せて確認することで、特記事項などの早期確認ができることもあります。

＊**墨消し機能**：表示されているテキストやグラフィックを文書から完全に削除する処理。いわゆる黒塗りと異なり、原情報の復元や可視化ができない。

詳細資料の精査、プライシング

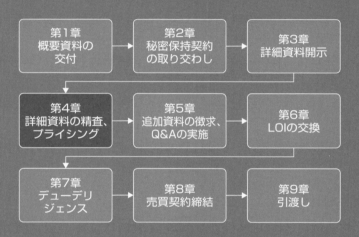

第1章 概要資料の 交付	第2章 秘密保持契約 の取り交わし	第3章 詳細資料開示
第4章 詳細資料の精査、 プライシング	第5章 追加資料の徴求、 Q&Aの実施	第6章 LOIの交換
第7章 デューデリ ジェンス	第8章 売買契約締結	第9章 引渡し

　詳細資料の精査を踏まえ、買主によるプライシングが行われます。かかる詳細資料の精査は、キャッシュフローの組み立てに関する事項、減価要因に関する事項、その他事項に分類されます。買主の投資スタイルや調達する資金の性質により、償却後利回りやIRR、マルチプルなど重視される指標は様々ですが、いずれの指標を重視する場合であっても、その軸にはキャッシュフローとCAPレートがあります。

4-1 | キャッシュフローの組み立てに関する事項

　中長期安定的キャッシュフローは、プライシング時点のキャッシュフローを標準として、将来における見込み（リテナントや賃料改定に基づく収入の増減、管理体制や仕様の変更による支出の増減など）を織り込んで査定されます。かかるシナリオの実現可能性を確認するため、過去のキャッシュフローとの比較も併せて実施されることが多いです。詳細資料として開示されるレントロールや過年度の収支実績、その他支出関係の情報などが、かかるキャッシュフロー作成上の基礎情報となります。キャッシュフローの組み立てにおいては、特に見誤りやすい項目として以下の点に留意する必要があります。

> ①変動費
> ②水道光熱費の超過収入

①変動費

　支出のうち、特に塵芥処理費や法定点検費用などは、固定費として建物管理費に含まれている場合と別枠（スポット扱い）とされている場合とがあります。別枠の場合、建物管理費、修繕費、その他費用などいずれの費目に計上されるかは作成主体によりまちまちであることから、月次支出明細を併せて確認する必要があります。

実務上のポイント 定期支出のその他費用化

　一般に建物管理費に含まれるべき項目のうち、毎月役務が発生しない項目について
は、管理契約上、都度発注として除外される場合と、年間発生金額を月次に均して定
額の月次管理費に含める場合とがあります。管理会社からすれば、いずれにせよ同等
の対価が確保できるため、特に強いこだわりを持つものではないと思われますが、ア
セットマネージャーにおいて、プライシングや鑑定評価との関係で、これを意図的に
使い分けることがあります。具体的には、これら法定点検費などを建物管理契約から
除外し（スポット化し）、発生の都度、修繕費またはその他支出として処理する方法
です。これによって表面上の建物管理費が下がり、結果としてプライシングが高く出
やすくなる効果が得られます。物件にかかる実際の支出額は変わりませんが、変動費
化することによって買主や鑑定会社の誤認を誘うことができます。収益を高くみせか
けることにより、高い鑑定評価額を作り出すことや、売却時の買主査定を上げる効果
が期待できます。管理契約の仕様書や収支実績を意識して見ればわかることですが、
その確認が十分に行われない（仕様の確認なく名目上の建物管理費のみを計上する）
ことも多いため、有益な小細工の 1 つです。

　当然に買主の立場では、これら管理費相当の変動費の計上漏れが生じないよう注意
が必要です。特に塵芥処理費は金額的に大きくなるため、見落としが生じた場合、実
際のキャッシュフローや物件評価、社内査定など影響はとても大きなものとなります。
実務上は、こうしたキャッシュフローの減少は、収支査定の見直しにより辻褄を合わ
せることとなりますが、そもそも収支査定に余裕がないことも多く、評価担当者は苦
しい立場に置かれることになります。

②水道光熱費の超過収入

　テナントから水道光熱費を徴収し、貸主が供給会社に支払っている場合、テナントから徴収する単価の設定によって、水道光熱費の超過収入が生じていることがあります。これは、電気設備の保守点検料やメーターの本体代金、その他手数料などの負担があるという賃貸人側の論理に基づき、テナントからの徴収料金にこれらコストなど相当額を上乗せすることに起因するものです。この上乗せについては、実費の一定の倍率（1.3倍）の上乗せが認められた判例もあるものの、そのほかでは「上乗せの商習慣は認められない」とする判決や「実費以上の請求は違法」とする判決＊が出されています。上乗せが認められた判例でも、変電設備の維持管理費用にかかる金額、電気料金の精算についての契約書上の規定の内容、共益費の金額、請求事務にかかる労力の程度など、様々な要素を踏まえたものであって、必ずしも当該倍率内であれば上乗せを認めるとするものではありません。

　よって、やはり水道光熱費は実費請求を行うことが基本であり、個別に当該超過収入を計上する妥当性を確認できるなど特別の事情がない限り、収益計上しないことが妥当でしょう。もちろん収入として認識する考え方もありますが、その場合には以下のリスクも含めたリスクテイクをしている点に留意する必要があります。

・**リテナント**＊が生じた際に、相当の収入を維持できないおそれがあること。
・不当利得返還請求がなされ得ること（消滅時効に至るまでの直近10年分）。
・不動産収益として取り扱わない方針を持つプレイヤーも存在することから、将来売却時に、買主において収益として扱われない（評価上超過収益分のキャッシュフローがカウントされない）おそれがあること。

　なお、超過収益に至らずとも、徴収単価が実費を上回っているケースがある点に留意してください。

＊**リテナント**：現テナント退去後、リーシングを行い、別のテナントとの間で賃貸借契約を締結すること。

＊…**とする判決**：東京地裁平成27年2月27日判決。

実務上のポイント　電気料金をめぐる理性との闘い

　大手デベロッパー所有のビルを検討したときの話です。大規模なビルで、利回りも背伸びすれば届く水準。買い圧力の強い状況下でしたので、すぐ押さえに行きたいところでしたが、論点が1つ。1kWhあたり40円を超える水準で電気料金を徴収しており（ある調査によると、都内Aクラスビルの平均単価は24.4円とされています）、その超過収益だけで小ぶりなビルが1棟買えるくらいの利益を生んでいました。アクイジション部門は、現実として今徴収できており、将来これが維持できない根拠はないと主張し、一方でアセットマネジメント部門は、この単価は大手デベロッパーであるから成立しているに過ぎず、取得後恒常的にこの収益は維持できないと主張します。これを収益として見込むべきか否かの議論は相当重たいものとなりました。結果は（珍しく）理性が勝ち、当該収益が維持されるとする合理的根拠を持ち難いとの理由から収益計上しない方針となりましたが、当然、物件評価は伸びず、取得には至りませんでした。プライシングの局面ではこうした部門間の意見対立はよく起こりますが、水道光熱費の見方も、その論点となる事項の1つです。

　近頃では、供給会社から調達する電気料金自体が値上がりしています。本来、かかる値上がり時には、テナントからの徴収料金を上げ、一定の転嫁を図ります。しかしながら、そもそもの**徴収料金（徴収単価）**が高すぎる場合には、テナントに対する電気料金改定の説明がつかず（もともとの徴収単価が高すぎることが露見することもあり）、これが実現できないケースもあります。そういった場合には、電気料金の持ち出しが発生し、または持ち出しが拡大することとなります。これは徴収単価が高すぎることに伴うものであり、本来の不動産リスクとは別のものですので、やはりその整理には冷静な判断が必要です。

4-2 減価要因に関する事項

　価格形成に影響する要因のうち、期中キャッシュフローに直接反映させられない減価要因は、主に以下の方法でプライシングに織り込まれます。

---

①クロージングコストとして別途計上する方法
② CAP レート査定において計上する方法
③売主対応事項として整理する方法

---

①クロージングコストとして別途計上する方法

　当該要因がないことを前提とする物件評価額から、是正コストなどを直接控除する方法です。具体的には、共用部給湯器やトイレの故障、雨漏りの発生、自動ドアの不具合、エレベーターや機械式駐車場の部品供給停止による更新など工事費や、現況稼働率が低い場合の**リースアップコスト**（**リーシングコスト**などのほかにリースアップ時期までの**空室損**）などが本処理の対象となります。

▼計算のイメージ

＋	（中長期安定的）収入
－	（中長期安定的）支出
＝	ネットキャッシュフロー
÷	CAP レート
＝	（イレギュラーな条件を加味しない）不動産価格
±	**クロージングコスト（リースアップコスト、特別の更新費など、個別に生じている減価要因を直接価格に反映）**
＝	（イレギュラーな条件を加味した）不動産価格

実務上のポイント **期中キャッシュフローとクロージングコストの混同**

　海外投資家のセパレートアカウントを活用して物件取得を行おうとした際に、当該投資家のプライシングと自社のプライシングとが大きく乖離したことがありました。採用する CAP レートや見立てた賃料はおおむね同水準でしたので、本来、乖離が大きくなるはずはありません。投資家のキャッシュフローを確認したところ、PM フィーおよびリーシングコストが通常の倍以上計上されていました。当該投資家に照会したところ、現状の稼働率が低いため、プロパティマネージャーにインセンティブを持たせる必要があると考えたことによるものだということでした（間違っていますね）。本来はクロージングコストとして空室損とリーシングコストを直接控除すべきものです。こういった計算の誤りは、一時的なコストと、中長期安定的な見積りであるべきキャッシュフローとを混同したことによります。一時的なコストと、期中キャッシュフローとが混同され、物件評価が誤ったものとなる事例は少なくありません。先の例とは反対に、期中コストとなるべきもの（例えばホテルにおける FF&E）をあらかじめリザーブしておき、期中の支出（または積み立て）をなくすことでキャッシュフローを高く見せる（物件評価を上げる）テクニック＊もあるようです。

＊…**テクニック**：年平均の積立額と CAP レートとのバランス次第で、有利な物件評価を引き出せる場合がある。

② CAP レート査定において計上する方法

　収支項目としては取り扱えない要因については、(**直接還元法*** を前提とすると)**CAP レート査定**においてこれを織り込むことによりプライシングに反映させる必要があります。

　例えば、建物竣工時以降に敷地の一部が都市計画道路として売却されたような場合、将来再建築時の建物ボリュームは減少します。地積減少がない場合と比べると、当然に将来の素地としての価格の減少が認められます。こうした減価が実現するのは現建物が取り壊されて素地となった場合であり、建物の残存耐用年数が短くなるにつれ、素地価格に近付く(≒減価の程度が大きくなる)関係を持つものです。

　これをプライシングに反映させる方法としては、長期の **DCF 法*** を適用し、かかる要因がなかった場合の価格と比較することで定量化し、これに相当する**リスクプレミアム*** を加算する方法が考えられます。

　そのほか、リテナントや賃料増額を前提とする賃料上昇シナリオを採用する場合(現賃料が市場賃料より安く、改定余地はあるものの、実現性リスクがある場合)、借地や区分所有、耐震性などが CAP レートで反映すべき要因です。これら要因の定量化(リスクプレミアムの査定)は困難ですが、例えば、一般財団法人日本不動産研究所の**不動産投資家調査集計結果報告書**(不動産投資家調査アンケート協力会社に対して交付)におけるリスクプレミアムに関する調査(詳細アンケートの集計結果「期待利回りの格差について」)や、DCF 法で長期 DCF を行った場合の価格との乖離の程度などが手がかりとなります。

***直接還元法**：一定期間(一年間)の純収益を還元利回り(CAP レート)で還元して価格を求める評価手法。
* **DCF 法**　：資産が生み出すキャッシュフローの割引現在価値合計額により価格を求める評価手法。
***リスクプレミアム**：リスク資産の期待収益率と無リスク資産の期待収益率との差のこと。リスク要因が増えるにつれ、これに応じたリスクプレミアムが加算され、期待収益率(本件の場合は CAP レート)は高く認識されることとなる。

実務上のポイント　減価要因の過小評価

　悪意による敷地減少は別として、道路事業により敷地面積が減少した物件を取り扱うことはよくあることです。こうした事案で、かかる要因が何ら反映されていない、または CAP レートに形ばかり 10bps が加算されているプライシングを見ることが多くあります。理由を聞くと、建物は現に利用できていてキャッシュフローを生んでいること、現建物がある限りその利用は可能でありそれまでには相当の期間があることなどの説明を受けます。しかしながら、もちろん建物は有期ですので減価なしとする判断はあり得ません。

　また、リスクプレミアムは、減価の程度に応じて行うべきであり、形式的に 10bps をのせれば足りるものではありません。こうした誤りの発生は、担当者の能力ではなく、強い買い圧力に起因することが大半です。アクイジション部門では当然に物件取得に対する強いプレッシャーを受けていますので、その実現のため、競争力あるプライシング・価格提示を志向します。そんな中、減価要因を忠実に反映しようとすればするほどリスクプレミアムは大きくなり、結果としてプライシングは競争力を失っていきます。ここで減価要因のリスクプレミアムは、定量化しづらいため、その計上が過小であっても比較的通ってしまいます。また、これが誤っていたとしても、賃料査定などと比べて表面化し難く、市況変化の陰に隠されがちです。よって、競争力あるプライシングが優先され、減価要因の過小評価が起きてしまうのです。

　市況やタイミングによりうまく出口を迎えることができる（表面化しない）場合もありますが、将来のキャピタルロスの可能性を適切に認識することはやはり重要ですので、その取扱いにはより注意が払われるべきです。

③売主対応事項として整理する方法

　一般に売買対象となるのは新築でなく中古不動産が大半を占めます。そして、経年などに伴う自然減耗は中古不動産に当然に生じますので、その修繕など是正を当然に売主に求めることはできません。しかし、買主の取引動機が当該物件の運用によるキャッシュフローであることは当然ですから、これを阻害する要因が具現化しているのであれば、その要因の排除を売買の前提条件として取り扱うことに合理性が見いだせます。主にこの対象となるのは、以下2つに分類されます。

・遵法性の問題
・定量化しづらいリスクがある場合

■遵法性の問題

　建物遵法性に問題がある場合や法定点検における指摘事項がある場合、これらは信託契約上の要是正事項として取り扱われます。受託者においては、特別の事情がない限り、受益権譲渡等に先立ってかかる事項の是正を求めることが通常であり*、受益権譲渡承諾の前提条件として取り扱われることから、売主負担での是正を求める合理性が認められます。

　なお、**ポストクロージング事項*** として取り扱う場合であっても、買主が売主に対して期限の利益を与えているに過ぎず、**特段の手当*** がない限り、第三者との関係では買主がリスクを負担するものである点には留意してください。

***ポストクロージング事項**：売買実行日後、定められた特定の期日までの間に、売主の責任と負担により対応する事項。

---

*…**通常であり**：法定点検における指摘事項には人命にかかる事項も少なくなく、具体的な事故につながった場合には、信託受託者（または買主）は所有者責任を免れられない。よって、人命に関係する事項については、ポストクロージング事項として取り扱わないとされることが一般的である。

***特段の手当**：ポストクロージング期間中の事故などに起因する経済的損害を、売主に負担させる契約上の手当など。

　例えば、建築基準法施行令62条の8を根拠として、ブロック塀に控壁（ひかえかべ）を設けることをポストクロージング事項としていた場合を想定します。そのような場合でも、売主はあくまで期限内に是正する義務を負うに過ぎず、是正期間中に当該ブロック塀倒壊などによる人身被害があった場合の責任は、所有者（買主）が負担することとなります。売買交渉時は売主・買主間の直接の経済的負担に目が行きがちですが、費用負担の問題とは別に、ポストクロージング容認に伴うリスクの有無および負担者について別途検討することが必要です。

■定量化しづらいリスクがある場合

　是正が必要となる事項には、単純に工事等を行えば足りるものもあれば、是正が困難なもの（第三者が関係するなど、特別の事情を持つもの）もあります。そして、特別の事情を持つものについては、そのリスク定量化が困難です。買主はこれを保守的に取り扱うことが通常であり、過度なリスク認識につながりかねません。これは売主にとって不利益となりますので、これを回避するため、売主対応とすることに合理性が見いだせます。具体的には、一定のテナントとの賃貸借契約のまき直し（不足する特別の規定の追加、リースラインの修正など）や、テナントに必要な屋外広告物許可・道路占用許可を取得してもらうこと、越境状態を解消し、または覚書を取得することなどが該当します。

　上記いずれによるものにせよ、中古不動産における現状所与取引を前提とすれば、本取扱いは費用および責任の負担区分に例外的な取扱いを設けることにほかなりません。よって、LOIにおいてこれを明記（誤解が生じないのであれば個別事項の記載でなく、コンセプトの記載でも足りると考えられる）しておく必要があります。

4-3 その他事項

　契約当事者となる先に反社会的勢力が存在していた場合、売買実行までにこれを排除することは現実的に困難な場合が多く、直ちに**ディールキラー***となる要因です。よってその確認（いわゆる**反社チェック**）は、リソース投入が少ない段階で行っておくことが望まれます。そのほか、同様の観点から、対象となる土地建物について、建築基準法上の違法性や土壌汚染、アスベストなど致命的な要因が内在していないかの早期確認は有益であり、売主取得時の物件概要書やエンジニアリングレポートなどがその参考資料となります。

実務上のポイント 反社チェックのタイミング

　投資委員会直前に行った反社チェックで、「該当者あり」の結果が出た事案があります。各種デューデリジェンスも終え、契約日・決済日も決まっており、現場は大混乱です。経緯を確認してみると、住居系の大型物件で、テナントが多数であったため、（手数を惜しみ）反社チェックを売買契約直前の１回にとどめたということでした。その担当者の気持ちはわかるものの、該当があった場合の影響に鑑みればあり得ないことです。その事案では、反社のレベルが１段低いカテゴリー（反社会的勢力の近親者）に分類されていたこと、駐車場のみの契約であったため借地借家法の適用を受けず、取引拡大防止に実効性があったことなどから整理がつきましたが、ひとつ間違えば契約直前の中止となりかねない状況でした。反社情報は売主に共有しづらく、またそのチェックを早期に行わなかったことの合理的説明もつきません。極めて大きい影響を持つ調査ですので、この点の手抜きは絶対に行うべきではありません。

＊**ディールキラー**：取引の中断が不可避となる要因。

追加資料の徴求、Q&A の実施

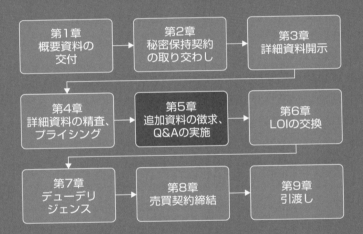

第1章 概要資料の交付	→	第2章 秘密保持契約の取り交わし	→	第3章 詳細資料開示
第4章 詳細資料の精査、プライシング	→	第5章 追加資料の徴求、Q&Aの実施	→	第6章 LOIの交換
第7章 デューデリジェンス	→	第8章 売買契約締結	→	第9章 引渡し

　資料不備や、資料のみでは確認し難い事項（資料作成時点から事情変更が生じている可能性のある事項、詳細が確認できない事項など）について、買主から売主に対して質疑が実施されます。なおQ&Aには、不明事項を解消するという直接の意義のほか、将来のドキュメンテーションに備えた布石を打つ意義もある点に留意してください。

5-1 | 買主による追加資料の徴求・Q&Aの範囲

　当初開示された詳細情報パッケージでは情報が不十分な場合も多く、追加資料の徴求や情報不足を補完するための質疑（**Q&A**）が行われます。慣行上、LOI提示までに提供された情報はLOI提示の価格や条件に織り込むことが一般的であり、LOI提示後に、事前開示情報に基づく減価を求めることや特別の対応を求めることは、後出しとして原則認められにくいです（**レピュテーション**の問題が生じる）。よって、買主においては開示済みの情報については漏れなくプライシングなどに織り込む必要があります。

　この点、LOI提示前の資料精査において、（直接明示されていないものの）資料を精査すれば端緒を把握できたであろう事実を、どこまで追うべきか（質疑などでの明確化を求めるか）には検討が必要です。既述のとおり、後出しと受け取られる要求が生じないよう努めるべきですが、一方で、優先交渉権獲得の可能性が高くない段階において、資料精査に投入可能なリソースにも限界があります。そして、事前に情報開示を受けていない減価要因については、LOI提示後であっても、売主負担を求める余地はあります。当該案件の性質（**ビッド方式**か**相対方式**かなど）や売主のスタンス、コンペティターの状況などに応じて、事前質疑・確認などをどの程度まで進めるかは個別に判断すべきでしょう。ただし、提示価格に大きな影響を与える情報はあらかじめ確認しておくべきであり、精査の一部を優先交渉権獲得後に行うこととしても、その対象は各情報のエビデンス確認にとどめるべきでしょう。また、売買の可否に大きな影響を与える書類がある場合には、あらかじめその有無について確認しておくことが望まれます。

　例えば、構造再計算などの手当は相当の期間と金銭的負担を発生させるため、当該資料が現存するかどうかあらかじめ確認すべきでしょう。そのほか、クロージングのスケジュールや、デューデリジェンスコストなどに与える影響がないかを確認しておくことが適切です。

5-2 | Q&A のコツ

　買主が Q&A を行うにあたっては、質問の意図を明確にし、一度で解消できる質問形式にすることが望まれます。例えば、「付帯契約についてご教示ください。」と質疑した場合に、気の利いた売主であれば「○○と○○があります。」との回答と共に当該契約書の写しを提供してくれますが、そうでない場合、回答のみにとどまり、肝心の契約書徴求のためには再度依頼しなければならないこともあります。よって、「もしあれば契約書を併せてご提供ください。」などを付記しておくと、1 回の質疑で解消でき、手数を減らせます。

　また、質疑を行う場合、買主側では全体感がわからないため、徴求する書類などが部分的なものになってしまうことがあります。例えば、あるテナントとの賃貸借契約書を徴求する場合、「○○との賃貸借契約書をご提供ください。」とすると、売主は当該契約書のみ提供すれば回答したことになり、覚書などが別途締結されていてもこれを受領できないおそれがあります。気の利いた売主なら併せて提供してくれるでしょうが、それを当然に期待することはできません。よって、「関連する覚書その他合意（書面か口頭かの別を問わない）も併せてご提供・ご教示ください。」とすることで、包括的な質疑を行うことが可能となります。これに対して覚書などを提供しなければ、その責任は売主の負担となります。質問はなるべく包括的に（相手方に責任を転嫁するかたちで）行うことが適切です。

　さらに、Q&A において、将来のドキュメンテーションや訴訟に備えておくことも有益です。実際のドキュメンテーションが始まるのは LOI 交換後ですが、Q&A は LOI 交換前から行います。ここで、Q&A の回答は、買主が当該プライシングをした前提となる物件の状態となります。よって、Q&A で売主から有利な回答を引き出せた場合、以降の各手続きでこれを**言質にとった交渉**が可能となります。例えば、「設備に不具合がない」との回答が得られていて、引渡し前に不具合が生じた場合には Q&A での回答（プライシングの前提となる状態）と異なるため、売主に是正対応を

求められることもあります。また、「テナントからのクレームはない」旨の Q&A の回答が得られていた場合、売主は同じ内容の表明保証を拒絶することが困難となります。「Q&A における売主の回答をもとに価格は決定されている」との主張を買主が行った場合に、反論しにくいからです。このように、Q&A は次のプロセスの布石ともなりますので、（嫌われない程度に）有意義に活用することが望まれます。

　表明保証を意識した質疑例は、以下のとおりです。売主担当者が無邪気であれば、留保のない回答が得られます。

●質疑の例

Q	本受益権および不動産につき、賃借権を除く法的負担（留置権、先取得権、質権、抵当権その他の担保権、賃借権などの用益権、差押え、仮差押え、滞納処分、公租公課その他の付加金および負担金の未納処分、優先買取権、優先交渉権、その他名目形式の如何を問わず買主、または受託者による権利の行使を阻害する一切のもの）がある場合には、その内容についてお知らせいただけますでしょうか。
Q	本不動産に関して係争事項、またはそのおそれがある事項があればご教示いただけますでしょうか。
Q	建築にあたり、隣地や近隣との間でクレームや協定書の締結、電波障害対策などはなかったものとの理解でよろしいでしょうか。また、これに関する紛争がある場合には併せてお知らせいただけますでしょうか。
Q	その他、隣地所有者、近隣との間で紛争、クレーム、苦情などは生じておりませんでしょうか。該当する事実などあればお知らせいただけますようお願いいたします。
Q	本物件につき、運営管理に支障をきたす不具合が発生している場合には、その内容をお知らせいただけますでしょうか。

Q 本物件につき、事件事故など（火災、水害を含みます）はなかったものとの理解でよろしいでしょうか。

Q テナント契約について、ご提供いただいております賃貸借契約に記載されていない約束や特別の運用などはございませんでしょうか。

Q テナントとの間で、紛争、クレーム、異議、苦情などは生じておりませんでしょうか。該当する事実（端緒となるものを含みます）などがもしあれば、ご教示いただけますようお願いいたします。

Q 賃貸借契約について、賃貸人、または賃借人の契約違反がある場合には、その内容をお知らせいただけますでしょうか。

Q テナントから解約予告や賃料減額要求（口頭によるものも含みます）がもし出ているようであれば、お知らせいただけますでしょうか。

Q 土壌汚染の事実、またはその端緒となる事実の有無およびその内容（もしあれば）をご教示いただけますでしょうか。

Q 本物件につき、不法占拠者（同居承諾のない占有者を含みます）、不法占有物などはないものとの理解でよろしいでしょうか（その存在を推測させる端緒も含めてご教示いただけますようお願いいたします）。

Q 地下埋設物はございませんでしょうか（その存在を推測させる端緒も含めてご教示いただけますようお願いいたします）。

5-3 | 売主の対応

　売主と買主との間には情報の非対称性が存在します。不明事項があった場合、買主はこれをリスクと認識しかねず、結果としてプライシングに悪影響を及ぼすおそれがあります。よって、質疑に対しては、明らかにプライシングへの影響が乏しい事項や現実的に確認できない事項を除き、余すところなく対応することが売主の利益につながります。Q&A における回答時には以下の点に留意することが望ましいでしょう。

> ①回答における留保
> ②再委託の場合の注意点

①回答における留保

　Q&A における回答は売主が買主に提供する情報にほかなりません。よって、情報の正確性などが表明保証の対象とされる場合に備えて、その回答には高い注意を払うべきです。また、売買契約書に直接記載しないにしても、将来において買主との間で紛争が発生した際に、Q&A におけるやりとりが証拠資料として用いられる可能性は高いです。

　このように Q&A の回答は、情報提供上の責任を伴うものであるため、その正確性には相当の注意を払うことが必要です。また、アセットマネジメント担当者が直接回答を行う分業体制が採用されていることが多いと思われますが、そうした場合には踏み込んだ回答をしてしまいがちであるため、後日のドキュメンテーションや訴訟可能性を意識して、以下のような留保を行うことも有益です。

● **主観による留保**

「知る限り」などの限定を付す方法です。例えば、漏水履歴の有無についての質疑に対し、「なし」とするのでなく「知る限りなし」「現に継続しているものはなし」などとすることで、回答における責任範囲の限定が期待できます。

● **重要性の限定**

例えば、越境の有無についての質疑について、「なし」とするのでなく「軽微なものを除き、なし」とすることで、包括的な回答を回避できます。

実務上のポイント　Q&A とドキュメンテーション

Q&A における売主の回答は、売買契約書のドキュメンテーションを行う際の理由付けとして、有益な場合があります。例えば、Q&A において、「テナントとの紛争がない」旨の回答があったとすると、買主はかかる回答を、これに関する当該表明保証導入の根拠として用いることができます。また、かかる紛争の不存在を規定するにあたり、「Q&A でテナントとの紛争がない旨ご回答いただいておりますので、これに基づき表明保証事項として規定させていただきます。」などのコメントを添えることが可能となります。売買金額はかかる Q&A を踏まえて決定されたという背景に鑑みれば、売主がこれを拒絶することは難しいと思われます。その点では、買主は Q&A とドキュメンテーションとの連携を深めるべきでしょう。リーガルアドバイザーは Q&A の内容までチェックしないことが多いため、Q&A をドキュメンテーション上の理由付けとして用いるケースはあまり目にしません。しかし、事実上反論し難い理由付けとなりますので、Q&A を下敷きにしてドキュメンテーションの調整を進めることは、契約書調整上の交渉に資すると考えられます。Q&A が長くなり嫌がられる面もありますが、表明保証の対象として求める事項を予備的に Q&A で質問しておき、言質をとっておく方法も有益です。

②再委託の場合の注意点

　Q&A における回答は主としてアセットマネジメント担当者により行われますが、アセットマネジメント担当者は全ての事象を子細に把握できているわけではありません。例えば、テナント対応は一般にプロパティマネージャーが行い、日常管理上の対応は建物管理者がこれを行います。そのような場合にはテナントとのやりとりに関する情報が適切に報告されず、建物管理者やプロパティマネージャーで止まっていることも、実務上大いにあり得ます。

　よって、手数はかかるものの、やはり Q&A 回答内容の照会をこれら委託先などに対しても行い、念のための確認をしておくことが望まれます。Q&A での回答における売主の主観による留保は、売主の責任を軽減するものではあるものの、建物管理者やプロパティマネージャーが特定の事実を知っていた場合にまで、売主が免責されるものではありません。また、プロパティマネジメント契約上報告義務が課されており、事後的にこれら再委託先に対して補償を求めることは可能だとしても、これら外注業者が委託者（売主）に対して負担する責任と、売主が買主に対して負担する責任とはミラーでないため、十分な補償が得られるとは限りません。

　なお、委託先は売買に精通しておらず、これら情報提供上の瑕疵が売買上どのような影響を持つか（売主が負担するリスクの範囲や内容がどの程度のものか）を認識していないことも多いです。よって、かかる委託先との間で売買上のリスク認識の共有化に努めることが適切でしょう。

| 実務上のポイント | 物件売却とプロパティマネージャー |

　物件売却時にアセットマネジメント担当者からよく聞く不満が、**プロパティマネージャー**の動きが悪いことです。売主の立場でクロージングに入った場合、アセットマネージャーには情報開示や売主対応事項などに不備が生じないよう最大限の注意が要求され、かつ、売買実行日までの期限に関するプレッシャーも負います。スケジュールが遅延した場合の影響や、これに伴い負担することとなるリスクを考えれば当然ですが、これら状況に関する認識をプロパティマネージャーと共有できていないことが原因です。

　そもそも主業務としてカバーする分野が違いますし、物件売却によって業務が終了する関係性も踏まえれば、ある程度やむを得ない部分もあります。しかし、物件に関する直接の実務をプロパティマネージャーに託している立場からすれば、やはり売買に向けた最善の対応を求めることは当然でしょう。

　この点、物件売却にあたってのプロパティマネージャーの提供するサービスは、従来、期中管理業務に付随するものとして位置付けられてきましたが、昨今では期中管理報酬とは別に売却補助に関する報酬を設定し、権利義務の明確化を図る契約も多く見られます。提供するサービスからすれば何ら違和感はありませんが、これを収受する限りは、プロパティマネージャーにおいても、物件売買に関するより高いサービスの提供が必要と思われます。

実務上のポイント　資料精査とデューデリジェンス

　2000 年代初頭から LOI にデューデリジェンス条件が導入され、その取扱いが問題となることが多くありました。デューデリジェンス条件は、売買契約に先行してデューデリジェンスを行い問題がないことを確認する（黙示的に、これによって瑕疵が発見された場合には、提示価格の調整や売主による是正を求める）とするものです。当然ながら、物件の瑕疵はプライシングを低下させるため、LOI 提示時にはこれをできるだけ織り込まないことで競争力のある価格が提示可能となります。一方で、デューデリジェンス条件に基づき、新たに発見された瑕疵に基づき価格を調整することは、（それのみを見れば）合理性を持ちます。これらを組み合わせることで、買主は自らに有利な交渉を進めることが可能となります。すなわち、意図的に瑕疵等減価を反映しない（高い）価格を提示した上で、優先交渉権獲得後にデューデリジェンスによる価格減額を行うやり方です（「外資はデューデリジェンスで価格を下げる」という批判もよくありました）。

　売却は多くの場合一定の計画に基づいて行われます。そしてクロージングが進めば進むほど、リソース投下や時間の消費が進みます。よって、デューデリジェンスを終えた段階で（この時点で優先交渉権付与時点から通常 1 カ月程度は経過しています）、買主からこれに基づく過度な要求が出たとしても、ドロップさせて新たに売却をやり直すよりは応じるほうがましな状況になっている場合も多くあります。

無理筋の要求には、本来、LOI 提示までに認識可能であったか否かの議論があるべきですが、これを行い得ない状況に追い込まれることもあります。そうして時間的に追い込まれ、不本意ながら「デューデリジェンスに基づく」減額に応じざるを得ない事例も多くありました。土壌汚染を主張され、実際の売買金額が LOI 提示価格の半分近くになったような事案さえあり、特に危険な買い手とのディールでは、常に逃げ道を確保しておくことが必要です。

実務上のポイント 　売買の事情

　売買上のパワーバランスはおおむね需給状況によって定まり、買い需要が強い市況下にあっては売主が、買い需要が弱い市況下にあっては買主が主導権を持ちます。例外的に、当事者のいずれかに特別の事情がある場合、かかるバランスが傾くことがあります。例えば、「売主が資産の買い替えを目論んでおり、買い替える物件の取得原資として売却代金を当てにしている場合」、「レンダーによる売却フェーズが迫っている場合」、「買主において、当該物件を含むポートフォリオでの取得スキームを組んでおり、エクイティ調達およびローン調達が進んでいる場合」、「(その妥当性はともかく)運用会社の会計期中に取得フィー、売却フィーによる益を計上したいという運用会社自身の動機がある場合」などです。

　こうした特別な事情は弱みとなるため、本来、代替案を持って取得または売却の計画を進めることが望まれます。特別な事情を抱えた取引を行わざるを得ない場合であっても、そうした弱みが相手方に漏れることがないよう最大限の注意を払う必要があります。雑談として買い替えのスキームやスキームのコンディションを伝えてしまったばかりに、買主に付け入られ、不合理なディスカウントに応じざるを得なかった事案も多くあります。

　売主・買主はやはり利益を取り合う関係ですので、あまり無邪気になるのも適切ではありません。もちろん、後がない売主が相手であれば、無理筋の交渉も通ることが多いため、買主の立場では使える要素は(悪評が立たない程度に)活用すべきものです。極めて可能性の低い土壌汚染の懸念を理由に数千万、数億のディスカウントを引き出せるような場合もあります(やりすぎると恨まれる)。

第6章

LOI の交換

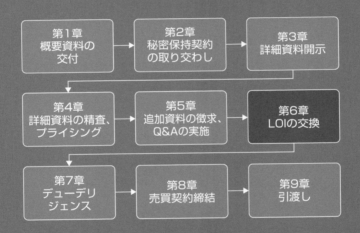

詳細資料の確認とプライシングを踏まえて、買受申込書、購入意向証明書などの名称の LOI が買主から売主に提示されます。また、売主が当該条件に納得した場合、売渡承諾書などの名称の LOI（LOA）が売主から買主に交付されます。LOI は一般に、売買の法的拘束力を持つものでなく、売買契約書締結に向けた優先交渉権を付与すること、その他予定する売買条件の基本的事項を相互に確認することを目的としています。

LOI の主な記載事項

売買における売主・買主の最大の関心は価格ですが、物件引渡しに至るまで、デューデリジェンス結果や契約条件、契約・決済の進め方など、調整を必要とする諸事項があります。これらについての希望条件を価格と併せて記載することとなります。

①価格に関する条件

②内訳価格（土地建物）の決定方法に関する条件

③契約前提条件

④契約日および売買実行日に関する条件

⑤手付に関する条件

⑥取引形態（現物売買・信託受益権売買の別）に関する条件

⑦デューデリジェンスに関する条件

⑧契約不適合責任に関する条件

⑨表明保証に関する条件

⑩費用収益の区分

⑪売買実行日までのリーシングに関する条件

⑫その他特別な取扱い

①価格に関する条件

消費税を含まない土地建物価格の合計として記載することが一般的です。

②内訳価格（土地建物）の決定方法に関する条件

　土地建物への価格配分については、税務上の制約、買主の目論見、売主の簿価との関係など諸要素の影響を受けますが、買主運用期間中の会計上損益に影響すること、一定の合理的証憑（しょうひょう）に基づくべきとする慣行があることから、その根拠を買主の鑑定評価に求める場合が多いです（LOI上は、「土地建物内訳価格については、買主の取得する鑑定評価における積算価格の内訳により決定されるものとする」などの記載にとどめられる）。なお、内訳価格決定時には以下の点に留意すべきでしょう。

> ・税務上の制約
> ・買主の目論見
> ・売主の簿価との関係

■税務上の制約

　税務上は、合理的な算定方法によること、土地建物内訳が売買契約書で明記されていることが求められます＊が、不動産鑑定評価を根拠とすることは、合理的な算定方法の1つと解釈されています。LOIでの価格合意は税抜き金額での合意であることが多く、消費税の多寡は売主の収支に直接影響しません。よって、内訳価格について売主は積極的な動機を持たないことが多いです。

　ただし、税務上求められる算定方法の合理性を担保することは求められ、その証憑として買主から鑑定評価書抜粋の開示を受けることが一般的です。買主において鑑定評価書そのものは開示しない（できない）ことが多いものの、上記趣旨に鑑み、不動産鑑定業者および不動産鑑定士のサインページ、発行番号および対象不動産を特定できるページ、**原価法**＊における土地建物割合が記載されているページを抜粋し、提供することが慣行化しています。

＊…**が求められる**：法人税法基本通達63（2）-3。
＊**原価法**：対象不動産の再調達原価に減価修正を行って価格を求める評価手法。他の評価手法と異なり、土地・建物の割合も求められる。

税務上は、土地建物価格の合計額から土地価格または建物価格を直接控除することにより内訳を決定する方法（いわゆる控除法）も合理的な方法の1つとして例示されています。しかしながら不動産鑑定評価上は、土地建物から構成される複合不動産の効用を適切に配分すべきという観点から、控除法の採用は適切でないとされています。

なお、不動産鑑定評価上は建物価格を求めるにあたり、設備以外（躯体部分）にも定率法を採用することが認められているものの、投資法人における建物（設備除く）の償却方法が定額法に限定されていること＊との兼ね合いから、会計監査上問題とされた事例もあるため、その取扱いには注意が必要です＊。

■買主の目論見

買主のスキーム上の投資家への分配方針により、望まれる土地建物の内訳は異なることがあります。建物価格が小さくなる場合、減価償却費が小さくなることを通じて、期中における会計上の利益（≒分配金）が大きくなります。よって、特に投資法人など会計上の利益を重視する主体は、建物割合を極力小さくする動機を持ちます。

■売主の簿価との関係

売主において、建物割合は課税売上割合に影響を与え、会計上の損益への影響が問題となり得る点に留意すべきです。もちろん、土地建物内訳価格は買主においても重要性が高いため、事後的に調整を求めることは事実上困難でしょう。よって、かかる影響が生じ得る点を売渡承諾書交付前にあらかじめ認識し、これが不測の事態とならないよう処理することが望まれます。

＊…**限定されていること**：一般社団法人投資信託協会「不動産投資信託及び不動産投資法人に関する規則」第12条。

＊…**が必要です**：建物減価償却の方法として定額法を採用する鑑定機関が大多数であるが、一部において、建物内訳を低下させるリクエストに応えるべく、建物償却が早期に進む定率法を採用する鑑定機関も存在する。

③契約前提条件

　社内会議体の意思決定が行われることなどの条件が付されます。相手方においてコントロール外となる事象であり、リスク要因であるものの、商慣習上特異な条件ではないため、受諾せざるを得ません。ただし、相手方の会議体にかかるスケジュールや決裁権限などが、契約条件調整の期限やプレスリリースのタイミングなどに影響することもあるため、詳細の把握に努めることが望ましいです。

④契約日および売買実行日に関する条件

　契約日と売買実行日とを同日とするか、契約を先行した上で後日売買実行とするかは、手付の問題や危険負担、契約日以降売買実行日までの管理責任などの問題を通じてドキュメンテーションにも影響するため、LOI に盛り込むことが適切です。売買実行日については、「○月中までに売買実行するものとする」など、目安として期限を記載するにとどめられ、具体的な日程は以降デューデリジェンスの進捗に応じて決定されることも多いです。

⑤手付に関する条件

　証券化不動産においては、契約日と売買実行日とが別日付である場合でも、買主の資金調達の問題や手付金の保全の問題により、手付が差し入れられることは多くありません。かかる問題を避けるため、特別の事情がない限り、契約日と売買実行日とを同日として一括決済する方法も多く用いられます。

⑥取引形態（現物売買・信託受益権売買の別）に関する条件

　売主の負担する責任やドキュメンテーションに影響を与えるため、いずれの取引形態を前提とするかが明示されます。不動産証券化取引に馴染(なじ)んでいない売主においては、いまだに**信託受益権売買**に抵抗感を示すケースも多いのですが、流通税の負担などに鑑みれば信託受益権売買のほうが経済合理性に優れます。また、信託設定時における委託者の表明保証を当初委託者でなく、その譲受人(ゆずりうけにん)となる買主が行うことも可能であり、**現物不動産売買**とリスク負担が無差別となる作り込みは技術的に難しくありません。よって買主または仲介会社においては、売主に丁寧な説明を行い、これを調整することが有益でしょう。

⑦デューデリジェンスに関する条件

　買主によるデューデリジェンスへの協力を求める旨、その結果判明した不適合事項について売主負担での対応を求める旨などが記載されます。多くの場合、エンジニアリングレポートの作成や不動産鑑定評価、その他資料精査が中心ですが、構造計算書の検証や再作成、適合性判定レポートの作成など、特別な調査が行われる場合には、これらも付記されることが一般的です。

⑧契約不適合責任に関する条件

　契約不適合責任の負担について記載されます。買主はこの負担を求め、売主は負担しないとすることが多く、買主の LOI と売主の LOI とが乖離することが多い条件の1つです。デューデリジェンスにより把握できない問題点は表明保証により手当をするなどの整理も可能であるため、最終的には契約不適合責任を免責とする調整がなされることも多く見られます。ただし、買主が契約不適合責任を求める姿勢を示すことは、これに代えて表明保証を求めるための交渉上のカードともなりえるため、当初 LOI において当該条件を求める意義は小さくないと考えられます。また、投資家への善管注意義務の観点から、ジェスチャーとして契約不適合責任を求める場合もあります。

⑨表明保証に関する条件

　表明保証の負担について記載されます。契約不適合責任と同様に、買主のLOIと売主のLOIとが乖離することが多い条件の1つです。表明保証事項の内容は多岐にわたるものであって、LOI交換時に合意を見いだすことは実務上困難であるため、当該時点ではいったん棚上げし、売買契約書ドキュメンテーションにおいて個別に調整することが一般的です。

⑩費用収益の区分

　通常物件の**費用収益**は、売買実行日を基準としてその前日までのものが売主に、当日以降のものが買主に帰属するものとして整理されます。LOIでは、以下のように、その取扱いが特に曖昧となりがちな事項が記載されることがあります。

- ・法定点検指摘事項
- ・原状回復費用
- ・リーシングコスト
- ・承継する敷金

■法定点検指摘事項

　法定点検は、実施周期が定まっているため、LOI交換後売買実行日前に行われるものがあり得ます。かかる法定点検によって、売買実行日までに新たに不適合事項が発生する（判明する）ことがあり得ます。LOI交換時点では全ての指摘事項を特定できないため、包括的なかたちでその負担区分を確認しておくことが望ましいでしょう（発生ベースで売主負担とするか、そうするとした場合に何をもって発生とするか、など）。また、その是正工事は即時に行えるものもあれば売買実行日をまたいで長期間を要するものもあり（全館停電を要するものや製作ものなど）、負担者が決まった上でも、実際に売主が実施主体となるか、金銭精算の対象とするかなどの選択の余地があります。これらをどのように取り扱うかを確認しておくことは、クロージング実務をスムーズにするために有益です。

■原状回復費用

　空室区画がある場合（または売買実行日までに発生した場合）、物件引渡しにおいて原状回復を行った上で引き渡すことも、現状有姿として原状回復前の状態で引き渡すことも考えられます。慣習上、売主において原状回復を行った上で引き渡すことが買主における当然の期待ではあるものの、これを当然とすべき明確な根拠はないため、その負担が論点となることもあります。クロージング中に論点化することを回避するため、LOIの段階で条件化することが望ましいでしょう。また、原状回復は行ったものの、リーシングに到底供せない不十分な状態であったことが引渡し後に判明した事例もあるため、状態の確認や仕様の明確化などを行うことも有益です。

■リーシングコスト

　新規リーシングには一定のリーシングコストが発生しますが、売却を控えた売主にあっては、売買が予定どおり実行されることを前提とすれば、当該費用は自らの収益に直接寄与しません。よって、売主において積極的に新規リーシングを行うインセンティブを持たないおそれが生じます。

　買主にとっては、売買実行日までの期間も有効に使うべきリースアップ期間であり、かかる期間中にリーシングが中断されると機会損失が生じます。これを回避するため、新規リーシングにかかった費用は売買精算の対象とし、買主が負担するなどの条件をあらかじめ手当しておく方法も見られます。もっとも、収益用不動産における空室のリーシングは所有者にとって当然の行為であり、売買が実行されなかった場合にはその空室損は売主に帰属することとなるため、売主がかかるリスクに備えて通常のリーシングを行うことも十分に考えられ、買主が当然に負担すべきものともいえません。

■承継する敷金

　テナントからの預かり敷金について償却規定がある場合、売買当事者間で精算する敷金額が論点となることがあります。これに備えて、精算対象とする金額が償却前のものか償却後のものかをLOIにおいて明記しておくケースがあります。

　敷金償却の実務上の取扱いを見てみると、まず、敷金に償却規定がある場合には、税務上の取扱い＊を根拠として、これを賃貸借契約締結時の貸主において即時収益として計上します。次いで、売買時においては、その税務会計上の取扱いに基づき、償却後の敷金金額を用いることが一般的です。

　ただし、敷金償却は、法律上将来において否認され、または変更となるリスクがある点に留意すべきです。すなわち、賃貸借契約上その償却時期については、賃貸借契約の解約時とされているケースが多く、法律関係上は未発生の債権です。この点、テナントとの間で当該償却が論点となるのは、実際に敷金返還請求権が発生する退去時点（将来時点）でしょう。よって、売買時点においてテナントとの間で敷金償却について特別な論点が生じていないにしても、将来において論点化するおそれがあります。

　また、償却条件によっては、敷引特約が無効とされる判例や、敷引特約は有効とされつつも、その適用が否認された判例もあります。償却額自体が償却時の賃料に連動して決定する（変動する）建付けとなっていることもあります（その場合には将来の賃料改定によって償却額が縮小し、買主に持ち出しを生ぜしめるおそれがある）。

　いずれにせよ、これら事態の発生は買主にとって損害となるものですから、敷金精算金額を当然に償却後のものと取り扱うことは妥当ではありません。賃貸借契約の精査を通じて、承継敷金が過小となるおそれがないかを個別に確認することが望まれます。

　なお、売主が取得時に承継した金額が償却後のものであったとしても（売主からそうした抗弁を受けることが多い）、あくまで当該売買における売主の判断がこれを容認するものであったに過ぎず、買主の判断に何ら影響を与えるべきものではありません。

＊…**税務上の取扱い**：法人税法基本通達9-1-23「資産の賃貸借契約等に基づいて保証金、敷金等として受け入れた金額であっても、当該金額のうち期間の経過その他当該賃貸借契約等の終了前における一定の事由の発生により返還しないこととなる部分の金額は、その返還しないこととなった日の属する課税期間において行った資産の譲渡等に係る対価となるのであるから留意する。」

⑪売買実行日までのリーシングに関する条件

　買主はプライシングにあたり特定の運用シナリオを持っていることが通常であり、リーシング方針（新規募集水準や賃料改定に対する姿勢など）は運用シナリオの主要部分となります。賃貸借契約は承継対象となるものですから、新たな賃貸借契約の締結や契約条件変更は、売買実行日以降における買主の運用に与える影響が大きいです。よって、リーシングに関しては買主の意向に沿ったものとすることを求めることがあり、リーシングに関する条件が記載されます（買主の個別承諾とされることが多い）。

⑫その他特別な取扱い

　そのほか、売買実行前提条件として**資金調達特約**を付す必要がある場合（買主が投資法人等で取得原資を公募増資とする場合など）のように、相手方に特別のリスク負担を求める事項がある場合には、これらが明記されます。

Column　表明保証と情報開示

　表明保証の導入により、売主の情報開示は相当に促進されることとなりました。売却時情報開示のスタンスには、前広に情報開示を行う積極的なやり方と、購入検討者の質疑対応を中心とする消極的なやり方とがあります。従来は、聞かれたことへの対応にとどめる後者のやり方も見られましたが、表明保証の導入により、この姿勢は通じづらくなりました。

　表明保証の範囲が「知る限り」にとどまるとしても、補償責任を免れるためには、知っている情報は開示する必要があります。そして、この開示が後出しになればなるほど、クロージングが不安定になります。よって、なるべくなら早期(LOI交換まで)に情報開示を進めるべきインセンティブが売主に生まれます。売主には情報開示の不足を回避する必要性が高まり、結果として、情報の非対称性が縮小する効果が得られています。

▼買主側 LOI 例（1/2）

参考資料3　購入意向表明書例

●年●月●日

●●御中

所在　●●
商号　●●
代表　●●

購入意向表明書

当社は、末尾記載の不動産（以下「本物件」といいます。）について、以下条件で買い受け
たく、本書をもって意向を表明します。

> 現物不動産を新たに信託
> 受益権化し、受益権売買
> を行う場合の例です。

1.　対象物件　　●●
2.　購入金額　　●●円（消費税及び地方消費税を除く）
　　　　　　　　土地・建物の内訳価格については、当社取得の鑑定評価等に基づき決定さ
　　　　　　　　せていただきます。
3.　その他条件
　　①　本物件の売買は、当社が指定する信託受託者による信託受託の上、信託受益権
　　　　売買とします。
　　②　売買代金の支払は手付金の授受を行わない一括決済とします。
　　③　当社に優先交渉権を付与いただきます。
　　④　引渡し時期は●●年●月●日を目途とし、別途協議とします。
　　⑤　建物及び土壌調査、テナント調査等を含むデューデリジェンスを実施させて
　　　　いただきます。
　　⑥　購入金額はデューデリジェンスにおいて、本物件の収益性等に悪影響を及ぼ
　　　　す要因が発見されないことを前提としており、これに反する事実が確認され
　　　　た場合には別途協議をさせていただきます。
　　⑦　購入金額は本意向書提示までにご開示いただいた資料及び質疑応答に基づき
　　　　算定されています。よって現時点において当社が認識していない事項が判明
　　　　した場合には、別途協議をさせていただきます。
　　⑧　本物件の購入にあたっては、当社内部所定の承認手続が得られることを前提
　　　　とさせていただきます。
　　⑨　本物件の購入にあたっては、一定の表明保証責任及び契約不適合責任を負担
　　　　いただくことを前提としています。
　　⑩　本書は法的拘束力を持つものではなく、デューデリジェンスにより当社が満
　　　　足する結果が得られない場合や、経済状況の変動等によって、本物件を購入で

> デューデリジェンス
> の結果により、売主
> による是正（または
> 価格調整）が求めら
> れることを意味して
> います。

> 事後判明した
> 減価要因は価
> 格調整の対象
> とすることを
> 意味していま
> す。

> 契約締結上の過
> 失の手当です。

83

▼買主側 LOI 例（2/2）

きない場合や購入希望金額が変更となる可能性があります。
⑪　本書に定めのない事項については、別途協議とさせていただきます。

【不動産の表示】

名称　　●●

土地　　所　　在　　　　●●
　　　　地　　番　　　　●●
　　　　地　　目　　　　●●
　　　　地　　積　　　　●●㎡

建物　　所在地　　　　　●●
　　　　種　　類　　　　●●
　　　　構　　造　　　　●●
　　　　延床面積　　　　●●㎡

[以 下 余 白]

▼売主側 LOI（LOA）例

参考資料4　売渡承諾書例

●年●月●日

●●御中

所在　●●
商号　●●
代表　●●

売渡承諾書

当社は、末尾記載の不動産（以下「本物件」といいます。）について、以下条件で売り渡すことを承諾します。

> 本例では、売買契約書においてアンチ・サンドバッギング条項を規定するための布石を打っています。

1.　対象物件　　●●
2.　売買金額　　●●円（消費税及び地方消費税を除く）
3.　その他条件
　　① 本物件の取引形態は、信託受益権売買とします。但し、信託設定に要する費用は貴社ご負担にてお願い致します。
　　② 土地及び建物の売買対象面積は登記記録記載の面積とし、後日測量等の結果、測量面積と相違が生じても、互いに異議、苦情を申し立てず、売買代金の増減の請求等その他何らの請求もしないものとさせていただきます。
　　③ 不動産売買契約に際して、契約不適合責任は免責とさせていただきます。
　　④ 一定の表明保証責任を負担しますが、開示情報又はデューデリジェンスによって貴社が知り、又は知り得た事項についてはその対象外とさせていただきます。また情報の非対称性を解消するための表明保証責任を限度とします。
　　⑤ 現状有姿での引渡しとしますが、貴社デューデリジェンスで明らかになった建物遵法性に関する指摘事項に限り、当該調査結果の証憑を受領することを前提として、是正対応します。但し、是正に要する費用が高額又は多大な時間を要する場合には別途協議とさせていただきます。
　　⑥ 本物件の売却にあたっては、当社内部所定の承認手続が得られることを前提とさせていただきます。
　　⑦ 本書の有効期限は●年●月●日までとさせていただきます。

> デューデリジェンスの外縁は不明確ですので、売主対応の範囲を限定する手当を行っています。

【不動産の表示】
（省略）

LOIの性質と
契約締結上の過失

　LOI交換時点ではデューデリジェンスは行われておらず、また契約上の諸条件も詰められていません。当然ながらこれらが整うまで、売主においても、買主においても、売買の意思決定を行うことはできません。よって、LOIはあくまで優先交渉権の付与を確認することにとどまり、法的拘束力を有するものではないものとして取り扱われます（もちろんその旨の明記は必要）。

　さらに、**契約締結上の過失***に基づく責任追及を受けることがないよう、LOIにおいて相当の手当を行うことが必要です。

　LOI交換後、売買契約締結時までに不測の事態が生じることにより、売買交渉を中断せざるを得ない場合があります。例えば、金融危機や感染症のまん延など外部環境の著しい変化により、買主が予定していた資金調達が困難になる場合があります。また、これによってリスクプレミアムの認識が短期的に大きく変動し、LOI提示価格が契約日においては投資に適さない水準となる場合も考えられます。

　そういった事情で交渉を中断した場合、これに相手方の理解が得られず、紛争に発展するおそれも否定できません。これに備えて、契約締結までに交渉から撤退したとしても、それが相手方にとって「不測の損害」とならないよう手当が必要です。

***契約締結上の過失**：契約の締結に至るまでの段階で当事者の一方に帰責すべき原因があったために相手方が不測の損害を被った場合に、責めを負うべき当事者は相手方に対して損害を賠償すべきとする理論。

6-3 | 優先交渉権・ブレークアップフィー

　デューデリジェンスの実施は外部機関を利用することとなり、直接的なコストを買主に発生させます。また、物件引渡しへ向けた契約条件の調整や交渉は当然に当事者に相当のリソース投入を必要とします。かかる資本投下がなされているにもかかわらず、売主が一方的に売却を中断し、または第三者との間で売却交渉を行うことが許されると、買主のリスク負担が大きくなります。これ防止するため、一定の期間において、優先的に交渉する権利（**優先交渉権**）を買主に付与することが求められます。

　証券化不動産売買のLOIにおいて、交渉から一方的に離脱するための**ブレークアップフィー**まで定めることは多くありません。LOI交換以降に売買交渉から離脱をせざるを得ない場合には、実務上、離脱に至る事情を踏まえた丁寧な説明により相手方の理解を求めることや、相手方に発生したデューデリジェンスコストを補償することなどの対応によって、個別に紛争回避が図られています。

　相手方も紛争回避やレピュテーション、将来において同じ相手方と別の取引が行われるビジネス上の可能性などに鑑み、これを受け入れることが多いと見られます。

クロージングの中止

　買主の立場では、LOI 交換後クロージング前の段階で交渉を中断しなければならないことが時折あります。比較的説明しやすいものとしては、リーマンショックによる金融危機やコロナ禍に起因する株価の下落、許容できないイシューの発見などが考えられます。一方で、説明が困難な理由によるものもあり、十分なファイナンスが手当できなかった場合や投資委員会を通らなかった場合、さらには（ひどいものでは）上席の気が変わった場合までまちまちです（窓口としては本当に胃が痛くなるシチュエーションです）。

　相手方（売主）にとっては、それまでの対応が無駄になりますので、もちろん喜べるものではありません（社内外への説明や代替案の作成など多くの負担が発生する）。しかしながら、その状況に追い込まれた場合には、いくら相手を詰めたところでリカバリーはできませんので、責め立てるよりは、貸しを作るほうが利益にかないます。原因となる事実が落ち着いた段階で改めて同じ買主に売却したような事例もあります。

Column　社外パートナーの育成

　売買担当者に有益なこととして、社外のパートナーを育てるということがあります。案件で便宜を図り（適切な範囲内で）、社外パートナーを出世させ、出世したパートナーに便宜を図ってもらい自らも出世することを繰り返せば、互いに業界内で有利なポジションを獲得できるというものです。

　これを計画的に行うのは難しい面もあるものの、売買はこうした人脈を育てるチャンスでもあります。

6-4 LOI 記載事項と契約

　LOIで提示された売買金額は、デューデリジェンス実施前の査定に基づくものです。したがって、デューデリジェンスの結果として新たに判明した事項（瑕疵など減価要因）は、LOI提示時点では買主において認識しておらず、その是正コストの負担は当然に予定していません。一方で、売主においても売却収益がデューデリジェンスの結果により容易に変動するとすれば、その完了まで不安定な立場に立つこととなり、デューデリジェンス条件が付されたLOIを受け入れ難いこととなります。これはリスク分担の問題ですが、実務上は以下2点を原則的な取扱いとすることで整理が図られています。

---

①プライシングの問題とデューデリジェンス結果の問題とを切り分けること
②デューデリジェンスにより把握された要因を限定的に取り扱うこと

---

①プライシングの問題とデューデリジェンス結果の問題とを切り分けること

　LOI提示価格は固定とし、デューデリジェンスの結果として把握された要因は、別途、売主負担による是正事項（または売買精算の対象となる事項）として取り扱う整理です。価格変更ではなく、あくまで個別の指摘事項への対応として整理することによって、LOI提示価格に対する信頼性確保が図られます。なお、デューデリジェンスに伴い判明する事項の1つとして、エンジニアリングレポート上の長期修繕更新費用が挙げられますが、この見立ては例外的な場合＊を除き減価要因とせず、その大小にかかるリスクは買主が負担することが一般的です。

＊…**例外的な場合**：エレベーター、機械式駐車場その他の部品供給停止の事実や故障・不具合といった情報が事前開示されていなかった場合など。

②デューデリジェンスにより把握された要因を限定的に取り扱うこと

　LOI 交換時までに提供された情報を基準として、事後的にデューデリジェンスにより判明した事項のみを**売主負担事項**として取り扱い、買主が LOI 提示までに認識し得た事項は買主負担とする整理です。これによって売主負担事項は、専門的調査によらなければ判明しなかった事項および売主の資料開示の不備による事項に限定されることとなり、売主の負担するリスク量は限定的なものとなります。

実務上のポイント　情報開示上の選択

　物件のイシューにかかる情報はなるべく開示すべきですが、買主がこれに気付かない（かつ表明保証の対象としないことができる）可能性があるものについては、意図的にこれを開示しないことが適切な場合もあります。

　ある売却事案で、課税上の土地数量が実測数量より 2 割程度小さい物件がありました。課税数量を実測数量に合わせることになった場合、固都税負担が大幅に増加するため、この事実が明らかになった場合には、相当のディスカウントを求められるのは明らかです。当該事実が判明する可能性、かかる固都税の修正が顕在化する可能性、表明保証の見込みなどを勘案し、そのケースでは事実情報は提供するものの、補足的な説明（課税数量に誤りがあるおそれ）については、積極的に説明しない方針をとりました。幸い買主はこれに特に気付かず、また、表明保証上もこれに関連する負担はしませんでしたので、売主にとっては最適なクローズとなりました。

　表明保証がどうまとまるか次第では、表明保証違反にあたることも考えられましたので、ひやひやする事案でした。しかし一方で、仮にこれが明らかになって表明保証違反になったとしても、本来の物件価値に応じた補償を行うにとどまるので何ら不利益は生じない、との解釈もできます（どこに基準を置くべきかの判断は難しいところ）。

6-5 | LOI で擦り合わせて いない事項の取扱い

　LOI は**相互捺印形式**でなく**差入形式**のものが一般的に用いられます。よって、その内容は事前に擦り合わせが行われないため、売主提示のものと買主提示のものとで諸条件に乖離があることが通常です。特に契約不適合責任・表明保証の取扱いや境界明示に関する条件などに関しては、乖離が生じることが多く、これら乖離事項については個別に調整するとしていったん棚上げし、クロージングに進みます（乖離が著しい事項については、先行して調整が図られることもある）。表明保証などの取扱いについては売買契約書調整上も最後まで論点として残る事項の１つであり、LOI 交換段階でこれを行うと相当の時間が消費され、売買スケジュールに大きな影響を与えることや、売主・買主双方において、それぞれの投資家に対する善管注意義務の観点から、当初からこれら条件をギブアップできないこと（少なくとも外観上は当該リスク負担をしないというジェスチャーを一定程度とらざるを得ないこと）の相互認識があることなどが背景にあります。

6-6 | 売買条件の交渉と LOI

　LOI において売買にかかる前提条件をあらかじめ明示し、かかる記載事項を交渉上の根拠付けとして用いることも有益です。例えば、売主の立場において「開示情報によって、買主が知り、または知り得た不具合の是正は負担しない」としておけば、売主の負担範囲を限定する根拠となります。また「買主が行うデューデリジェンスにおいて、買主が知り、または知り得た事項は補償の対象外」としておけば、売買契約書調整上の表明保証に関して**アンチ・サンドバッギング条項***を規定する布石となります。相手方がこの主張を受け入れるか否かは別の問題としても、黙示の承諾があったとの主張もなし得ますし、かかる記載がない場合に比べて根拠付けがしやすくなり、交渉を有利に進める手段の 1 つとなります。

***アンチ・サンドバッギング条項**：第 2 部 11-10 節（本文 190 ページ）参照。

6-7　記載外事項の取扱い

　通常、相手方は特別の事情がない限り、LOI で示された条件に基づき売買契約が締結されると期待します。よって、LOI に含まれない負担を相手方に求めることは後出しの要求とみなされ、相手方の理解や協力を得づらくなります。かかる事態を回避するため、想定される事項はあらかじめ LOI に織り込んでおくことが適切です。複数のコンペティターが存在し、条件の重たさが優先交渉権を付与する相手方の選定に影響を与えるなど、条件のボリュームが膨らむことが望ましくない状況にあっても、コンセプトに関する包括的な条件を付し、根拠付けできる外観を整えておくことが望ましいでしょう。

実務上のポイント　契約圧力

　クロージングの進展は売主・買主双方にとって契約を予定どおり行うべき圧力を生じさせます。これは外部コスト（リーガルフィー、デューデリジェンスコストなど）や当該案件に投下したリソース、関係者が投下したリソースが徐々に増加し、担当者個人、担当部門または運用会社の単位で当該案件成約の期待が高まることが背景となります。かかる契約圧力が高まった状況下にあっては、強引な論点整理や合理性に乏しい条件交渉を受諾せざるを得ないことも起こります。これは本来望ましいものでないため、プラン B を備え、**契約圧力**ができるだけ発生しない仕組みをとることや、契約圧力が大きくなる前に論点整理を進めるなどの取り組みが望まれます。なお、危険な方法ではあるものの、相手方に発生している契約圧力を利用して強気な交渉を進める方法も時折見受けられます。

　仲介会社経由で売却物件情報を入手した場合、買主は原則として**仲介会社**を経由して相手方の状況や当該物件に関する売却状況（他のコンペティターの状況など）を把握することとなります。こういった際、価格吊り上げのため、仲介会社が虚偽のコンペティターを捏造する（または嘘にならない範囲で強調する）ことがあるため注意が必要です。

　売り希望価格を 80 億円としていた売却事案に対して、1 社のみが買い意向を示し、その金額は 75 億円でした（ポートフォリオの入替を目的とした売却物件でしたので、広く需要者が関心を持つ物件ではありませんでした）。損にはならない金額ではあったものの、もう少し上積みがほしかったため、媒介報酬の条件を変更しました（もともとは 0％としていた売側の仲介報酬を、売り希望価格を超えた場合には 1％とする方針に変更しました）。翌週には、75 億円を示していた先から 80 億円での LOI を受領することとなりました。クローズ後に聞いたところでは、競争になっている体で買い上がりを誘導したとのことでした。実際にはそんなコンペティターはいません。売主の立場からは、期待に応えたよい働きでしたが、やはり逆に買主の立場に立つときはうまく誘導されたことも多くあったのだろうなとも思います。

第7章

デューデリジェンス

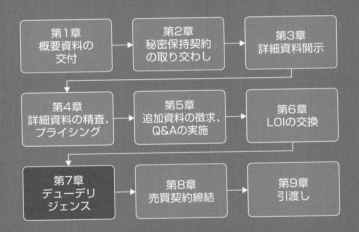

第1章 概要資料の交付	→ 第2章 秘密保持契約の取り交わし	→ 第3章 詳細資料開示
第4章 詳細資料の精査、プライシング	→ 第5章 追加資料の徴求、Q&Aの実施	→ 第6章 LOIの交換
第7章 デューデリジェンス	→ 第8章 売買契約締結	→ 第9章 引渡し

買主が行うデューデリジェンスは、一般的に、外部機関による調査（エンジニアリングレポート、PMLレポート、構造再計算書、NRAレポート、マーケットレポート、不動産鑑定評価書、法務デューデリジェンスレポートなどの作成）と、クロージング実務担当者による裏付資料の確認（キャッシュフローや権利関係などの裏付けとなる各種契約書等の確認）とに分けられます。

7-1 調査の概要

デューデリジェンスでは、外部専門家による調査と内部クロージング担当者の調査とを併用し、案件に関する問題点の洗い出しが行われます。

---

①エンジニアリングレポート
② PML レポート
③構造再計算
④ NRA レポート
⑤不動産鑑定評価
⑥法務デューデリジェンスレポート
⑦買主自身による裏付資料の調査
⑧第3者調査の対象とならない事項の調査

---

①エンジニアリングレポート

建物遵法性、建物再調達原価、長期修繕更新費用、アスベストや PCB* などの危険有害物質、土壌汚染が調査対象の中心となり、買主によっては建物耐用年数調査が加えられます。このうち、建物遵法性・危険有害物質・土壌汚染について問題が確認された場合には、その是正を求めるなど売主との調整事項となります。**エンジニアリングレポート**の内容確認時には、以下の点に留意してください。

・建物遵法性
・長期修繕更新費用
・土壌汚染

---

* **PCB**：Polychlorinated Biphenyl（ポリ塩化ビフェニル）の略。

■建物遵法性
●土地数量と調査スコープ

　土地数量は、消化容積率や建蔽率に影響する極めて重要な要素です。しかしながら、建築確認申請敷地の面積がそもそも不適切であることや、建築確認申請時以降に行われた境界確認によって土地数量に異同が生じていることは少なからずあります。一方で、エンジニアリングレポート上では、原則として土地数量は建築確認申請敷地数量を正とし、これに変動がないものとする黙示の前提が置かれています（または土地面積が適切に維持されているか否かの確認は業務スコープに入っていない）。よって、建物遵法性の確認手段をエンジニアリングレポートのみに求めると、土地数量に起因する容積率や建蔽率などの違反状態を見落としてしまうおそれがあり、かかる確認は買主自らによる調査が必要となる点に留意する必要があります。

　建築基準法上はあくまで建築確認申請における土地の維持が求められ、特別の救済措置は認められていません。よって、ここで実測数量が申請敷地数量を下回る場合、安易な整理を行わないよう注意が必要です。例えば、ボリュームの観点のみからは、建築基準法改正により容積参入対象から外れた箇所（エレベーター竪穴区画など）の面積を考慮することにより、実体法上違法状態にないと解釈することもあります。しかし建築基準法上、既存適格という概念は存在せず、申請敷地面積を欠く状態になっていることはやはり事実です。保守的な姿勢をとる市場参加者からは、建築確認申請敷地数量を欠いているため、事実上の違法状態にあるものとして扱われることもあります。よって、かかる整理にあたっては、将来における買主が同じ整理（現状の数量の帳尻は合っているため問題ないとの整理）を行うことが合理的に期待できるか（将来の売却時に論点とならないか）を、十分に検討する必要があります。

●議事録対応

　建築基準法による手続きを経ているものの、実体は法規に照らし不適合と考えられ、合理的説明がつかないことも少なくありません。一定の解釈や判断によることも考えられますが、建築確認審査機関の見落としである可能性も否定できません。また、建築確認申請手続きを要しない用途変更などについては、かかる変更の適法性について、様々な点で解釈の余地が残ることがあります。

実務上、実体と法規との隙間を埋める対処方法として、行政や建築確認審査機関などによる議事録が用いられることがあります。これら議事録は建物遵法性を確認する上で有用ではあります。ただし、一定の推定を根拠とし、その推定が何らサポートされていない議事録や、「直ちに是正命令を出さない」などと評価を濁し（論点をずらし）、何ら遵法性を担保しないものも散見されます。エンジニアリングレポートにおいて建物遵法性を確認する目的には、是正命令を受けるか否かも含まれるものの、そもそもの趣旨は遵法性上の問題がないことを確認することにあります。よって、議事録は将来の売却時に第三者（買主）に対してもこれを十分に説明できるものでなければなりません。適切に論点を捉えているか、客観的かつ十分な説明力を持つかの観点から検証することが必要です。

実務上のポイント 行政議事録は疑ってかかれ

　受領した行政議事録に信頼性が欠けていたため（行政がこんなことまで言ってくれるんだろうか？　という内容でした）、改めてこれを持って窓口に照会しに行ったところ、これに沿った整理では妥当でないとされた事例があります。また、ひどい話ですが、照会した事実自体がそもそもなかった（議事録が捏造だった）事例もありました。

　行政議事録の作成主体は、売主、プロパティマネージャー、仲介会社、買主、エンジニアリングレポート作成業者など様々です。それぞれが取引の成立に利害関係を有しますので、議事録には作成者によるバイアスがかかっていることがあります。また、相手方の確認印などは得られないことが通常であるため、一層このバイアスが助長される素地があります。さらに、好意的な解釈に基づく発言をしてくれることを理由に、何ら当該事案に関与していない指定確認検査機関に照会した議事録が作成されることもあります。その事案では、**特記事項ミーティング** * において、なぜ照会先が行政や当該建築確認申請に関与した指定確認検査機関でないのか、という強い追及を受けましたが、もっともなことです。

---

*特記事項ミーティング：投資法人において増資を行うにあたり行われる会議体。個別物件に関する特記事項を抽出し、投資家への明示の要否が検討される。通常、リーガルアドバイザー、証券会社、アセットマネジメント会社が参加する。

　第三者の作成した議事録は原則として疑ってかかるべきであり、照会事項や方法にバイアスがかかっていないかを確認するため、やはりその照会は買主自らが行うべきです。また、取得の際には通せたとしても、売却の際に買主が同じ通し方をしてくれるとは限りません（改めて論点化されるおそれがある）ので、安易な解決に走らないよう注意することが肝要です。

● **法定点検とカットオフ**

　エンジニアリングレポートにおける指摘事項は、通常、ドラフトにおいて是正対応未了の部分が指摘され、個別に修繕対応の証憑を提示することにより、消込がなされます。レポートのファイナル化までに消込ができなかった事項は、売主・買主いずれの負担でその対応を行うか、売主対応とする場合にはその期限をいつとするかなどの調整が行われます。

　エンジニアリングレポートにおいて遵法性などの指摘事項の消込が十分に行われないとすると、個別的にそれぞれの是正状況をレポート外で追いかけなければならず、是正対応の漏れや、受託者、レンダー、鑑定業者など関係者との情報共有の漏れが生じるおそれがあります。よって、レポート上で、ファイナル化までに消込を進めることが適切であり、仮にこれが間に合わないような場合であっても、その是正予定時期や負担者を付記し、事後的な追跡を容易とすることが望ましいといえます。将来の当局検査などで、当時の状況を遡及的に説明しなければならないことも考えられるからです。

　法定点検は、前回点検時から一定の周期で履行期限を迎えるため、直近の点検日がエンジニアリングレポート作成時期と重なってしまうこともあります。その場合、未是正の指摘事項が多く残る（またはレポートに反映されない）こととなりがちです。よって、あらかじめ点検周期を確認し、前倒しでの点検実施を求めるなどの調整が望まれます。なお、法定点検の履行期限が売買実行日前でない場合には、点検実施を意図的に事後にずらし、論点化を回避する方法もあります。

エンジニアリングレポートは、デューデリジェンスのプロセスの中で、ファイナル化期限が早く設定されます*。売買実行日前の一定のタイミングで、情報のカットオフがなされ、間が空くのが通常であるため、整理漏れが生じないよう留意してください。

■長期修繕更新費用*

エンジニアリングレポートは BELCA* によるガイドラインを指針として作成されますが、長期修繕更新費用の査定にあたって前提条件が付されている場合があります。例えば、発注者の運用方針により、エンジニアリングレポート作成会社が本来推奨する更新期間を変更して作成する場合や、住居用物件における空調設備に関して、発注者が原状回復工事費で別途見積もることを理由に計上しない場合などです。

これら前提条件は、明らかなかたちで示されていない場合が少なくありません。すなわち、エンジニアリングレポートは不動産鑑定評価と異なり、利用者の誤解を生じさせないための配慮が十分になされているとはいい難く、記載事項は作成会社の判断によるところが多いのです。前提条件についても、特定の条件があるか否かの付記にとどまり、その内容や影響が明示されていないことが大半です。

特定の前提条件がある場合にこれを認識しなかったとすると、特定の費目の計上漏れや不十分な更新を前提とする長期修繕更新費用を合理的理由のないまま採用してしまい、評価を誤らせることとなりかねません。また、レポートの第三者提供時（例えば鑑定会社に提供するような場合）に誤解を招き、事故発生の原因ともなります。よって、特定の意図（長期修繕更新費用をあえて小さく把握したい〈させたい〉がこれを明示したくない場合など）がない限りは、将来的に誤解が生じることを避けるため、作成時点においてかかる前提条件を明示しておくことが望まれます。同様に、自らが作成に関わっていないエンジニアリングレポートを用いる場合には、かかる特別の前提条件のもとに作成されたものでないかどうかを十分に確認する必要があります。

---

*…**設定されます**：法務デューデリジェンスや不動産鑑定評価書のファイナル化に先立ってエンジニアリングレポートをファイナル化する必要があり、また、投資法人においては特記事項ミーティングにも間に合わせる必要がある。
* **BELCA**：公益社団法人ロングライフビル推進協会。Building and Equipment Long-life Cycle Association の略。

実務上のポイント　CAPEX*の過小認識

　居住用物件のエンジニアリングレポートをチェックしていた際、空調設備の長期修繕更新費用が 12 年間で 1 円も計上されていない事案がありました。当然ながら各戸にはエアコンが設置されており、過年度においても交換は発生しています。よくよく見ると、注記欄に小さく「依頼者の運用方針により、当社の推奨する更新周期などから変更して作成している」旨の付記がありました。作成者に具体的な意味を照会すると、エアコン更新は居室の原状回復費として発注者の管理計画において別途計上するため、エンジニアリングレポートの長期修繕更新費用としては計上しない指示によるものとのことでした（その付記では当然に読み込めない）。費用の二重計上は不適切ですので前提条件の設定には合理性があります。本例は長期修繕費用の内訳を併せて見れば把握できるものでしたが、実務上サマリーページしか見ず、内訳までチェックしないことも多く見られます。費用の過小認識を通じて、物件価格の過大評価につながりますので、こうした注意を怠るべきではありません。

　類似の事例では、（現状の）フルメンテナンス契約でのエレベーター保守契約に基づき長期修繕更新費用を計上しないもの（保守契約が **POG*** に変更されれば当該エンジニアリングレポートは使えなくなる）や、発注者の運用方針に合わせて設備の更新時期を見積もるもの（発注者が更新周期を長期に設定しているだけで長期修繕更新費用が低下する効果をもたらす）もあります。

　費用認識に直接的に影響するにもかかわらず、誤解を回避するために必要な説明を欠いているエンジニアリングレポートが多く認められます（意図的でしょうか？）。よって、サマリー部分のみを見るのでなく、算出条件の確認や長期修繕更新計画表において特別な条件が付されていないかなど、細部の確認も併せて行うことが肝要です。

＊**長期修繕更新費用**：緊急を要する修繕更新費用および短期修繕更新費用以外の経年に伴う劣化に対する修繕、建物の機能を適切に維持して安全稼働していくために推奨される修繕・更新の費用。
＊**CAPEX**：Capital Expenditure の略。キャペックスと読む。不動産や投資の資産価値を維持・向上させるための費用。
＊**POG**：エレベーターに関する保守契約の一種。各部の点検、注油、調整及び消耗部品の取替は保守範囲内に含まれるが、その他の修理・取替は含まれない。

■土壌汚染

●分類

　土壌汚染リスクには**健康リスク**と**経済リスク**とがありますが、これらが区別されず、（場合によっては意図的に）混同されることがある点に留意すべきです。まず健康リスクは、土中の有害物質が地下水に溶け出すなどして地下水を汚染させ、その地下水を人間が飲用するリスク、土粒子が直接人間の口に入るリスク、揮発した有害物質を空気と共に吸い込むリスクなどを指します。次いで経済リスクとしては、汚染対策・浄化対策措置の実費負担、健康リスクが生じた場合の損害賠償、資産価値・担保価値の下落、売買機会の減少、風評による価値の低下などが考えられます。

　デューデリジェンスは当該不動産に関する経済的リスクを明らかにすることを目的とするものです。健康リスクが問題となる場合には、その前提として汚染の事実またはそのおそれが認識されている状態です。よって、当然に次の段階では経済リスクの整理が必要でしょう。しかしながら、健康リスクがないことのみをもって問題がないなどと安易に土壌汚染リスクを整理してしまっている事例も多く認められます。土壌汚染のある土地とない土地とで経済価値が異なることは当然であり、たまたま地表が被覆されていたり、周辺に飲料用の井戸がなかったからといって、両者が等価になることはあり得ません。もし等価となるのであれば、被覆さえすれば問題ないとの整理になっているはずです。

　それにもかかわらず、健康リスク上の整理で問題なしとしてしまいがちなのは、土壌汚染の問題が顕在化した場合、売買当時者間の調整に高い困難を伴うためでしょう。しかしながら、土壌汚染リスクは根深く、経済的影響も本来極めて大きい問題です。

　よって、健康リスクと経済リスクとは明確に区別して取り扱うべきであり、健康リスク上の評価をもって整理を進めるにしても、それが客観的かつ十分な説明力を持つかどうか十分に検討すべきです。

実務上のポイント　土壌汚染レポートの曖昧さ

　土壌汚染レポートにおける Phase1 では、おおむね地歴や対象地・周辺地の利用状況から土壌汚染の端緒となる事項がないかを確認し、これに一定の合理的解釈を付すことで土壌汚染リスクを判定する手順がとられています。

　ここで、事実確認に問題があり、または解釈に合理性がないレポートも散見されます。例えば、「周辺に汚染源となり得る施設が確認されたものの、土壌汚染のリスクは低い」と結論付けられたレポートがありました。その施設が影響を及ぼさない理由は、「汚染物質を利用していたとしても適切な管理がなされている限り、もらい汚染が生じるおそれはないため」というものでした。「適切な管理がされていれば」問題がないのは当たり前のことであって、適切な管理がされているか否かの確認が必要なはずです。それにもかかわらず、合理的な理由のない前提を付した上で低リスクという結論を導いてしまっています。また別の事例では、「汚染のおそれはあるものの、これがあったとしても土壌は被覆されており、地下水の飲用利用も認められないことから、健康被害リスクは低い」とされたレポートもありました。こちらは論点が（経済的リスクを含む）土壌汚染リスクから、健康被害リスクにすり替えられています。

　物件取得時は購入圧力によって安易な整理を行いがちですが、将来の売却先など第三者が同様の考え方をしてくれるとは限りませんので、客観的に検証することが肝要です。

　なお、先の汚染施設の事例での非論理性を指摘すると、「物理的位置関係および建物規模から推定される汚染物質の使用量（もしあれば）に鑑みて、土壌汚染リスクは低い」との修正がなされました。よほど合理的なものとなりましたが、経緯を踏まえると、なんだかなあとも思いました。

●調査会社のスコープ

　BELCA によるガイドラインでは、土壌汚染調査（Phase1）において、汚染源となることが懸念される施設については行政への届出確認を行うとされています。しかしながら実際の調査においては、一般的と考えられる水質汚濁防止法（水濁法）や各地方公共団体の安全条例などによる届出が調査対象とされていない場合があります。かかるスコープ（調査範囲）はエンジニアリングレポート作成会社ごとの判断もあろうかと思われますが、結果として未調査の情報がある場合には、当然に事実誤認につながり得ます。売主の取得時のエンジニアリングレポートにおいて東京都環境確保条例による届出は確認しておらず、売却時に買主が取得したエンジニアリングレポートで当該条例の届出が判明し、汚染物質の利用があった事実が判明した事例があります。

　その事例では、これを理由として売買金額の減額につながりました。かかる不測の不利益が生じてしまうおそれがあるため、これらがスコープに含まれているかは都度確認しておくことが望まれます。

実務上のポイント エンジニアリングレポートの売主への開示

　取引上、物件概要書の作成や指摘事項確認などの名目で、買主取得のエンジニアリングレポートを売主に対して開示する要請を受けることがあります。

　買主取得のエンジニアリングレポートは、買主が売買にあたってあらかじめ知っていた事実ですので、売主がその情報を入手した場合、売主が責任を負担しない根拠として利用されます。特にアンチ・サンドバッギング条項が規定された場合には、その影響はより強くなります。

　そもそも買主の努力により知った事実をもって売主の免責が進むとするのはバランスを失します。開示の要求は、無邪気なリクエストなのか、意図的なものなのかはわかりません。しかし、対応は原則として謝絶すべきであり、指摘事項解消促進を目的とする場合であっても、その開示方法や開示範囲には十分注意を払うべきです。

② PML レポート

　対象建物の **PML**＊値を求める調査です。PML 値の許容基準値は、各買主側のガイドラインなどで定めていることが通常ですが、これを超過した場合の手当が行いづらい事項です。PML 値が許容基準値を超えた場合の具体的な手当としては、地震保険の付保や、耐震工事の実施が考えられますが、いずれも経済的負担が大きく、売買への影響も相当に大きなものであるため、取引中止となるおそれもあります。

③構造再計算

　構造計算書が紛失している場合に取得されます。買主の取得ガイドラインによるものの、投資法人においてはおおむね「構造計算書が現存すること」または「再計算などによりその妥当性が確認されていること」などを投資基準としているところが大半です。

　当該調査は、竣工図面をもとに、建物をモデル化し構造計算の再計算をすることにより行われますが、そもそも、この再計算には 1 カ月以上の期間を要することが通常です。スケジュールに大きな影響を与えるため、書類紛失が事後的に明らかとなった場合、契約日や売買実行日の再調整を伴うこととなります。さらに、再計算の結果は予測ができず、構造計算に合理的解釈がつかないことも当然に起こり得ます。その場合、手当を行うことは容易ではなく、結果として取引中止とならざるを得ないでしょう。関係者に大きな影響を及す要因となるため、構造計算書の存否は早期に（なるべくはLOI 交換時までに）確認しておくことが望まれます。

　なお、買主側が投資法人でなく、構造計算書に関する取扱い基準がない場合であっても、いまや不動産投資法人は証券化不動産売買マーケットにおける主要な買い手候補ですので、将来の売却に備えてこれら主体と同等の基準をもって取得を進めるべきでしょう。

＊ **PML**：予想最大損失（Probable Maximum Loss）。

④ NRA*レポート

NRAレポートは、竣工図に基づき測定した賃貸可能面積の調査です。主にはエンジニアリングレポート作成会社や不動産鑑定業者により作成されます。

> ・NRAと契約面積
> ・契約面積の実務上の取扱い
> ・竣工図書とNRA
> ・NRAの計測方法
> ・NRAレポート取得の意義（評価面）

■NRAと契約面積

テナントとの契約においては、**ネット契約**、**セミグロス契約**、**グロス契約**が存在します。同じ貸室であっても契約面積はどの賃貸方式を前提とするかで大きな相違があり、名目上の賃料単価が異なることとなります。プライシング上、契約面積を安易に用いてしまうと、ネット単価にグロス面積を乗じるなどを通じて収益を過大に査定してしまうことにもつながりかねません。賃貸面積は収益算定の基礎となるものですので、この正確な数量を認識することは極めて重要です。

▼テナント契約

ネット契約	テナントが排他的に利用できる部分のみを契約対象とする契約方式。
セミグロス契約	ネット面積に（契約対象とすることに一定の合理性を有する）共用部を加えた部分を契約対象とする契約方式。
グロス契約	階段部分など共用部の区別を行わない契約方式。

■契約面積の実務上の取扱い

中古不動産においては所有者のリーシングポリシーや契約時点での賃貸市況により、賃貸対象とする部分やその面積の測定方式がまちまちです。

---

* **NRA**：Net Rentable Area の略。

　一般に、多くの用途では面積に単価を乗じて賃料が算定されますが、総額を膨らませる（またはテナントに対して賃料単価を低く見せる）目的で、セミグロス（またはグロス）の面積が意図的に用いられるケースも少なくありません。

▼賃料を固定したときの単価

方式	契約面積	賃料	賃料単価
ネット	100 坪		15,000 円 / 坪
セミグロス	110 坪	1,500,000 円	13,636 円 / 坪
グロス	120 坪		12,500 円 / 坪

▼単価を固定したときの賃料

方式	契約面積	賃料単価	賃料
ネット	100 坪		1,500,000 円
セミグロス	110 坪	15,000 円 / 坪	1,650,000 円
グロス	120 坪		1,800,000 円

　賃料改定交渉にあっては、相場とされる賃料単価の上昇または下落が根拠とされることが通常ですが、賃料単価が低く見えたほうが、貸主にとっては交渉を有利に進めやすいものです。そのため、賃貸借契約上、一部共用負担を含む旨の付記をするにとどめ、ネット面積およびネット面積を前提とする賃料単価などは詳（つまび）らかにされないことが多いようです。よって、実際の有効面積が契約面積よりも小さいことを認識していないテナントも多く、テナントがこれを把握するに至った場合には、紛争が生じるおそれがあります。また、将来のリテナントにおいて、同等の契約面積を採用できない（小さくなる）ことも十分考えられます。

　こういったことを背景に、契約面積のネット化を志向する主体も認められます。これら主体の運用実務では、対テナント上のリスクを踏まえ、契約途中において契約面積の変更を行うことは避け、必要に応じてリテナントの際に契約面積を改める方法が用いられることが多いようです。共用負担文言があるか否か、賃貸借契約書添付図面のリースラインで明示されているか否かなどの確認を通じて、既存賃貸借契約における契約面積リスクの把握が行われます。

　契約面積は本当にまちまちで、廊下や階段、エレベーター竪穴部分にとどまらず、中にはバルコニーまで含めて契約面積にカウントしていた事例まであります。そして、クロージングに入った段階で、契約面積は実は（セミ）グロスであったと判明した場合、その整理は極めて厄介です。

　そもそも異同がある場合、契約面積はNRAより膨らんでいることが通常です。よって、これが見過ごされていた場合、プライシングが過大評価となっています。当たり前ですが、契約面積が10％膨らんでいた場合、そのほかの条件を同じとすると評価額は10％膨らんでしまいます。対応策としては、①正直に交渉を中断し、ドロップさせる方法、②デューデリジェンスで判明した事項として価格調整する方法（ちょっと無理がある）、③グロス契約面積とネット賃料単価をそのまま用いて賃貸可能と強弁する方法（かなり無理がある）が考えられます。

　経験上、②の価格調整が実現したケースは知りません（むしろ事前把握できたはずと、関係者に責められる）。③は無理がある方法ですが、苦し紛れに時折とられる対応です（冷静に考えれば、ネット単価とグロス単価が一致することはあり得ません。）。よって、これは事後的な査定賃料での帳尻合わせに過ぎません。しかし、NRAはごまかしが利きませんので、前に進めるためには賃料でうやむやにするしかありません。そのような苦肉の策としての選択です。こんな無理をするくらいならあらかじめ測っておけばいいのにとつくづく思います。一昔前、平面図から手描きの三斜求積法で測った時分と比べれば、PDF上での計測も可能となり、負担は小さくなっているのですが、やはり面倒だという意識が強いのでしょうか。

　なお、共用部を含めたグロス契約の物件を投資法人が取得した事例がありました。以降のIRを見ていると、当該物件の賃貸可能面積（およびキャッシュフロー）は年々減少しています。やはりリテナントによって面積維持ができなかったんだろうと推測されますが、「賃貸可能面積」が減っていくことには違和感を覚えます（ポートフォリオとしてみれば影響軽微のため、論点化しづらいものの）。

■竣工図書とNRA

　竣工図書に専有面積表などがある場合にはNRAの把握は容易です。しかし専有面積は竣工図の必須的記載事項ではないため、この記載がないものも多く、また専有面積表などがある場合であっても、竣工時以降にテナント区画の分割がなされている場合や一部廊下などの共用部が設けられている場合など、専有面積表の数値をそのまま採用できないこともあります。さらには、建物建築時の計画変更による面積変更が反映されず、専有面積表自体に誤りがある場合もあります。

■NRAの計測方法

　NRAは竣工図書、賃貸借契約書添付のリースライン、レイアウト工事図面などをもとに机上計測することにより求められます。CADソフトを用いた計測が最も精度に優れますが、投下するリソースが大きくなるため、使いづらいのが実情です。コストと精度の観点から、PDFソフトの計測機能を用いる方法も代替方法となります。

■NRAレポート取得の意義（評価面）

　プライシングにおいては、面積に賃料単価を乗じて賃料収入・共益費収入を計算することが一般的です。この点、セミグロス（またはグロス）での賃貸面積は、共用面積をどの程度取り込んでいるかが個別契約によってまちまちで、賃料単価による比較可能性に乏しいため、収入査定において採用すべき面積および単価は、それぞれネットに換算したものを用いることが適切です。

　「ネット面積＜セミグロス面積」となるため、もし、ネット単価とセミグロスの面積とを用いてしまうと収入が過大に算出されることとなります。例えば、10%の共用部を含むセミグロス面積にネット単価を用いると、収益も10%高く査定されてしまいます。これは運用計画を誤ったものとするほか、取得時（および売却を想定した）物件評価自体を誤らせる原因となります。これを回避する上で、NRAレポート取得の意義は大きいです。なお、NRAレポート作成時には併せて賃貸人としての事業所税専有面積を計測することもスコープに含めることができます。事業所税申告上の面積について検証可能性確保につながるため、かかる利点も認められます。

⑤不動産鑑定評価

　取得価格の妥当性を検証するため、価格に対する調査として**不動産鑑定評価**の取得が必要となります。多くの場合、アセットマネジメント会社の資産運用ガイドラインにおいて、その取扱いが定められています。

> ・取得の背景
> ・金融庁における処分
> ・取得上の注意点
> ・原価法適用上の定率法

■取得の背景

　不動産鑑定評価は取得時（または売却時）の価格の参考として用いられます。また、受託者やレンダーからも取得が求められます。

■金融庁における処分

　金融商品取引法において、資産運用会社の業務の運営または財産の状況に関し、公益または投資者保護のため必要かつ適当であると認めるときは、内閣総理大臣は、当該資産運用会社に対し、業務の方法の変更その他業務の運営または財産の状況の改善に必要な措置をとるべきことを命ずることができ（金商法第51条）、また、資産運用会社が業務に関し法令などに違反したときは、業務の全部または一部の停止を命ずることができる（金商法第52条第1項）とされています。これまでの業務改善命令などの処分において、不動産鑑定評価の取扱いに関するものが多いため、特に注意を払う必要があります。処分事例を挙げると以下のとおりです。

・取得時に行うべき資産の評価手続きなどの際に、不動産鑑定業者に対し適切な資料を提示せず、誤った鑑定評価内容を看過した結果、過大に算定された鑑定評価額をもとに資産の取得を行った。

・利害関係者からの資産の取得などに際し、不動産鑑定業者の独立性を損なう不適切な働きかけ（売主の売却希望価格と同額以上で算定するよう依頼）を行い、また、不適切な不動産鑑定業者選定プロセス（最高価格となる概算評価額を提示した不動産鑑定業者に鑑定評価を依頼）をとっていた。

・利害関係者からの物件取得などに際し、不動産鑑定評価書が審議資料として用いられておらず、また、鑑定評価額と取得価格の乖離に関する審議が不十分であった。

・「含み損の減少、含み益の増加」を目的として、複数の価格査定額を受領した上で一番高い不動産鑑定業者を選定して鑑定評価書を取得し、当該評価書に基づき資産運用報告において開示した。また、複数鑑定にかかった費用を投資法人に負担させた。

■取得上の注意点

● 資料提供

　処分事例にも見られるとおり、資料や情報の適切な提供は不動産鑑定評価取得の基礎となるものですので、漏れがないよう留意すべきです。なお、鑑定評価書の取得は売買契約締結に先行するため、情報提供などに一定のカットオフが生じざるを得ません。しかし、カットオフ以降にキャッシュフローに変動が見込まれる場合には、不完全なものであってもその情報について提供すると共に、その取込みについて協議することが望まれます＊。

● 内容確認

　資料提供が適切に行われていたとしても、鑑定業者側においてその読み込みが不十分であるような場合、不動産鑑定評価上の収支想定に誤りが生じます。また、不動産鑑定評価において、本来、相当の説明が付されるべき特異な処理（賃料が徐々に上昇する想定を置くことや、土地に建付増価等を施すことなど）がなされることがあります。

＊…望まれます：かかる手当が足りなければ、前記処分事例のように資料提供不備の指摘を受けることにつながるであろう。

不動産鑑定評価基準 *上、不動産鑑定士の判断であり意見とされており、鑑定業者の一定の裁量は認められているものの、一方で資産運用会社は投資家に対して善管注意義務を負っているため、不動産鑑定評価上採用されている方針やシナリオが第三者に対して十分に説明が可能なものかを確認することが必要です。

　また、計算上ミスが生じているケースも少なからず認められるため、鑑定評価額が投資家に与える影響に鑑み、計算過程についても運用会社の責任において再確認することが必要です。処分事例を見る限りでは、鑑定評価上のミスを見過ごした場合に運用会社おいても投資家に対する責任を負うことは明らかでしょう。

実務上のポイント 鑑定評価書チェックの深度

　証券化分野においては、取得時および運用期間中の時価把握のため、不動産鑑定評価が定期的に取得されます。特に上場不動産投資法人では当該金額が公表され、投資家における不動産時価情報として重要な意味を持ちます。また、私募リートにおいても、不動産鑑定評価額が投資口基準価格に密接に関連するため、その重要性は高いといえます。ここでこれら重要性を強く認識している運用会社では、鑑定評価の妥当性検証を外部第三者に委託するスキームがとられる場合があります。鑑定評価書の確認内容は、採用資料・情報にとどまらず、計算過程の合理性や計算自体に誤りがないかなど多岐にわたります。専門性やリソースの点で、これらを内製化することが困難な場合も多く、専門業者への再委託は最適化を図る方法の1つと考えられます。誤りがあった場合の責任は不動産鑑定業者にありますが、投資家との関係においては、運用会社の責任（確認に関する善管注意義務）がないとはいえませんので、本来負担している義務を鑑みるに、妥当な解決方法の1つです。なお、経験上、投資法人が採用する大手不動産鑑定会社による鑑定評価書であっても、おおむね初回評価で7％程度、継続評価で3～5％程度の割合で価格に影響する評価上の誤りが発見されます。

＊**不動産鑑定評価基準**：国土交通省が定める、不動産鑑定士が不動産の鑑定評価を行うにあたっての統一的基準。

● 社内評価との相違

　不動産鑑定評価上の直接還元法や DCF 法などの適用による収支査定と、運用会社自身のプライシング上の査定との乖離が大きい場合があります。ガイドラインなどの規定方法にもよるものの、多くの場合は不動産鑑定評価を参考とする旨規定されており、かかる乖離が大きい場合には、合理的説明の検証と証跡化が必要です。もっとも、賃料査定やテナント回転率など評価主体によって各種想定事項の基準自体が異なる場合が多いことから、「いずれも適正な想定の範囲内である」という以上の説明を見いだし難いこともあります。

■ 原価法適用上の定率法

　既述のとおり、投資法人にあっては土地建物価格算定根拠として定率法を用いた鑑定評価の採用が不適切とされる場合もある点に留意してください。

⑥法務デューデリジェンスレポート

　当該取引における法的リスクの確認を目的として、リーガルアドバイザーにより作成されます。調査対象資料は登記簿謄本、売買契約書（売主取得時以前のものを含む）、信託契約書（変更契約を含む）、信託受益権譲渡承諾書、賃貸借契約書、その他デューデリジェンスレポート一式であり、調査方針により、発注者（買主）や売主に対する質問票、信託受託者からの報告書などが用いられる場合もあります。主には投資法人や運用会社において取得されます。

⑦買主自身による裏付資料の調査

　LOI 交換時までのプライシングでは、時間的制約およびリソースの制約により、裏付資料の確認までは行われないことも多いです。デューデリジェンスの一環として、各種資料確認を通じて、これらに認識外のイシューがないかの調査が行われます。例えば、レントロール記載の契約条件について賃貸借契約と突合し、誤りがないかの確認や、認識外の特約が規定されていないか、リースラインの設定は不適切でないかなどの確認がなされます。イシューが発見された場合には、売主との間で是正対応に関する協議が行われます。

⑧第三者調査の対象とならない事項の調査

第三者調査にはスコープの隙間が生じるため、買主自身による調査も併行して行う必要があります。

・外部デューデリジェンスのスコープ
・調査の隙間

■外部デューデリジェンスのスコープ

デューデリジェンスは既述のとおり外部調査機関を活用して行いますが、これら調査範囲外となる事項については買主が自主調査する必要があります。先の例での建築確認申請敷地と実測面積との適応の問題や、リースラインの適否、近隣関係、区分所有や借地など土地建物の権利関係に関しては、買主自らの調査によってその態様を確認し、これに伴うリスクを判断しなければなりません。

■調査の隙間

外部調査のスコープと自己調査との間に隙間が生じていないかどうかに注意が必要です。例えば、上下水道・ガスなどインフラ関係の管が第三者所有地を経由しないで接続できているかどうかは非常に重要な要素ですが、外部デューデリジェンスでは基本的なスコープには入っていません。気の利いた仲介会社や不動産鑑定業者であればコメントするかもしれませんが、外部から指摘を得られることを当然に期待できるものではありません。

一方で、当該調査のためには役所調査や供給会社調査を実地に行う必要がありますが、これは買主自身が行う調査には組み込まれていない場合が多く、未調査となっていることも多いものと思われます。これらの調査が適切に行われない場合、減価要因を反映しない割高な取得につながります。表明保証が得られていれば、補償を受けられる可能性もありますが、事前調査によりこれを回避するに越したことはありません。

　よって、通常の外部デューデリジェンスのみでは調査対象に隙間が生じると認識すべきであり、確認の遺漏を防ぐための体制づくり（外部調査会社のスコープ拡大や社内確認の増強）を図る必要があるでしょう。不動産に生じるイシューは様々であり、これを網羅することは困難ですが、チェックリスト化して漏れを防ぐことは有益です。

Column　アセットマネジメントフィー

　不動産証券化の黎明期には、物件価格に対して 1.5％程度（取得・運用・売却とも）得られたアセットマネジメントフィーも、競争が進むにつれて低下が続きました。証券化初期には、**REIT**＊のアセットマネジメントフィーは相当安いため、あえて組成するメリットがないという声もよく聞かれましたが、競争の結果、私募ファンドのアセットマネジメントフィーは大きく低下しました。0.5％程度（またはそれ以下）の水準も珍しくなく、ファンドと REIT のフィーの逆転すら生じています。

　今日のフィー水準はまちまちですが、投資家主導の案件でアセットマネージャーに登用される、いわゆる "やとわれ AM" の場合は相当に安く、反対にアセットマネージャーが物件に対して強いグリップを持っているなど主導権を有する場合には、いまだに 1％を超えるような高いフィーも実現しています。

＊ **REIT**：Real Estate Investment Trust の略。「リート」と読む。投資家から集めた資金で不動産を運用する投資信託。

デューデリジェンスにおける判明事項とその対応

　通常、あらかじめ開示があったものを除き、物件に特別のイシューがないことを前提にLOIは交換されています。よって、原則としてデューデリジェンスにより判明したイシューについては合理的範囲内で売主による是正対応が求められます。これら対応は原則として売買契約締結前に完了すべきものとして取り扱われ、スケジュール上の問題など合理的理由がある場合*には**プレクロージング事項***とされます。さらにやむを得ない場合には、**ポストクロージング事項***として取り扱われることもあります。

---

①ポストクロージング事項として取り扱う際の留意点
②ポストクロージング事項の金銭精算による処理

---

①ポストクロージング事項として取り扱う際の留意点

　特別な事情によりポストクロージング事項として取り扱う場合、その是正義務は売主負担として規定されるものの、この是正が完了するまでの間に生じるリスクの内容およびそれを売主・買主いずれが負担するかについては検討することが必要です。

＊**プレクロージング事項**：売買契約締結後、売買実行日までの間に、売主の責任と負担により対応する事項。
＊**ポストクロージング事項**：売買実行後、一定の期限を設けて売主の責任と負担による対応義務を付す事項。

＊…**がある場合**：是正に要する部材の制作を要し、時間を要する場合、コントロールできない第三者の協力を要する場合、全館停電を伴うなど一定の時期にしかなし得ない場合など。

　例えば、消防法に関連する不具合の是正がポストクロージング事項として取り扱われた場合、売買実行日以降に未是正の期間が生じることとなります。当該期間内に火災が発生し、人身被害が生じたとき、所有者責任の問題となりますが、その責任まで売主が当然に負担するものではありません。当該工事を誰が負担するかという問題と、所有者責任を誰が負担するかという問題とは別のものです。すなわち、買主は未是正の期間における所有者責任を負担することになる点に留意すべきで、特別の手当を行わない限り、所有者責任まで売主に負担させられるものではない点は強く認識する必要があります。本来、不具合事項は売買実行日までに売主の責任で是正することが原則であるところ、例外的にポストクロージングでの対応を許したとしても、それはあくまでスケジュールの観点から例外的に期間の猶予を与えたに過ぎず、買主が未是正期間のリスク負担をすることまでも容認するものではないはずです。よって、かかる不利益を回避するため、ポストクロージング期間中に、ポストクロージング事項が是正されていないことに起因して発生した損害は売主がこれを補償するなど、リスク負担区分を売買契約上で規定することが適切です。ポストクロージング事項を規定する際に、単なる是正義務の負担のみがフォーカスされ、これに伴い買主に発生するリスクについては十分検討されていないケースも多く認められるため、取扱いには留意してください。

②ポストクロージング事項の金銭精算による処理

　売買実行日以降、売主は物件に対して権原を持たないため、売主が物件の修繕などを行うことには実体上不自然さが残ります。また、実際の物件のコントロールが買主に移った後では、不具合の是正は買主自身が行ったほうがスムーズな場合もあります。かかる観点から、是正工事に関する見積りなどを精査した上で、ポストクロージング事項として取り扱うことに代えて工事費相当額を金銭精算する方法がとられることがあります。その場合には、見積りに含まれないその他工事などが事後的に発生しないかの検証を行うことは当然に必要ですが、それに加えて、是正完了までの期間、リスクを買主が負担することになる点に注意する必要があります。

▼プレクロージング対応、ポストクロージング対応、金銭精算対応の相違

	直接の経済負担	是正完了までのリスク負担	備考
プレクロージング対応	売主	売主	
ポストクロージング対応	売主	買主	引渡し後無権原となる売主が対応を行うため、管理・調整が煩雑となる。
金銭精算対応（工事費等相当額を金銭精算し、引渡し後に買主が自ら対応する方法）	売主	買主	管理は容易であるが、追加工事などに対応できない。

実務上のポイント　売買前の境界確認

　物件の引渡しにあたり、隣接地との境界確認の実施を決済条件とすることがありますが、特に証券化不動産の売買ではその取扱いに注意が必要です。もちろん、境界が確定された状態は将来の紛争可能性を減じるなどの観点から有益です。しかし地積は非常にデリケートな問題であり、境界確認の結果として求められた実測面積が建築確認申請敷地面積を下回るようなことも生じ得ます。かかる事態が生じた場合、建物の遵法性の問題に波及し、遵法性の観点から、売買上の整理が困難となってしまうことも考えられます。

　現状の土地建物の運用を前提とする場合においては、ディールキラーとなりかねないため、かかる結果が生じるリスクを踏まえた上で、境界確認およびこれに伴う実測を行うことのそもそもの是非を検討すべきでしょう。なお、実施する場合であっても、通常、境界確認や測量を担当する土地家屋調査士など専門家は、売買に与える影響までを認識していないことが多いため（彼らの業務範囲はあくまで境界確認書の取得や実測図の作成にとどまる）、かかる懸念を共有の上で慎重に進めることが必要です。表明保証責任を負担する前提においては、望ましくない結果が得られた場合でも、なかったことにはできませんし、かといってこれが詳らかになった場合、身動きがとれなくなることは容易に想像できます。

7-3 | デューデリジェンスに 伴う資料ファイリング

　デューデリジェンスにおいては、詳細資料の徴求およびその読み込みが進められます。これにあたって、併行でこれら資料のファイリングとリスト化を進めることが有益です。物件取得後は運用部門に引き継がれますが、一定のルールで整えられた情報は引継ぎをスムーズなものとしますし、情報伝達上のミスも防ぐことができます。また、かかるファイリング化された資料は、将来の売却時において、パッケージの基礎としても活用でき、突然の売却にも備えることができます。

Column　期末におけるクロージングコストの高騰

　例年3月末は決算対応での取引も多く、不動産証券化市場もハイシーズンとなります。クロージングはおおむね2カ月程度かかりますので、1月にLOIを交換し、3月のクローズを目指す案件が多く発生します。この時期には業界全体の業務量が増加し、デューデリジェンスに携わる専門業者（特にエンジニアリングレポート作成会社）や信託受託者の取り合いとなり、期末案件の対応ができる関係者が見つからないことも生じます。し

かし、コストがかかっても期末までのクローズが必要となる案件もやはり存在し、こういった案件については、極端に高いフィーが成立してしまいます。期末効果によって信託設定報酬が従来の30倍になった事例（明らかに足元を見られて）もあり、クロージング時期がコストに少なくない影響を与えることもあります。とはいえ、時期をコントロールすることも難しいのですが……。

売買実行後、物件資料はアセットマネジメント部門に引き継がれますが、事実誤認や見落としを防ぐため、ファイリングのルールを定める必要があります。

▼資料ファイリングリスト例

資料一覧
物件名：●●

latest:　　　　2022/3/30

No.	項目	確認欄		ファイル名	日付	備考
01	謄本	あり	土地	土地謄本（781-7）	2021/12/21	323.62㎡
		あり		土地謄本（781-9）	2021/12/21	3.23㎡
		あり	建物	土地謄本（781-7）	2021/12/21	
		あり		滅失登記未了建物が存しないことの証憑	2022/2/8	土地からの建物登記検索画面
02	地図・写真	あり		住宅地図	2018/00/00	
03	公図・建物図面	あり		公図	0000/00/00	
04	地積測量図	あり		確定実測図	2018/5/25	326.93㎡
		あり		用途求積図・求積表	2018/7/2	
05	公租公課	あり		課税決定通知書（令和3年度）	2020/2/10	
		あり		課税明細書（令和3年度）	2021/6/1	781-9は公衆用道路として非課税のため、課税明細書には記載されない（非課税の旨の証憑は別途名寄帳取得必要）
06	レントロール	あり		マンスリーレポート		Inc 09
07	賃貸借契約書			以下参照		
08	管理関係契約書	あり		PM業務委託契約書	2019/3/28	⇔●●株式会社
		あり		（PM業務委託）個人情報の取扱いに関する覚書	2019/3/28	
09	PMR	あり		マンスリーレポート		2021.01〜2022.01
10	修繕関係資料	該当なし				
11	竣工図等設計図書	あり		竣工図	2018/8/9	PDFファイル名は竣工図であるが、事実関係は不詳
		あり		自転車・バイク配置図	NA	
		あり		仕様書	NA	
		あり		イメージパース	NA	
12	建築確認関係資料	あり		建築確認申請書	2018/8/1	申請敷地：318.34㎡
		あり		確認済証（建築物）	2018/8/1	
		あり		建築計画概要書	2018/8/1	
		あり		中間検査合格証	2018/11/13	
		あり		検査済証（建築物）	2019/3/7	
		あり		設計図からの変更事項	2019/2/15	
13	その他許可証等	あり		消防用検査結果通知書	2019/3/12	消火器、自火報、誘導灯
		あり		防火対象物使用開始届出書	2019/1/31	
		あり		（省エネ法）届出書	2018/7/18	
14	DDR	あり		地歴調査報告書	2018/8/00	株式会社●●作成
		あり		土壌汚染調査関連資料	NA	下水道法・環境条例等リスト、過去地図、公図・隣地謄本
15	境界確認・越境覚書	あり	境界	土地境界図（官民）	1983/00/00	
		あり		土地境界確認書（⇔779-34）	2018/2/25	第三者承継文言あり
		あり		筆界確認書（⇔779-18）	2018/4/4	第三者承継文言あり
		あり		筆界確認書（⇔779-26）	2018/4/11	第三者承継文言あり
		あり		筆界確認書（⇔779-33）	2018/4/10	第三者承継文言あり
		あり		筆界確認書（⇔779-39）	2018/4/14	第三者承継文言あり
		あり		筆界確認書（⇔781-1、-29）	2018/4/13	第三者承継文言あり
		あり		筆界確認書（⇔781-14）	2018/5/16	第三者承継文言あり
		あり		筆界確認書（⇔781-15）	2018/5/23	第三者承継文言あり
		あり	越境	越境説明図	2018/6/28	●●測量設計事務所作成
		あり		（越境）覚書（⇔779-33l）	2018/8/6	被越境：ブロック塀の一部
16	法定点検関係資料	あり		消防用設備等点検報告書（総合）	2021/7/7	指摘事項なし
		あり		消防用設備等点検報告書（機器）	2022/1/28	指摘事項なし
17	借地契約書	該当なし				
18	管理規約・総会議事録	該当なし				
19	重要事項説明書	あり		重要事項説明書	2019/2/00	売主取得時のもの
20	その他	あり		（ML資料）査定書	2022/2/17	株式会社●●作成
		あり		当初一棟分譲時売却資料	0000/00/00	株式会社●●作成
		あり		アフターサービス基準書	2018/8/10	●●株式会社
		あり		狭あい道路拡幅整備事前協議済通知書	2018/2/26	SBあり/区管理
		あり		賃貸募集資料	2022/1/21	
		あり		J:COMサービス提供に関する申込書	2019/3/28	
		あり		インターネットマンションシステムサービス提供に関する契約書	2018/11/21	⇔株式会社●●
		あり		工事請負契約書	2018/8/10	●●株式会社⇔●●株式会社
		あり		（道路台帳）現況平面図	2019/2/1	

ファイリングリストの作成は、物件の全体感（どういった留意点や付帯契約があるか、など）を把握するために有益です。また、備考欄を用いた特記事項の付記は、情報の検索可能性を高めます。

第 8 章

売買契約締結

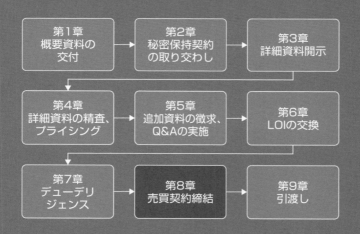

第1章
概要資料の
交付

第2章
秘密保持契約
の取り交わし

第3章
詳細資料開示

第4章
詳細資料の精査、
プライシング

第5章
追加資料の徴求、
Q&Aの実施

第6章
LOIの交換

第7章
デューデリ
ジェンス

第8章
売買契約締結

第9章
引渡し

　証券化不動産市場は、外資系企業や外資系不動産ファンドを主要な市場参加者として発展してきたもので、その売買契約形式は、これら当事者によって用いられた様式を基礎とし、「表明保証」など国外の契約実務の影響を強く受けたものとなっています。

8-0 | 証券不動産取引の売買契約

　不動産証券化売買では、アセットマネージャーが同じであっても案件ごとに投資家を異にする場合も多く、アセットマネージャーが投資家に対して負う忠実義務により、売主が契約上定めのない補償を行うことは期待できません。すなわち、各取引には一回性があるため、継続的取引関係において認められる信頼関係による担保が期待できません。よって、売買契約書の調整においては、契約締結後に協議事項を極力残さない作り付けが志向される特徴があり、発生可能性がある様々な事態に関して、あらかじめ明確かつ客観的な条件が定められることが多いです。当然ながら、その調整は複雑なものとなります。

　一般の不動産売買契約書との主な相違点は、次表のとおりです。

▼不動産売買契約書との相違点

項目	概要
売買実行前提条件 （CP*条件）	売買代金支払義務発生の条件が詳細にわたって定められる。
表明保証責任の規定	契約不適合責任とは別に、不動産の状況などについて売主が一定の責任を負う表明保証責任が定められる。レップ（Rep*）と呼ばれることもある。
物件概要書（または容認事項）の添付	表明保証の例外を示すために物件概要書（または容認事項リスト）が添付される。
表明保証事項の調整	個別の表明保証事項が詳細にわたり定められる。

＊ **CP** ：Condition Precedent の略。
＊ **Rep** ：Representation and Warranties の略。

8-1 調整手順

　売買契約書は、買主のデューデリジェンスと併行して調整が進められます。売主・買主いずれが**ファーストドラフト**を作成するかは事案ごとに合意されるものですが、売主側・買主側いずれの立場においても、ファーストドラフトを作成する側に立ったほうが調整を有利に進められることが多いです。相手方ドラフトによると、本来置くべき規定に漏れが生じることがあり、また、有利な規定を（こっそりと）入れておくことができなくなるためです。

　不動産証券化における**アセットマネージャー**は、投資家のためにサービスを提供するものであり、売買契約の調整においても投資家に対する善管注意義務を負担しています。よって、売買契約に法的な不具合はないか、不利益はないかの観点のほか、自らの投資家に対する善管注意義務を踏まえ適切な内容となっているかの観点からも、契約内容を確認する必要があります。したがって、契約書のチェックは自らで行うにとどめず、都度、リーガルアドバイザーの確認を経て進めることが一般的です。ドキュメンテーションに参加する主体が多くなりますので、必然的にこれにかかる時間も長くなります。

最終合意に至るまで、このフローでのやりとりが続く（売主ドラフトの場合の例）

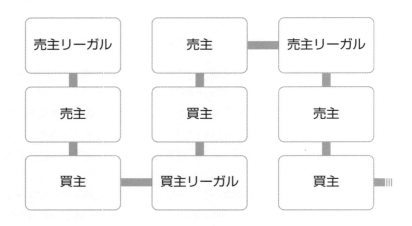

実務上のポイント リーガルコスト

　ドキュメンテーションにおいてはリーガルアドバイザーに都度確認を求め、調整を進めることが通常です。結果として各事案におけるリーガルコストは相当の金額となります。法務コストに関しては、紛争リスクが極小化されるよう契約時に法務コストを先行してかけるか、契約時は一般的内容で契約書を作成しておき、実際に問題が発生した場合に法務コストをかけるかの2つの考え方がありますが、不動産証券化業界では前者（先行）が採用されています。訴訟が提起された場合、解決に相当期間を要しますし、訴訟が発生すれば善管注意義務の問題も生じます。よって、訴訟に至る可能性が小さいにしても、あらかじめ解釈の余地の少ない契約書を作成し、事後の不利益を回避することが優先されています。

8-2 | ファーストドラフトの作成

ファーストドラフトは、社内に備えるひな形を用いるか、リーガルアドバイザーに都度依頼することにより作成します。この際、個別の事案によって前提とする条件が異なるため、取り交わされた LOI を参考に調整を行います。また、通常はファーストドラフトおよびそのコメントバックで双方のリクエストを出した上で、論点の解消を進める方法がとられます。新たに判明した事項や情報に基づくものを除き、ドキュメンテーションの途中でより強いリクエストを出すことは後出しとして扱われ、マナー違反と見なされます。

よって、ファーストドラフトを作成する際、またはこれに対する初回のコメントバックを行う際には、漏れがないよう注意することが必要であり、その作成をリーガルアドバイザーに求める際には、目標とする整理（違約金は何に結び付けるか、CP 不充足の場合の処理をどう求めるか、表明保証はプロ・サンドバッギング条項とアンチ・サンドバッギング条項のどちらかにするか、など）はあらかじめ指示することが望ましいでしょう。

▼オーダーの例

項目	取扱い
契約不適合責任	免責 / 負担
CP 条件不充足時の処理	契約終了 / 催告 / 即時解除
表明保証責任	免責 / 負担
重要性の限定	あり / なし
買主の主観による留保	なし / あり
売主の主観による留保	あり / なし
引渡時以降の解除制限	あり / なし
違約金の性格	損害賠償の予定 / 違約罰
補償請求期間のキャップ	あり / なし

主にワープロソフトの「Microsoft Word」（以下「ワード」）が用いられ、以下のマナーや慣行があります。

●「変更履歴の記録」機能

本機能を用いて、各修正の履歴を残した上で、売主・買主相互の修正・コメントが重ねられます。誰が、何を、いつ修正（加筆／削除）したかの修正履歴が残るため、ファイル上での経緯確認が可能となります。なお、裁判時にはかかる修正履歴自体も証拠資料として用いられることがあり、一定の論点につき承諾する場合でも、コメントとしてその趣旨を付記しておく手当がなされることもあります。

諸条件が整った場合には、コメントやハイライトを削除し、ファイナル版（修正履歴の残ったマーク版と、これを全て反映したクリーン版）が作成されます。

●【】──墨付き括弧

相手方または特定の相手方へのコメントを行うにあたり用いられます。コメント部分であることがわかりやすいことと、統一することでクリーン化の際に削除しやすくなることから、これが用いられるようになったものと考えられます。

●[]──ブラケット

仮置きの情報を示す際に用いられ（例えば「売買実行日は3月[20]日とする。」など）、擦り合わせが整った時点で[]を削除することが予定されている部分です。直接の悪影響は考え難いものの、本来の意図と異なり、ブラケットが残ったままファイナル化の処理がなされ、製本されるケースも少なくないため、ファイナル版作成時に見直すことが望まれます。

● コメント時のマナー

一部においてワード上のコメント機能を使ったり、本文中に直接（【】など
を用いず）コメントするケースも見られますが、ドキュメンテーションがわか
りづらくなり、非効率なものとなるため、利用に適しません（使うと嫌われる）。

● 内部コメント

複数の当事者が関与する場合には【○○➡▲▲さま：】として宛先を明示
する場合があります。うち、特にリーガルアドバイザーから自社宛ての当該コ
メントは、いわゆる内部コメントであり、方針の照会や相手方に明示すべきで
ない修正理由が記載されていることが多いため、外部展開時には変更記録機
能をオフにした上で削除しておく必要があります。不慣れな担当者はこれを
残したまま（または削除の修正履歴を残したまま）相手方に展開し、手の内
をさらしてしまうことがあります。

● ハイライト

通常は蛍光ペン機能を用いますが、修正が重なると濃色しか残らなくなり
ます。濃色を用いると文字が読めなくなるため、代替的に網かけ機能を用い
ることが適切です（蛍光ペンの濃色を使うと嫌われる）。

● 文書の比較

修正履歴なく修正が施された場合や、ファイナル版と当初ドラフトとの変
更点を確認したい場合などには、文書の比較機能を用いることが便利です。

コメントでの言い回しや理由付けの例

疑義を回避するため付言すれば、……。

解釈の余地を制限したい場合に便利です。

ご懸念の点を具体的にお示しいただけますでしょうか。

空中戦となっているような場合の照会として便利です。相手方の関心がどこにあるかを確認でき、論点整理が進みます（意外とこういわれると、具体例を示しづらいこともあります）。なお、この反応として例示されたケースのみ手当をして、あたかもその論点が整理済みである体をとるテクニックがあります。相手方がこうしたコメントをしてきたときは、返し方とその後の処理に注意が必要です。

○○を限度として受諾します。

相手方の主張を受け入れるものの、一部に留保を残す場合に用います。受諾の体をとっているものの、付された留保によっては本来の目的がかなわなくなる場合もありますので、注意が必要です。

デューデリジェンスでご確認いただくべきものですので、○○はお受けできません。

デューデリジェンスで確認できる事項について売主に保証を求めることも多く見られ、これらを拒絶するときによく使います。使い勝手がよく、相手方のドキュメンテーション担当がアクイジション担当とは別人である場合や、法務専門で不動産への理解が低い場合などに効果的です。

> 情報の非対称性を解消する範囲で表明保証は受諾しますが、その範囲を超えますので、○○はお受けできません。

表明保証を受諾する目的が、売主買主間にある情報の非対称性の排除にあることを念頭に置いたコメントです。売主にもわからないことは保証の対象とできないといっているにとどまりますが、そもそも表明保証を設ける理由に情報の非対称性が用いられることも多いため、一定の説得力があります。

> 契約不適合責任免責の前提条件に反しますので、○○はお受けできません。

表明保証事項で契約不適合責任と同等の保証を求められた場合のコメントです。

> 売主は調査義務を負担しませんので、○○はお受けできません。

「知る限り」の留保が「知り得る限り」に修正された場合のコメントです。通常の売買において売主が買主のためにどこまで調査義務を負担するかは明確ではありませんが、かかる修正を行って少しでも売主の責任範囲を拡大しようとする買主(または買主のリーガルアドバイザー)も多いのが実情です。そもそも調査義務を負うべき理由の説明が必要となりますので、反論は難しくなります。

> リスク分担上過大な負担となりますので、○○はお受けできません。

CP 条件や違約などが偏っている場合のコメント例です。ドキュメンテーションは売主買主間のリスク分担の問題であるとする考え方がありますが、条項の建付け次第では必要以上の責任を発生させ、リスク分担を著しく偏らせることが(結果的に)生じ得ます。

> 性状的に治癒不可能な事項もありますので、○○はお受けできません。

表明保証違反の場合の売主の責任として「治癒」がありますが、治癒できないことも区別なく記載しているドキュメントも多いため、かかる点を指摘するコメントです。

> 中古不動産ですので、○○はお受けできません。

経年相当の劣化や資料の完全性・網羅性など、実情を無視した負担を求めるケースに対応するコメントです。

> 外縁が不明確ですので……。

例えば、「不動産の価値または権利に悪影響を及ぼす欠陥は存在しない」などの表明保証を求められたような場合、何がこれに該当するのか明確でなく、リスク負担の程度も不明確となります。こうした包括的な規定を提案された際に用いるコメントです。例示列挙から限定列挙への変更を求めるような場合にも利用します。

> 含意が広すぎますので……。

包括的な規定がなされた場合、負担することになるリスクを測ることができない場合があります。よって、包括的な規定であることを理由に拒否するコメントです。

解釈の余地が大きいため……。

規定を削除し、またはその対象とする部分を狭める（または特定する）際に用います。証券化不動産売買においてドキュメンテーションを丁寧に行うのは、そもそも将来の紛争可能性を低下させるためですが、当然、契約書についていろいろな読み方ができれば、紛争可能性は高くなってしまいます。その趣旨を訴えるコメントです。

ご提供いただいた情報が正しいことを前提として取得するものですので……。

売主から提供された情報に誤りがあった場合の責任負担を求める理由付けのコメントです。

買主の調査において知り得るものではありませんので／デューデリジェンスで確認できるものではありませんので……。

売主の主観による留保を「知る限り」から「知り得る限り」に拡大したい場合に用いるコメントです。

該当する事項があれば、カーブアウトいただければ足りますので……。

買主の立場において、表明保証事項の維持を求める場合に用いるコメントです。

8-3 | その他の構成要素

売買契約書は本文のほか、以下の事項により構成されます。

①物件の表示
②レントロール
③物件概要書
④容認事項
⑤プレクロージング事項、ポストクロージング事項

①物件の表示

取引対象を特定するため、土地建物の所在や地番、数量などが表示されます。また、附属設備や工作物、従物、権利なども、取引対象に含まれるものとして包括的に記載されます。

②レントロール

契約締結日に付着する賃貸借契約を特定するため、賃貸借契約一覧表として**レントロール**が添付されます。これは対象不動産の収益の基礎となる点で、当該契約の存在を売主が表明する意味を持つと共に、これ以外に賃借権の付着はないことを示す意味を持ち、反社チェックの対象とすべきテナントが特定されることとなります。なお、調印スケジュールなどの理由により、レントロールの時点を契約締結日以前の一定の日付でカットオフしたい、という申し入れが売主または仲介会社によりなされることがあります。契約書のデリバリーなど実務上の負担に鑑みれば、一定の合理性は認められます。しかしながら、これを許すと、結果的にカットオフ日以降契約締結日までに賃貸借契約に変動があった場合のリスク（収益性の変動や反社テナントの入居など）

を買主が負担することとなってしまいます。よって、あくまで契約締結日時点のレントロールを用いることを原則とし、デリバリー開始後であっても変動が生じた場合には差し替えを行うなどの手当を行うことが適切です。

③物件概要書

　物件概要書が添付され、表明保証責任の**カーブアウト**＊事項として取り扱われます。仲介会社が作成する**物件概要書**（または**重要事項説明書**）を流用することが通常ですが、かかるカーブアウト機能を持つことを通じて売主の義務や責任に影響することとなるため、物件概要書自体も売買当事者間の調整対象となります。なお、媒介者の作成する物件概要書は、あくまで仲介責任に主眼を置いて作成されることが通常です。売買契約において売主が物件概要書に求める機能に鑑みれば、かかる内容では不十分なことも多く、売主の立場からは適切なカーブアウトが行われているかを逐次確認することが必要です。

　買主の立場からは、カーブアウトされた事項はプライシングに取り込んでいるか、表明保証事項と矛盾するような包括的カーブアウトがなされていないか（例えば、境界が確定していることの表明保証がある場合でも、物件概要書で境界に関して売主は責任を負わないとする旨が記載されることがある）を確認する必要があります。リーガルアドバイザーは原則として物件概要書を確認しないことから、両ドキュメントのバランス調整は売買当事者自身で行うべき点に留意する必要があります。

＊**カーブアウト**：売買契約書上の構成としては、売主が負担する表明保証責任の例外を定めるもの。

④容認事項

　③の物件概要書に代えてカーブアウト機能を担わせるための別紙として、容認事項リストが作成される場合があります。**容認事項**は、物件概要書から表明保証のカーブアウト部分を抽出するかたちで作成されることが一般的で、これが作成される場合には、物件概要書に代えて用いられます。物件概要書でなく容認事項を用いる趣旨は、売買契約書の構成上、不必要な記載を売買契約から排除し、買主から売主に対し事後的に主張や請求を受けることを回避する点にあります。すなわち、物件概要書には通常、公法上の規制や建築基準法上の手続き状況など、宅建業法上仲介会社が買主に説明すべきとされる事項が記載されますが、売買契約上これらは売主が当然に買主に説明すべき範囲を上回ります。それにもかかわらず、物件概要書が売買契約書に添付された場合、あたかも売主が、当該事項を事実として買主に説明したとの外観が形成され、売主の責任範囲が拡大する（または拡大して解釈される）おそれがあります。売買契約書の構成上、表明保証のカーブアウト機能があれば足りますので、その記載を必要最低限とすることでリスク回避を図る方法です。ただし、この方法を採用する場合は、ドキュメンテーションの対象となる文書が1つ増えることとなり、調整手続きが煩雑となるデメリットがあります。

⑤プレクロージング事項、ポストクロージング事項

　契約締結後に売主が対応する事項がある場合、これをプレクロージング事項、ポストクロージング事項として抽出し、添付することがあります。その場合には、売主履行義務の内容と期日が一覧形式で規定されます。売買契約書に添付する物件概要書に規定することで代える方法もありますが、その場合には権利義務に関する規定が物件概要書の各所に散ることとなり、誤認や見落としが生じるおそれが生じます。これを回避するため一覧化する方法です。ただし、添付書類が1つ増えることになりますので、ドキュメント管理の手間が増えるデメリットもあります。

実務上のポイント ドキュメンテーション上での相手方に対する スタンス

　ドキュメンテーション上の修正にあたっては、修正理由に関するコメントを丁寧に付した上で相手方の理解を求めていく方法と、特にコメントを付さず修正のみを行う方法とがあります。

　同じ修正が入るにしても、相手方の修正理由に一定の合理性が認められればこれに応じることもできますし、また、全面的にこれを受け入れられないにしてもそのコンセプトを把握することにより、接点を見いだすこともできます。一方で、何ら修正理由が明らかにされないまま修正のみを主張される場合には、理解や歩み寄りの余地がなくなってしまい、互いに押し問答をすることとなりかねません。ドキュメンテーションの目的が自社にとって最善の内容でファイナル化を迎えるものであり、そのためには相手方の合意（修正に対する承諾）が必須となることに鑑みれば、基本的には修正理由を丁寧に説明し、相手方の理解を得られるよう努めることがより適切と思われます。

　また、コメント時の姿勢としては下手に出るほうがよりやりやすいように思われます。ドキュメンテーションは、相手方の顔を見ることなく行う交渉ですので、相手方の修正内容やコメントにカチンとなることも多く、やりとりがでたらめな方向に歩むおそれもあります。これら不必要な争いを避け、相互理解に努めることが肝要です。

実務上のポイント ドキュメンテーション上でのリーガルに対する スタンス

　ドキュメンテーションにあたっては、リーガルアドバイザーの助言を受けながら調整を進めますが、かかる調整にあたっては、リーガルアドバイザーに丸投げする方法と、担当者自身が主体的に書き込み、その確認をリーガルアドバイザーに求める方法とに大きく分かれます。

特に不動産分野をバックグラウンドとする担当者は、ドキュメンテーションに苦手意識を持ちがちです。また、ドキュメンテーションに積極的に関与せず、リーガルアドバイザーと相手方との間のドキュメントの連携をとるだけでも、ドキュメントはファイナル化できてしまいます（最終的なでき上がりの良し悪しはともかく）。

　しかし、物件の特性や考慮すべき案件の背景、ビジネス上の方針、Q&A等従来のやりとりに根拠を持つ主張など、リーガルアドバイザーのみでは最適化が図れない部分は多くあります。また、ドキュメンテーションのスケジュール管理や些末な論点に関する空中戦の回避、チェックなど、売主または買主としてドキュメンテーションに関与すべき事項も多いです。やはり、ドキュメンテーションについては積極的に関与するスタンスをとることが肝要です。

実務上のポイント　ドキュメンテーションの管理

　ドキュメンテーションは1往復するだけでも売主・買主ならびに双方のリーガルの確認を要し、場合によってはいずれかの当事者とそのリーガルとの間で往復することもあるので、1往復するだけでも相当の時間がかかります。それぞれが翌日にコメントを戻せば理論的には4日で1往復しますが、そんなにうまくいくことはなく、実際には2週間近くはかかります。よって、ドキュメンテーションにかけられる期間が1カ月あったとしても、せいぜい2往復か3往復というところです。そしてよほど物わかりのいい当事者でなければ、最後まで論点が残り（その時点で残っている論点はたいてい重たい論点である）、その解消に厳しいやりとりが行われることが通常です。ドキュメンテーションが終わらなければ契約は締結できません。それにもかかわらず2週間手持ちする相手方もいますし、リーガルアドバイザーからの返事が1週間返ってこないこともあります。クロージング時は売買契約書に限らず1物件の売買でも10〜20程度の契約書を取り扱い、その他の手続きも多くあるため忙殺されがちです。しかし、十分に調整ができず不安定な契約に追い込まれることはやはり回避すべきです。例えば、「ドキュメントリスト上に誰がドキュメントを持っているか、いつから持っているかなどのステータスをメモして管理する」、「リーガルアドバイザーに対して、あらかじめ展開の見込み時期と期限を（遠慮なく）伝える」、「相手方の手持ちが長くなった場合に前倒しで催促する」など、自身による積極的な時間管理が必要です。

第 9 章

引渡し

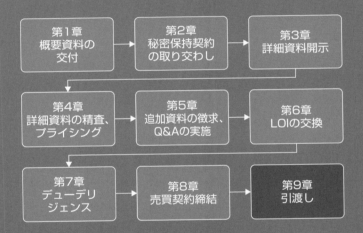

第1章
概要資料の
交付

第2章
秘密保持契約
の取り交わし

第3章
詳細資料開示

第4章
詳細資料の精査、
プライシング

第5章
追加資料の徴求、
Q&Aの実施

第6章
LOIの交換

第7章
デューデリ
ジェンス

第8章
売買契約締結

第9章
引渡し

　売買実行日において、売買実行前提条件の確認を経て、売買代金の資金移動と物件引渡しが行われます。当日（まで）に当事者間において本章で述べる手続きが行われます。

引渡日までの処理

売買実行日までに、物件引渡しのための各種手続きを行います。契約と同日で売買が実行されるときは、前章の売買契約締結準備と併行してこれを進めます。

①書類・鍵の確認、引渡しリストの作成
②精算合意書の作成
③登記準備
④信託契約の調整・締結
⑤（買主において）プロパティマネジメント契約の調整・締結
⑥テナント通知・転貸承諾

①書類・鍵の確認、引渡しリストの作成

売買に伴い引渡しを受ける各種契約書などの書類や鍵類について、売主が作成したリストと現物の突合を行います。それまでの書類提供は PDF など電子データで行うことが通常であるため、原本がないことがこの段階で判明することもあります。引渡書類のうち**信託契約**は、レンダーによる質物とされることも多く、現物の行き来の過程で過去の信託契約の一部*が紛失しているケースも少なからず発生しています。こうした重要性の高い書類については、あらかじめ売主において現物確認を行っておくことが望まれます。また、過去の**信託受益権譲渡承諾書**は、その引渡しや保管がいまほどに重要視されていなかった時代があり、紛失していることもあります。

---

*…の一部：当初信託設定契約から受益権譲渡がある都度変更契約が締結され、それら全てが引渡書類となる。

　しかしながら、現在では受益権譲渡の第三者対抗要件を基礎付けるものとして、売買実行前提条件を直接構成するほどの非常に重要な書類として位置付けられています。これが存在しない場合の手当の調整には多大な労力を要することから、遅くとも売却方針を決定した段階で原本の有無を確認し、早期に買主と調整することが望まれます。

実務上のポイント　信託契約・譲渡承諾の紛失

　信託契約や譲渡承諾が紛失している場合、あるいは譲渡承諾がそもそも引き継がれていない（複数の信託受益権に対し、譲渡承諾が一括で作成された場合など）場合、売買実行にあたり、その処理が問題となります。写しがある場合には、相手方当事者たる信託会社による原本証明によって整理されることが多いです。一方で、写し自体がない場合や信託会社が廃業しているような場合、かかる手当ができませんので、当時の受益者の状態や受益権二重譲渡の可能性、消滅時効など各要因を踏まえて整理の仕方を検討し、買主が納得できる説明や確認を丁寧に行うほか方法がありません。過去に受託者更迭があった受益権については、かかる手当が困難なことが多いため、より資料具備の確認を優先して進めることが適切です。

実務上のポイント　現物確認

　引渡しリストのドラフトができた時点で、当該リスト記載の各種契約書など資料および鍵の現物との**現物確認**が行われます。資料や鍵は通数・本数が多く、確認作業に大変な手間がかかります。その突合に注力するあまり、リストが適切に作成されているか自体の確認が抜け落ちてしまうことも時折見られます。中には竣工図や検査済証などの重要書類がリストから漏れていることに気付かなかったようなこともあります。よって、引渡書類・鍵の確認にあたっては、リストとの突合もさることながら、本来引き渡されるべき書類・鍵を念頭に置いて、これらとの間で不足がないかに注意することが肝要です。

②精算合意書の作成

　売買実行日に買主から売主に対して送金される金額計算のため、**精算合意書**が作成されます。売主が買主に対して交付すべき敷金など要返還債務相当額、日割り計算による前受賃料など買主が売主に対して交付すべき売買代金、買主が売主に対して交付すべき前払費用等の日割り額など、あらかじめ金額が確定できるものが対象となります。事後的に確定される水道光熱費などは、売買実行日以降に行われる二次以降の精算対象となります。なお、信託受益権売買における公租公課は、売主・買主いずれが納付者となるかの調整次第で、精算の向きが変わります。

③登記準備

　買主の指定する司法書士により、登記移転に関する準備が行われます。

④信託契約の調整・締結

　新たに信託設定が行われる場合には、売主と買主が指定する受託行との間で信託契約の調整が行われます。取引形態として信託受益権売買となることは買主都合であるため、売主に（現物不動産売買の場合と比べて）リスクを負担させない配慮がなされ、これら当初委託者の責任を極力制限した信託契約（いわゆる**簡易版信託契約**）を用いることが多いようです。その場合には、買主と信託受託者との間で、買主の運用に即した信託変更契約が同日付で締結されます。

⑤（買主において）プロパティマネジメント契約の調整・締結

　証券化スキームではプロパティマネジメント会社を登用することが一般的ですが、売買実行日前後の債権債務を切り離すため、売主と同一の PM 会社を登用する場合でも、既存プロパティマネジメント契約は売主において解除し、買主において売買実行日付で新たに新規契約として締結することが多いようです。

　ただし、**マスターリーススキーム*** が導入されており、これがプロパティマネジメント契約と一体となっているような場合には、マスターリース契約を解除してしまうと、テナントから再度転貸承諾を取得する必要が生じることとなり不利益が大きくなるため、既存契約の変更契約を締結することで対応する場合もあります。

▶マスターリーススキーム

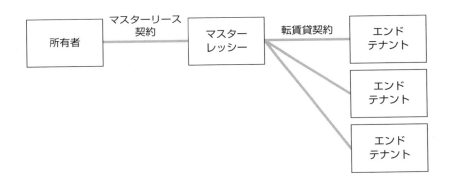

⑥テナント通知・転貸承諾

　売買実行日において、貸主が変わる（信託受益権化されており、信託直貸しのケースでも賃料受取口座が変わる）こととなるため、売買実行日（以降）において交付する変更通知が準備されます。新たにマスターリーススキームを導入する場合には、これに代えて**転貸承諾依頼書兼承諾書**のかたちがとられます。

***マスターリーススキーム**：不動産を所有者（信託受託者）から第三者が一括で賃借し、エンドテナントに転貸するスキーム。所有者は賃貸事務手続き負担を免れることができ、特に受託者の事務手続きを嫌う信託スキームや、賃貸事務手続きが多く発生する住居系物件において用いられる。第三者（マスターレッシー）には主に SPC やプロパティマネジメント会社が就任する。

9-2 | 売買代金の支払いおよび引渡し

　売買実行日当日、売買実行前提条件の確認を経て精算合意書に基づく売買代金等が送金され、その着金確認を待って登記関係書類が交付されます。その後、最終精算、ポストクロージング事項の履行確認（もしあれば）を待って一連の取引が終了します。

実務上のポイント　プレクロージング

　売買実行日において行われる実務は、書類交付や送金・着金確認など事務手続きにとどまり、通常はクロージングのための作業は前日までに終えます。当日の手続きは、それが事務手続きにとどまるといえども、遺漏があった場合にクロージング会場ではリカバリーし難いことが実情ですので、万全の準備をして当日に臨む必要があります。例えば、CP書類について事前に相互確認を行うことや、資金移動表部分を口座情報も含めて関係者と確認しておくことなど、最善の手当を施すことが適切です。一部の手続きに不具合があった場合には、それでも資金移動（売買代金の支払い）に踏み切るかなどの極めて難しい判断に迫られることとなりますし、かかる判断は誰か（担当者かもしれないし、決裁権者かもしれない）のリスク負担を伴うものですので、これを要する状態は極力回避する必要があります。

Column　不動産証券化業界の市場規模とアセットマネジメント会社の売上

　証券化不動産マーケットにおけるAUM（運用資産）は投資法人と私募ファンドを合わせて約45.3兆円規模と把握されます。

私募ファンドと J-REIT の市場規模推移

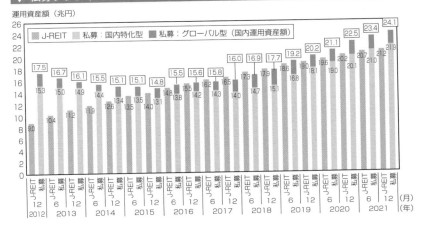

出典：三井住友トラスト基礎研究所「不動産私募ファンドに関する実態調査」

　また、年間取引額は年平均でおおむね 8.6 兆円程度と把握されます。

証券化不動産取引の推移

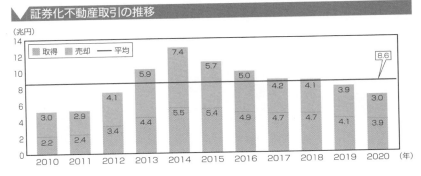

出典：国土交通省「不動産証券化の実態調査」

　これらを前提に取得 0.5％、期中運用 0.4％、売却 0.5％の報酬料率（大まかな仮置き）を用いると、売買時の取得・売却によるフローの報酬は 431 億円程度、期中運用によるストックの報酬は 960 億円程度の規模になるものと試算されます。年間の取引額にはばらつきがありますが、AUM の拡大に伴いストックの報酬は増加しており、市場の安定性は高いものと考えられます。

第２部

売買契約書のドキュメンテーション

第10章

売買契約書の概要

　売買契約書における規定には、他の規定と連動して効果を生じさせるものがあります。特に補償責任や損害賠償責任、解除・違約金などの規定は、他の規定の効果としてこれを生じさせますので、条文間のつながりを確認することが肝要です。

10-1 | 証券化不動産売買における売買契約の特性

証券化不動産取引は、以下特性を有します。

---

①取引の一回性
②善管注意義務と交渉コスト
③取引の個別性

---

①取引の一回性

　一般の商取引では、継続取引が前提となる場合が多く、当事者間の信頼関係が根底にあります。当該取引において、何かしらの問題が発生したとしても、過度な対立を発生させず、これを解消しようとする調整機能が期待できます。よって、一般の商取引の契約書は、想定される様々な事態に対してその対応を詳細に定めないことも多いのです。

　一方で、証券化不動産取引においては、契約書上詳細にわたる権利義務が明確かつ客観的に規定されます。これは取引に一回性があることに起因しています。

　すなわち、売主または買主となる相手方当事者は案件によって異なり、さらに同一のアセットマネージャーが相手方である場合でも、各事案によって投資家は異なることが通常です。アセットマネージャーはそれぞれの投資家に対して忠実義務を負い、最善を尽くすことが求められます。よって、それぞれの取引は一回性を持つ取引となり、継続反復を前提とする調整機能は期待し難いこととなります。

②善管注意義務と交渉コスト

　アセットマネージャーはそれぞれの案件における投資家に対して、高度な**善管注意義務**を負っています。売買契約に起因して問題が発生した場合、善管注意義務の観点から安易な譲歩や妥協は行い難く、投資家の利潤を最大化するための最善の行動をとらざるを得ません。よって、その解決に向けての交渉コストは多大なものになります。実務上、かかる交渉コストを契約後に負担する（問題発生時に対応する）のではなく、契約前に負担することが慣行化しています。

　具体的には、デューデリジェンスによって不測の事態が発生することを抑制し、さらに契約書ドキュメンテーションにおけるリスク分担の調整によって、事後的に紛争が発生することを回避する方法がとられます。

③取引の個別性

　不動産全般にいえることですが、証券化不動産には物・権利に個別性があり、これに伴うリスクも、その存在が明らかなものもあれば、不明確なもの、リスクの存在が明らかであっても定量化し難いものなど様々です。こうした個別性に基づくリスクを売主買主間でどのように分担するか、当事者間で個別に調整する必要があります。

　かかる特性により、判明したイシューの是正責任やその他リスク分担などを、詳細にかつ解釈の余地が小さいかたちで契約書に落とし込む必要があります。よって、その契約締結過程は、他の財の契約書や一般企業法務と比較して、より高度かつ複雑なものにならざるを得ません。

10-2 | 規定される事項

　売買契約書の構成は、おおむね以下のとおりに分類されます。これらのうち、ドキュメンテーションにおいて主に論点となるのは、金銭負担に直結する③と④です。

①手続きに関する規定
②費用収益の帰属や売買実行までの維持管理責任に関する規定
③リスク分担・補償に関する規定
④違約金規定

①手続きに関する規定

　売買金額や支払方法、物件引渡しの方法、期日、事後精算方法などに関する条項がこれにあたります。LOIやキックオフミーティングにおいて合意された条件が契約書に落とし込まれ、これが論点となることは多くありませんが、うち、CP条件は補償や違約金と結び付けられることもあり、比較的論点化しやすい事項です。

②費用収益の帰属や売買実行までの維持管理責任に関する規定

　物件に関する費用や収益について、売主・買主に割り付ける場合の起算日や計算方法などが規定されます。通常は売買実行日前日までを売主帰属、売買実行日以降を買主帰属とする日割り計算です。また、契約締結日と売買実行日とが別日付となる場合、売買実行日までの間に買主の運用方針に従った運用を求める場合が通常であるため、かかる運用方針に従う旨、承諾の取得方法などが規定されます。慣行化しているため、特別の論点が生じることは少ないようです。

　なお、契約締結後、売買実行日前に発生した不具合（事故や故障、法定点検での指摘事項など）は、一般的な表明保証の建付けを前提とすれば、売主の負担となります。

③リスク分担・補償に関する規定

　売買契約締結後に明らかとなり、または事後的に発生するリスクについて、売主または買主のいずれが、どのような条件のもとで負担するか、を定める条項がこれにあたります。具体的には、契約不適合責任、表明保証責任、危険負担などとして規定されます。特に表明保証責任は、その対象や責任の範囲が詳細にわたって調整されることが多く、主要な論点の１つとなる項目です。

　証券化不動産売買においては、買主がデューデリジェンスを実施し、物件の調査を十分に行った上で契約に至ります。そのため、一般の不動産売買と比べて不明事項は解消され、リスク低減が図られます。しかし、物理的・経済的な制限を受けるため、その範囲や深度は限定的なものにならざるを得ません。よって、売主と買主との情報の非対称性を全て解消することや不明事項をなくすことは現実的にはできません。

　また、デューデリジェンスはあくまで売主の開示した情報が基礎となるものですが、その情報提供が正確でなく、また不十分なものであった場合、得られた調査結果も誤ったものとなるおそれがあります。

　こういったリスクについて、売主または買主のいずれがどの程度負担するかが問題となり、ドキュメンテーションにより細かな負担区分を定めます。

④違約金規定

　違約金設定の主な目的は、損害額算定の困難性からの救済や、ペナルティをバックストップとした債務不履行の抑制にあります。売買契約における買主の債務は、売買代金の支払いに尽きます。

　一方で売主の債務は（主として中古）不動産の引渡しであるため、一定の表明保証責任を負担する前提においては、表明保証違反や契約違反を引き起こす可能性が高くなります。したがって特に売主に立つ際に、その発生条件の妥当性を慎重に確認する必要があります。

この点、違約金は「売買金額の○%」と規定されることが一般的であるために、取引金額に比例して違約金も数億円に及ぶことから、当事者に大きな経済的負担が発生します。よって、その発生条件はドキュメンテーション上最も論点化しやすいポイントの1つです。

違約金が規定される場合としては、主にCP条件不充足の場合、契約違反の場合、解除の場合などが考えられます。

▼違約金規定の主なパターン

もととなる規定	要件の例
CP条件	CP条件不充足
	CP条件不充足＋催告期間を超過
解除	売買実行前に解除事由が発生
	売買実行後に解除事由が発生
債務不履行	債務不履行があった場合即時
	債務不履行があった場合かつ履行催告期限を超過した場合

違約金は解除の効果として規定されることが多く、諸規定の違反が解除を通じて違約金に結び付けられます。結果としてのでき上がりがバランスを失するものとなってしまっていること（違反内容と違約金とが質的・量的にバランスしないこと）も少なからず見受けられるため、各規定間の関連については意識して調整することが必要です。

なお、解除規定が民法541条以下規定に基づく債務不履行解除であると整理されるケースは、不履行の程度が軽微であれば解除権の濫用として制約を受けるおそれがあります。

・CP条件不充足を条件とする場合
・契約違反を条件とする場合
・解除権の行使（または解除要件具備）を条件とする場合

■CP 条件不充足を条件とする場合

あまり多いケースではありませんが、「CP 条件を満たさない場合、即時に違約金を請求できる」と規定されることがあります。CP 条件は売買実行の前提となる重要なものであるとの前提に立てば、これを満たさない場合のペナルティとして違約金を発生させる意義も見いだせます。しかし、何ら治癒などの余地なく即時に違約金を発生させるとすることは売主に酷とも考えられます。また、買主は CP 条件を広く設定しようとする傾向があり、規定された個別の CP 条件の内容と不充足の場合の効果がバランスしない場合も認められます。

例えば、「売主が売買契約および信託契約上履行すべきとされる義務を全て適切に履行していること」が CP 条件の 1 つとされることは多いですが、売買契約や信託契約上の義務には様々なものがあり、義務違反があったとしても影響が軽微なものも含まれます。よって、違約金と質的・量的にバランスしない契約違反が CP 条件不充足を通じて違約金の発生原因となりかねません。

また、「売主の表明および保証が本契約締結日および売買実行日において真実かつ正確であること」が CP 条件の 1 つとされた場合も同様でしょう。規定の仕方にもよりますが、表明保証違反は軽微なものも取り込んでしまうため、同様に違反の程度とその効果とがバランスしないことも生じます。極端な例でいえば、情報の正確性が表明保証の対象とされていたとき、売主から開示された PM レポートに軽微な誤りがあった場合でも表明保証違反を構成し、これが CP 条件不充足を通じて違約金を発生させることとなります。よって、契約上の他の規定（先の例では表明保証規定）が CP 条件に結び付けられる場合があること、その場合に違約金発生にバランスしないケースが生じ得ることを念頭に置き、どういったケースが違約金につながっているかの規定間の関連を点検することが必要です。

また、CP 条件不充足によって直接違約金が発生しない場合であっても、CP 条件不充足が解除権の発生条件の 1 つとされる場合があります。その場合には解除を通じて、事実上 CP 条件不充足が違約金を発生させることとなります。CP 条件不充足をもって結果的に違約金につながることが見落とされている契約書も多く見られ、売主が過大なリスクを（おそらくは意図しないままに）負担していることも多いため、条文間の関係と効果について注意が必要です。

■契約違反を条件とする場合

　契約違反をもって直ちに違約金が発生する事例は、多くは見られません。契約違反に紐付けられる違約金は、（契約違反の）治癒の催告に応じないことを条件とする場合や、催告に応じないことをもって解除権を発生させ、かかる解除を条件とする場合が大半です。この場合に、契約違反には様々なものが考えられ、過度なペナルティになりかねない点に留意する必要があります。例えば、契約違反には表明保証違反も含まれるため、軽微な表明保証違反も本契約違反を通じて違約金に連動することがあります。また、テナントが反社会的勢力と関連を有していない旨の表明保証に誤りがあった場合や、被越境がない旨の表明保証に誤りがあった場合に、売主がこれを是正することは事実上（性状的に）不可能な場合もあります。表明保証違反が生じた場合には売主がこの是正義務を負うとする規定が多いものの、表明保証事項には事実上是正不可能なものや是正困難性が高いものも多く含まれます。こういった違反の場合には、いくら是正のための催告の期間が設けられたとしても、実質的に売主に対する救済として事実上機能しないことも大いに考えられます。契約違反と違約金とを結び付ける本旨は、ペナルティをバックストップとして義務履行への圧力をかける意味合いも強いものと考えられますが、一方で、むやみにこれを進めると過剰なリスク負担を売主に強いることとなる点に留意すべきでしょう。

■解除権の行使（または解除要件具備）を条件とする場合

　解除権の行使をもって違約金を請求できると規定されます。売買契約の解除があった場合、相当の損失が発生することが通常であるため、その原因事実を作った者に違約金が生じることは自然でしょう。

　この点、原状回復の困難性に鑑み、「売買実行後は解約不可」と建付ける場合もありますが、契約違反や表明保証違反が判明するのは、売買実行により物の支配が移ってからが通常であるところ、当該解除制限が付されてしまうと、結果的に解除も違約金の請求もできないこととなりかねない点には留意が必要でしょう（契約違反に基づく損害賠償請求まで妨げるものではないものの、売主が負担する責任は相当に小さくなる）。かかる事態に備えるため、解除はできないにしても解除要件が具備されることをもって違約金を請求できると規定する方法も考えられます。

実務上のポイント 売主・買主の立場とクロージングの難易度

　売主としてクロージングに臨む場合と買主としてクロージングに臨む場合、それぞれのケースがありますが、やはりより難しいのは売主の立場に立つ場合です。もちろん買主の立場でも資金調達や適切なデューデリジェンスの実施など、買主ならではの難しさはあります。しかし、売買契約における買主の義務は売買代金の支払いにとどまるため、契約違反は資金調達上の問題がない限りまず発生しません。一方で売主は個別性の高い不動産を引き渡すものであり、一定の表明保証責任を負担しますので、契約違反が生じてしまう可能性が相対的に高くなります。

　一般的な表明保証を前提とすれば、適切な情報開示が行われており、適切なカーブアウトがなされていれば、こうした契約違反は生じません。しかし、情報開示にも限度があるため、漏れが生じる可能性は否定できません。情報開示もドキュメンテーションも最善を尽くすしかないのですが、補償や違約につながることに鑑みれば、いくら最善を尽くしても安心できない怖さがあります。訴訟になることも事実としてあり、そうなった場合は時間もリソースもコストもかかり、本当に大変です。

▼売買契約上の義務

Column　クロージングとソーシング

　物件取得時には、**ソーシング** * を行った担当者がそのままクロージングを行うことも多いですが、クロージングには多くの手間がかかるため、その間のソーシングには事実上ブレーキがかかることになります。これに備えて、クロージング担当者を別途確保しておく方法もありますが、クロージングは定期的・継続的に発生するものではないため、リソースにロスが生じる可能性があります。クロージングは一時的に多くのリソースを必要とし、あらかじめこれに備えた体制をとると組織が非効率となり、一方で最低限の人員で対応すると別の機能に支障が出るという関係にあります。かかるリソースの問題は多くのアセットマネジメント会社が抱える課題ですが、スポットでクロージング実務を提供するサービスもあり、選択肢の１つとなります。

Column　クロージングプロセスの証跡化

　アセットマネジメント会社においては、金融商品取引法上の監督官庁となる金融庁検査や証券取引等監視委員会による当局検査、これに備えたアドバイザリーファームによる模擬検査などが行われます。当局検査等の事後検証においては、コンプライアンス上の論点について運用会社が適切な対応をしていることについて、事後的に、**証跡化** * された資料などによる合理的な説明を行う必要があります。しかし、クロージングに直面する状況下にあっては、クロージング実務対応に忙殺され、証跡化まで営業部門の手が回らないことも多くあります。コンプライアンス部門と営業部門との力関係によっては（営業部門が勝つことが多い）証跡化が十分に行えないことも生じ、その場合、将来の検査などにおいて苦労することになります。数年前の取引は覚えていないことも多く、担当者が退職していることも珍しくありません。将来における説明に備えないことは、相当のリスクを負担することにほかなりません。営業部門とコンプライアンス部門のバランスをマネジメントがうまく調整し、手当を行うことが必要です。

＊**ソーシング**：投資案件情報の入手や選定プロセスのこと。
＊**証跡化**：業務プロセスや活動を示すため、証拠となる客観的な記録をとること。

第11章

売買契約書のモデルと解説

　本章では、売主・買主双方の立場から既受託の信託受益権売買を
前提とした売買契約書のモデルを解説します。文中、ブラケット（[]）
は留保などを付す場合の例を示す際に用いています。また、スラッ
シュ（/）は複数の規定方法を示す際の区切りとして用いています。

11-0 表題部

■ 売買契約の前文

> 信託受益権売買契約書
> （●●ビル）
>
> ●●（以下、「売主」という。）及び●●（以下、「買主」という。）は、●年●月●日（以下、「本契約締結日」という。）付で、信託受益権売買契約書（●●ビル）（以下、「本契約」という。）を締結する。

　本契約例では、証券化不動産取引において最も多い類型である「既受託物件にかかる信託受益権売買」を前提に解説します。取引にあたり現物不動産を信託設定する場合や、不動産特定共同事業法などによる現物不動産売買の場合には、契約内容の異なる部分があります。

▼ 信託スキーム

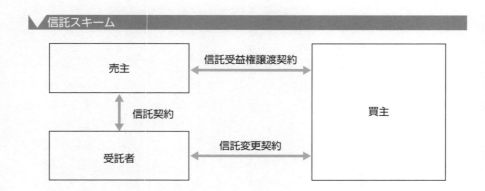

11-1 | 第1条（定義）

　繰り返し使用される用語の**定義**を定めています。定義条項は、契約における文言が曖昧である場合や、契約当事者双方の解釈が異なる可能性のある用語について、正確な定義を示す条項です。契約上の文言の解釈の相違によって紛争が生じることを予防する目的があります。

■ 契約書上使われる用語の定義

第1条（定義）

本契約において、以下の用語は以下の意味を有する。

(1)　「受益者」とは、本件信託契約における受益者を個別に又は総称したものを意味する。

(2)　「受託者」とは、本件信託契約における受託者である●を意味する。

(3)　「信託財産」とは、本件不動産並びに本件信託契約に従い本件信託に帰属する全ての資産及び負債を総称したものを意味する。

(4)　「テナント」とは、テナント契約における賃借人を意味する。

(5)　「テナント契約」とは、本件不動産に関し、本契約締結日時点で締結されている本契約別紙3「テナント契約の表示」に記載された賃貸借契約その他本契約締結日以降売買実行日までに本契約に従い締結された賃貸借契約を意味する。

(6)　「当初委託者」とは、●●を意味する。

(7)　「売買実行日」とは、●年●月●日（但し、本契約における別段の定めに基づき変更された場合又は売主及び買主が別途合意した場合にはその日）を意味する。

(8)　「物件概要書」とは、本契約別紙2「物件概要書」に記載された物件概要書を意味する。 ❶

❶本契約例では、物件概要書により表明保証のカーブアウトを行う方法を採用しているため、定義付けています。**容認事項**を用いる場合は、「容認事項」に置き換えられます。

---

(9) 「本件 PM 契約」とは、受託者及び●●との間で●年●月●日付で締結されたプロパティマネジメント業務委託契約書（●●ビル）（その後の変更、修正及び改定を含む。）を意味する。

(10) 「本件受益権」とは、本件信託契約に基づく信託受益権を意味する。

(11) 「本件信託」とは、本件信託契約に基づき設定された信託を意味する。

(12) 「本件信託契約」とは、当初委託者と受託者との間で締結された●年●月●日付不動産管理処分信託契約書（物件名：●●ビル）（その後の変更、修正及び改定を含む。）を意味する。

(13) 「本件建物」とは、本契約別紙1「本件不動産の表示」に記載された建物（附属設備、構築物及び従物等を含む。）を個別に又は総称したものを意味する。

(14) 「本件土地」とは、本契約別紙1「本件不動産の表示」に記載された土地を個別に又は総称したものを意味する。

(15) 「本件売買代金」とは、第4条第1項に規定する意味を有する。

(16) 「本件不動産」とは、本件建物と本件土地及びこれらに関わる一切の権利等を総称したものを意味する。

契約内で用語が最初に出てくる際に（以下「●●」という。）といった定義を付す方法もありますが、そうすると定義付け部分を都度探す必要が生じ、検索性に劣り非効率となります。よって、契約書冒頭に独立した定義条項を設けることが多くあります。なお、本文中の定義付けと併用されることもあります。

11-2 | 第２条（本件受益権の譲渡等）

　売主が目的物を買主に引き渡し、買主は売主に売買代金を支払う旨を定める条項です。売買契約の中心をなす部分ですが、基本的には合意内容を記載するにとどまり、論点となることは多くありません。

■ 契約の目的たる譲渡に関する規定

第 2 条（本件受益権の譲渡等）
1. 売主は、売買実行日に、本件受益権を本契約の定めるところに従い買主に売り渡し、買主は本件信託契約の各条項を承認の上、これを買い受ける。
2. 売主及び買主は、本件受益権の売買につき、いかなる意味においても担保取引としてではなく、真正かつ有効な売買とする意思を有することをここに確認する。
3. 買主は、第 1 項に基づく本件受益権の譲渡に伴い、売主の本件信託契約上の委託者及び受益者たる地位並びに委託者及び受益者の権利及び義務（本件信託契約において明示的に当初委託者の義務とされているもの及び受益者としての売主が受託者又は信託財産に対して現に負担している債務（損害賠償債務を含むが、これに限られない。）を除く。以下同じ。）を承継する。

　信託受益権売買では、信託契約の内容を確認している旨や、信託契約上の債務の取扱いなどが定められます。

11-3 | 第3条（本件受益権の譲渡等の効力発生）

　引渡しにあたって必要となる行為は、売主から買主への信託受益権の譲渡、および買主から売主への売買代金の支払いです。信託受益権の引渡しにあたっては、（対抗要件具備のための手続きはあるものの）特別な行為は必要ないため、単に売買代金支払いと同時にこれが行われる旨を記載します。

■ 譲渡等の効力発生条件に関する規定

第3条（本件受益権の譲渡等の効力発生）
　　前条に基づく本件受益権の譲渡並びにこれに伴う委託者及び受益者たる地位の移転（以下、「本件受益権の譲渡等」という。）は、売買実行日に、第4条に従い買主が本件売買代金全額を支払った時点でその効力を生じる。但し、受益者たる地位の移転について、本件信託契約中に別段の定めがある場合は当該本件信託契約の定めに従う。

　信託契約においては受益者変更の場合の手続き等が定められており（通常、添付された様式に基づく受託者の承諾）、これに従った手続きを経る旨を確認するものです。

11-4 | 第4条（本件売買 代金、支払方法等）

　売買代金や**売買実行前提条件（CP条件）**が記載されます。特にCP条件は、買主の売買代金支払義務の発生条件となるほか、建付けによっては、その不充足が賠償責任や違約金に結び付けられる場合もあるため、論点となることが多い部分です。

■ 売買代金、支払方法等

第4条（本件売買代金、支払方法等）

1. 本件受益権の売買代金は、下記のとおりとする（以下、下記の本件土地売買価格相当額及び本件建物売買価格相当額並びにこれに対する消費税及び地方消費税相当額を合算した価格を「本件売買代金」という。）。

   [なお、本件売買代金の基礎たる本件不動産の対象面積、構造及び種類は、別紙1「本件不動産の表示」記載の登記記録（公簿）面積及び表記によるものとし、かかる面積、構造及び種類が実測面積又は実際の構造及び種類と相違する場合であっても、売主及び買主は、本件売買代金の増減請求等一切の異議又は苦情を申し立てない。] ❶

   また、売主は、本件土地に隣接する全ての土地（以下「隣地」という。）との境界（民民、官民を含む。以下同じ。）について境界確定及び境界明示を行わないものとし、越境物がある場合においても、買主は、本件売買代金の増減請求等一切の異議又は苦情を申し立てない。 ❷

   記

本件売買代金	金＊＊,＊＊＊,＊＊＊,000円
本件土地売買価格相当額	金＊＊,＊＊＊,＊＊＊,000円
本件建物売買価格相当額	金＊＊,＊＊＊,＊＊＊,000円
消費税及び地方消費税相当額	金　＊,＊＊＊,＊＊＊,000円

（内訳）は「本件土地売買価格相当額」の行に付記

2. 買主は、売主に対し、売買実行日に、本件売買代金から、敷金返還債務相当額（第12条第1項に定義される。）を差し引いた金額（以下、「本件振込金額」という。）を、本項記載の売主が指定する銀行口座に電信振込送金する方法により支払う（但し、本件売買代金の送金に係る一切の費用は、買主の負担とする。）。本項に従い本件振込金額が売主に支払われた時点（上記口座への本件振込金額の着金の時点をいう。）で、買主は売主に対する本件売買代金の支払債務の全部を履行したものとみなされる。なお、<u>かかる精算手続は第6条に定めるほか、別途売主及び買主の間で締結する覚書で定める。</u> ❸

　　≪売主が指定する銀行口座≫

銀行名	：	●●銀行　●●支店
口座種類	：	普通預金
口座番号	：	＊＊＊＊＊＊＊
口座名義人	：	●●●●
口座名（カナ）：		●●●●

❶公簿売買とする場合に規定されます。

❷境界非明示とする場合に規定されます。

❸精算合意書を別途作成することを予定しています。

■ CP 条件の留意点

3. 買主は、売買実行日において<u>以下各号に記載の条件が</u>❶[重要な点において／軽微なものを除き]❷充足されていることを条件として、第5条第2項に規定する書類の受領と引換えに、前項に規定する方法に従い本件売買代金を支払う。

❶ CP 条件

クロージング上の売主および買主の義務履行の前提条件が規定されることが多く、かかる条件は一般に **CP 条件**と呼ばれます。

● CP 条件の効果

相手方に課された CP 条件が充足されない場合には、売買代金支払いや物件の引渡しなど、本来自らが負う売買上の義務を履行しなくてよいこととなります。

● CP 条件が規定される背景

契約当事者は取引にあたり一定条件が満たされる前提のもとで契約を行うところ、かかる前提条件に誤りがあった場合や変動が生じた場合にまで売買が実行される（売買を実行しなければならない）とすると、当事者の一方または双方に不利益が生じかねません。

例えば、受益権譲渡における信託受託者の承諾書が交付できる状態にない場合には、買主は第三者対抗要件（確定日付ある受託者の譲渡承諾）を備えることができないため、むしろ売買を実行しないことが適切でしょう。また、物件に付着する担保権の除去抹消が見込めないにもかかわらず、売買を実行することは明らかに不合理です。かかる事態に備え、あらかじめ CP 条件として、売買実行にあたって充足されるべき条件が規定されます。

● CP 条件規定上の留意点（範囲）

CP 条件の範囲は広い方がクライアントたる買主の利益につながるとする観点から、買主側リーガルアドバイザーはその拡大を志向します。しかし、過剰な CP 条件は当然に論点化しますし、その規定案が実務に適したものではないことも往々にしてあります。よって、買主自らにおいて、バランスを踏まえた上で、あらかじめ必要十分な範囲に絞ることも検討すべきでしょう。いろいろな考え方はありますが、そもそものCP 条件規定の趣旨に鑑みれば、売買実行後の補償の問題として取扱うには足りず、売買実行の中断までを生ぜしめる必要がある事項か否かが判断の一つになります。

●CP条件規定上の留意点（売買契約の取扱い）

　CP条件が充足されず、売買が実行されない場合、その取扱いを規定していない限り、売買契約自体が当然に終了するものではありません。CP条件を充足させる義務が課されている場合には、当該義務の不履行となり、催告や解除等につながり、これら規定に従って契約の取扱いが決定されます。しかし、かかる手当がない場合には（規定されていない場合も少なくない）、その取扱いを将来の協議に委ねることとなり紛争可能性を残すこととなります。

　よって、CP条件が満たされなかった場合の売買契約の取扱いまであらかじめ定めることが適切です。

●CP条件規定上の留意点（違約金との関係）

　CP条件不充足が発生した場合、相手方に売買契約の解除権を認める規定がなされることがあります。この場合、かかる解除を通じて、違約金が発生すると建付けられることがある点に留意してください。

　CP条件は軽微なものを取り込んでしまうこともあるところ、かかる軽微な条件を満たさないことの効果として多大な違約金が生じることは、本来、当事者間の合理的意思に合致しないと思われます。よって、CP条件の調整にあたっては、特に売主においては過度な効果をもたらすものでないかについて検証することが肝要です。買主においても、本来の目的である売買実行の前提条件たる範疇を逸脱するものとなってしまっている場合には、適宜修正を検討すべきでしょう。

❷重要性の限定

　契約例では売主のCP条件が規定され、これらが充足されない場合には、売買実行前提条件が満たされず、買主に売買代金支払義務が発生しないこととなります。売主からすれば、CP条件不充足とされる場面は極小化すべきであり、重要性の限定を付すことで、その範囲を制限せんとするものです（ただし、「重要性」には解釈の問題が生じる）。

　また、柱書で包括的に重要性の限定を付すことに代えて、個々の CP 条件において個別に調整する方法も考えられます。

■ 表明保証の留意点

なお、買主は単独の裁量にて以下各号に記載の条件の全部又は一部を放棄することができる。但し、買主による当該売買代金の支払及び本件受益権の買受の選択は、売主の義務の免除又は猶予（第 10 条に定める売主の表明保証が虚偽又は不正確であったことに基づくものを含む。）を意味するものではなく、買主の本契約に基づく請求その他の権利に何らの影響を与えない。

(1)　第10条に定める売主の表明及び保証が本契約締結日[及び売買実行日]において[重要な点において / （第 10 条に規定する売主の表明及び保証に重要性の限定がついている場合には、全ての点において)]真実かつ正確であること。

❶表明保証の時点

　売買契約締結日と売買実行日とが別日となる場合、将来時点の状態を表明保証することとなるので、売買実行日における状態も表明保証の対象とするかが論点となります。CP 条件としての表明保証の取扱いにおいても、同様の論点が生じます。

❷重要性の限定（CP 条件 / 表明保証）

　表明保証の正確性を CP 条件とする場合、表明保証違反をもって CP 条件不充足の主張が可能となりますが、ここで重要性の限定を付さない場合、表明保証違反が、質的・量的に売買実行を中断せしめるに相当するものでなかったときでも、売買不実行の主張ができることとなり、不合理な結果となりかねません。

　例えば、法定点検において指摘事項はない（または是正済みである）旨の表明保証を行っている場合に、非常用照明の 1 つが不点灯であったケースを想定します。

このとき、表明保証、CP 条件双方に留保が付されていないとすると、当該事実はCP 条件不充足の原因事実となります。しかしながら、実務上その是正は容易であり、事後的な補償により満足を受けることも十分に期待できるので、これをもって CP 条件不充足・売買不実行を認めることは明らかに不合理です。そもそも表明保証違反は別途補償の対象として規定されるため、補償による金銭的満足を受けることができます。

また、既述のとおり、売買実行の中断は売主・買主双方に多大な影響を与える点に鑑みれば、これが可能となる局面は最低限に抑えるべきです。さらに、CP 条件とすることで売主のリスク負担が大きくなると、そもそも表明保証を受諾できない理由ともされかねません。

これらを踏まえれば、補償の問題としての表明保証と、CP 条件としての表明保証とは同一レベルで捉えるべきではないと考えられます。その点で CP 条件としての表明保証には重要性の限定を付すことの意義は高いといえます。

❸ Double Materiality

個別の表明保証に重要性の限定が付されている場合、各表明保証事項のうち重要性の高いもののみが表明保証の対象となります。さらに CP 条件の柱書でも重要性の限定が設けられると、重要性の高い表明保証事項のうち、さらに重要性の高いもののみが CP 条件となるという、いわゆる **Double Materiality** と呼ばれる問題が生じかねません。これを排除するためかかる付記を行う場合があります。

■ 重要性の限定（契約上の義務履行）

> (2) 売主が本契約及び本件信託契約上履行すべきとされる義務（本契約第 9 条の義務を含むが、これに限られない。また、かかる義務が売主、委託者又は受益者のいずれの立場で履行すべきものとされるかを問わない。）を[重要な点において]適切に履行していること。

　売買契約上の義務や信託契約上の義務には、重要性が高いものもあれば低いものもあります。売買契約上・信託契約上の義務に関して、それが履行されていなかったとしても補償の問題として整理することで足りる事項も多く、むしろ売買実行を中断せしめるに足る債務不履行は本来多くありません。

　そもそも信託契約上の義務は、報告義務違反など意図せず発生しているものや、発生していたとしても信託契約の解除条件とならないものも多く、加えて実務上、信託契約は売買実行日に全面変更することが一般的であり、CP条件として別途規定される譲渡承諾書の交付が行われている（受託者が受益権譲渡を承諾している）場合には、事実上、買主に不利益を及ぼすものではありません。したがって、契約上の義務履行についても、重要性の限定を付すことは合理性を有するものと考えられます。

■ 信託契約の有効性など

> (3) 本契約及び全ての本件信託契約が有効に締結され、存続しており、また、売主による本契約上の債務不履行その他の解除又は終了事由及び通知若しくは時の経過又はその双方の理由によってこれらの事由となり得る事由が生じておらず、本件信託契約の当事者による同契約上の債務不履行その他の解除又は終了事由及び通知若しくは時の経過又はその双方の理由によってこれらの事由となり得る事由が生じていないこと。本件信託が有効に設定され、維持されており、売主が本件受益権について完全かつ単独の権利を有していること。

　これらは表明保証事項としても重ねて規定される事項であるものの、権利の存続に関わる点に鑑みれば、CP条件として規定する意義も高いものと考えられます。一方で、潜在的な信託解除事由も含めて広くCP条件に取り込んでしまうと、売主の負担するリスクの外縁が不明確となるため、その規定の受入れが困難となることは想像のできるところです。実務的には、具体化しているものに限定し、適用される範囲を縮小することや、本号での規定に代えて、信託受益権譲渡承諾書にこれを担保する確認事項を規定し、売主のCP条件から切り離すなどの手当を検討する余地はあります。

■ 受益者変更

(4) 第7条に定める受託者の承諾（確定日付取得前のもの）が取得され、承諾書原本が買主に[交付されていること。/売買代金の支払と引換えに交付できる状態となっていること。]

信託受益権は債権ですが、そのもととなる信託契約において、信託受益権を譲渡するにあたり、制限（受託者の承諾）が付されていることが通常です。よって、この譲渡を有効とせしめる譲渡承諾書が交付されている（または交付できる状態となっている）ことが条件として定められます。なお、売買代金の支払いとの交換で譲渡承諾書を交付する（物件の引渡しを行う）とする立場から、上記書き分けがなされることがあります。

■ 法的負担の不存在

(5) 本件不動産及び本件受益権にいかなる法的負担も設定されておらず、かつ本件不動産及び本件受益権に法的負担を設定する旨のいかなる合意も締結されていないこと（但し、売買実行日において、除去抹消されることが明らかなものを除く。）。

買主の売買動機は、当該資産の運用収益です。よって、これの妨げとなる負担が付着していない（またはこれを設定する義務を売主が負っていない）ことが売買実行前提条件とされます。なお、本契約例で法的負担は「本件受益権及び本件不動産につき、留置権、先取得権、質権、抵当権その他の担保権、賃借権等の用益権、差押え、仮差押え、滞納処分、公租公課その他の付加金及び負担金の未納処分、優先買取権、優先交渉権、その他名目形式の如何を問わず買主又は受託者による権利の行使を阻害する一切の法的負担」と定義されています（第9条）。売主において担保権等が付着している場合には、担保権者による担保解除通知書などが、CP書類*として用いられます。

---

* **CP書類**：売買実行日においてCP条件の充足を証する書類。

■ PM 契約の解除

> (6) 本件 PM 契約が、買主が合理的に満足する内容で適法かつ有効に解除されている
> こと。なお、買主が満足できないとする場合には、買主において売主に対し、その
> 合理的な根拠を示すものとする。

　売買実行にあたり、同一のプロパティマネジメント会社を用いるか否かにかかわら
ず、プロパティマネジメント契約自体は解除し、新契約を締結するスキームにおいて
用いられる規定です。通常はプロパティマネジメント契約解約合意書の写しが CP 書
類として用いられ、事前のドキュメンテーションの中で、同書面のファイナル化前に
買主の確認を経ることが一般的です。ただし、CP 条件ではなくプロパティマネジメ
ント契約の解約を売主の義務とする規定を置き*、かかる義務違反により買主に損失
が生じた場合に補償を受ける方法もあります。

■ 賃貸借契約（テナント契約）の有効性

> (7) 全てのテナント契約が、買主が合理的に満足する内容で適法かつ有効に締結され、
> かつ存続していること。

　時折、CP 条件としての規定が見られる事項です。買主においては有利となりますが、
そもそも売買契約締結時までに締結された賃貸借契約は、デューデリジェンスの過程
で確認可能です。また、売買契約締結後に締結されるテナント契約や変更契約につい
ては買主の承諾を要件とすること*などによって、買主がコントロールを握ることが
可能です。そうした場合、賃貸借契約に関して買主に不測の損害が生じることは回避
できますので、本 CP 条件を置くことによって、むしろ売買契約を不安定なものとし
てしまうこととなります。

---

*…**を置き**：本契約書モデル上では第 13 条第 3 項。
*…**とすること**：本契約書モデル上では第 13 条第 1 項。

ごく例外的な局面＊では本条件が活きる可能性も考えられますが、売主からは「買主の満足」という客観性に欠く条件が付されることとなるため、受諾は困難とされることも多く、リスク分担・交渉コストの観点から、提案の是非については十分に検討することが肝要です。

■ 鍵・書類の引渡し

> (8) 売買実行日において、売主から第5条第2項に定める書類等が買主に交付されることが確実であること。

　鍵や書類の授受自体は売主義務とされますが＊、明らかにこれらが交付されない見込みである場合にまで、売買実行を行わなければならないとすると不合理です。かかる場合に備えてこういった規定がなされることがあります。

■ financing out 条項

> (9) 買主が、本件受益権の購入のために必要な資金調達（金融機関からの借入れ等を含むが、これに限られない。）が完了していること。

　買主において売買代金の調達が不調に終わった場合（エクイティやローンの調達ができなかった場合）に備えた条件であり、**financing out 条項**と呼ばれます。本来、売買代金の調達は買主が当然に責任をもって行うべきものですが、本条件が置かれた場合には、買主が自己の資金調達を理由に売買実行を行わないことができることとなります。

＊…**例外的な局面**：売買契約上で売買実行後の解除権が制限されており、かつ、売買契約締結後に買主の承諾なく反社会的勢力との間の賃貸借契約が締結された上で売買実行日を迎える場合など（もっともその場合でも、テナントに反社会的勢力がいないことにかかる表明保証を定めておくことで、別途、表明保証違反を通じて CP 条件の不充足を主張することは可能であると思われる）。
＊…**とされますが**：本契約書モデル上では第5条第2項。

　本規定によって、通常は買主が負担する（すべき）資金調達リスクを、売主が負担することとなります。これは売主にとって不利益であり、本規定がなされるのは、買主が投資法人であって、物件の取得原資を増資によるものとすることを売主があらかじめ承諾している場合など、極めて限定的な局面です。本条件は、資金調達がかなわなかった場合の売買実行中断を定めるにとどまるため、資金調達不調の場合に売買契約自体の終了を予定するのであれば、その点まで含めて規定する必要があります。なお、本条件の規定に応じる場合であっても、買主が本規定を悪用し、取引中断を主張することを回避するための手当として、買主側に資金調達の努力義務を課すことや、「融資を受けることが可能であるにもかかわらずこれを受けない場合には、前提条件を充足したものと見なす」などの規定を置くことが考えられます。

■ 売主の CP 条件

> 4. 売主は、売買実行日において以下各号に記載の条件が［重要な点において］充足されていることを条件として、第 2 項に規定する本件振込金額（疑義を回避するために付言すると、第 2 項に従って売主及び買主間で精算を行う場合には、別途売主と買主の合意による精算額を加算及び控除した後の金額をいう。）の支払と引換えに、第 5 条第 2 項に規定する書類等を引き渡すと共に本件受益権を買主に売り渡す。なお、売主は単独の裁量にて以下各号に記載の条件の全部または一部を放棄することができる。

　売買実行において売主が引渡しを受けるのは売買代金であり、不動産または不動産信託受益権のような個別性を持つものではないため、売主の CP 条件はそもそも規定されないことや、規定されたとしても一般的な内容にとどまることが多いです。

■ 重要性の限定

> (1) 第11条に定める買主の表明及び保証が本契約締結日及び売買実行日において[重要な点において]真実かつ正確であること。
>
> (2) 買主が本契約及び本件信託契約上履行すべきとされる義務を[重要な点において]適切に履行していること。
>
> (3) 第7条に定める受託者の承諾（確定日付取得前のもの）が取得されていること。

　売主のCP条件として重要性の限定など手当を付すことは実質的意義に乏しいことも多いのですが、売主・買主のバランスをとる姿勢として、買主のCP条件における限定と同等の留保が付されることが通常です。

　なお、当初ドラフトでかかるバランス調整が行われていないと、相手方の不信を招き、以降の交渉に支障をきたすことがあります。

■ CP条件不充足の場合の取扱い

> 5. 売買実行日に第3項各号又は第4項各号のいずれかに定める条件が満たされていない場合（売主は、かかる事態が見込まれる場合、遅滞なく、事前に買主に通知する。）、売主及び買主は、当該不充足が第15条第1項に定める契約違反に該当する場合には、本契約を第15条第1項に基づき解除することができるものとする。

　CP条件が充足しない場合、これが最終的には解除条件となることを定める場合の規定例です。本例では、第15条に従い、一定の期間を設けた催告の上、なおこれが満たされない場合に解除権が発生する建付けとなっていますが、即時違約解除の対象となる規定が置かれる場合もありますので、CP条件違反がどのような効果を及ぼすかについては注意を要します。

　また、性状的に是正できない違反もあるため、これが生じた場合の手当がなされているかは十分に検討が必要です。

■ 金融決済システムのリスク分担

> 6. 電気、通信又は各種決済システムの不通又は障害その他の買主の責めに帰さない事由により、第 2 項に定める買主の本件振込金額の送金及び着金（買主による第 2 項記載の銀行口座への本件振込金額の電信振込送金及び当該口座への着金をいう。）が遅滞したとしても、買主は、売主に対して損害賠償責任等一切の責任を負わないものとする。

　売買代金の支払いは銀行送金によることが通常であり、売買代金売主口座への着金時に支払義務が履行されたとみなすものと定められることが多いようです。しかしながら、買主において送金手続きを適切に行ったとしても、システム上の問題で、売主口座に着金しないことも考えられます。そうした場合、本規定がなければ、買主の債務不履行を構成しかねません。金融システムは買主のコントロールできる範疇を超えるため、買主がリスク負担をしないことにも一定の合理性が認められるでしょう。

Column　司法書士の選定

　引渡しには司法書士による登記が不可欠ですが、その選定は各社でまちまちのようです。司法書士の提供するサービスには差がつきづらく、報酬もさして変わりません。多くの場合、当初社内の誰かの人的な縁で利用した司法書士を継続して利用し、専任の状態になっていることが多いようです。

　変わった選定方法ですが、場持ちのいい司法書士を選ぶ方法もあります。決済の場では親しくもない売主・買主が売買代金の着金確認のため、時間を共にします。うまくいけば 1 時間程度で着金することもありますが、ローンの先行条件としてエクイティの着金が必要な場合など、当日の資金移動が複雑な場合には、売主・買主間の話題も尽き、気まずい時間となりますので、おしゃべりの上手な場持ちのいい司法書士は活躍することとなります。

173

第5条（書類の授受等）

引渡しにあたり、買主の権利保全に必要となる書類のほか、契約成立の適切さを証する書類、物件管理上必要となる書類など売買に伴い交付される書類を記載します。特に不動産関係の書類は、過去様々な契約書や覚書が締結されていることがあり、全体を特定しづらいのが実情です。不測の事態を回避したい買主は「一切の」または「全ての」書類提供を求め、事実上それを困難とする売主は「現存する」書類提供にとどめることを主張します。これは、あるかもしれない書類に起因するリスクを売主・買主いずれが負担するかという問題であり、比較的論点化しやすいポイントです。

■ 引き渡されるべき書類等

第5条（書類の授受等）

1. 売主及び買主は、本契約締結日に、自己の履歴事項全部証明書及び印鑑証明書（いずれも本契約締結日前3カ月以内に発行された最新のもの）をその相手方に交付する。

2. 売主は、買主による本件振込金額（疑義を回避するために付言すると、第4条第2項に従って売主及び買主間で精算を行う場合には、別途売主と買主の合意による精算額を加算及び控除した後の金額をいう。）の支払と引換えに、買主又は買主の指定する第三者に対し、以下の書類を引き渡すものとする。

   ①売主の定款の原本証明付きの写し

   ②[売主が現に保有する]本件信託契約（本件信託契約が変更された場合は当該変更に係る契約の全てを含む。）その他の本件信託に関する契約書の原本[または写し]

   ③[売主が現に保有する]当初委託者から売主に至るまでの本件受益権の各譲渡に関する確定日付ある受託者の承諾書及び第7条に定義する本件受益権譲渡承諾書（確定日付取得前のもの）の原本[または写し]

④本件不動産に関して[売主が現に保有する]一切の鍵（マスターキー、鍵の預かり証を含む。）、その他の道具（アクセス・キー、アクセス・カード、アラーム及びアクセス・コードに関する情報を含む。）　❶

⑤買主が本件受益権並びに本信託契約上の委託者及び受益者たる地位を取得するにあたり必要な書類その他[売主が現に保有する]本件不動産に関する書類（本件土地に関する実測図、越境及び被越境に関する覚書、本件不動産又は建築附属設備に関する建築確認済証又は建築確認通知書及び検査済証、権利証又は登記識別情報、竣工図面、構造計算書、本件建物の使用に関する許認可及び届出等に関する書類、テナント契約に関する賃貸借契約書、本件 PM 契約及び本件 PM 契約に関する解約合意書、その他本件不動産に関する契約書を含むがこれらに限られない。[但し、本件信託契約に基づき受託者に引き渡されたものを除く。]）の原本　❶❷

⑥本件受益権の受益者変更の登記手続に要する書類及び情報

⑦[売主が現に保有する]隣地との境界を当該隣地の所有者との間で確認した図面添付の境界確認承諾書（当該隣地の所有者が捺印済のもの。）。但し、官民の境界については、当該境界を証明する旨の地方自治体が発行する書面で足りる　❶

⑧売買実行日において信託財産について担保等がある場合は、買主が満足する内容の売主の担保権者による担保解除証書の写し

⑨その他買主が合理的に要求する一切の書面

❶交付書類などの限定

　売買対象となる不動産が中古である場合、当該不動産に関する鍵や書類は売買に至るまでの過程で紛失、または複製されている可能性があり、全体を把握できないことが多いです。かかる場合、売主においては原則として現存するものを引き渡すほかないのが実情です。

　一方で、鍵や書類などの引渡しが不十分である場合、買主に不利益が生じかねません。よって、鍵や書類などの交付を現に保有するものに限定する留保を入れるか否かが論点となる場合があります。もちろん、紛失したことが明らかな鍵や書類などについては、再作成や交換などによって手当する方法も考えられます。

そもそも存在している鍵・書類は、その外延が明確でないため、結果的に留保が認められる（認めざるを得ない）ことが多いようです。ただし、重要性の高い書類が紛失していたような場合には、別途、売買にあたって手当を講じる必要もあるため、買主の立場において当該留保を受諾するか否かの判断には、引渡書類リスト自体の確認や現物確認を合わせて行うことが肝要です。

　例えば、検査済証が紛失している場合でも、台帳記載事項証明書などにより事実関係は確認できるため、容認可能と判断することもあり得ますし、写しで足りる書面も多々あります。一方で、かつての**受益権譲渡承諾書**（コラム参照）や構造計算書などのように、安易に現存するもののみで足りるとするには適さない書類もあります。

❷受託者保管書類

　信託スキームがとられている場合、書類の一部が受託者保管書類となっている場合があります＊。これらを特定した引渡証が売主（受益者）と受託者との間で取り交わされていないことも多く、その場合には漏れが生じる原因となるため、売買時にはその都度受託者保管書類の有無および内容の確認を行うことが適切です。

Column　受益権譲渡承諾書

　かつての受益権譲渡承諾書は買主の第三者対抗要件に直接つながる書類であるため、これが引き渡されない場合には、受託者や第三者による原本証明が可能か、かかる原本証明で代えることができるか、今回の取引時の譲渡承諾書において受託者に特定の表明を求めるなど手当は不要か、（当時の受託者が廃業しているような場合には）これら手当なくして取得することの法的整理が可能か、かかる整理が将来の売却先への説明に耐えられるか、などの検討を要することとなります。

＊…**場合があります**：境界確認書など所有権に結び付く書類は受託者保管書類とすべきとされた時代があり、かかる時代に信託設定された物件については受託者に預け入れられた状態となっている書類などがあり得る。また、受益権設定後に締結された書類などについても、受託者が直接契約当事者として保管している書類もある。

11-6 ｜ 第 6 条（租税公課等の負担及び収益の帰属）

　不動産自体に収益費用が発生しており、その収益性が取引の主目的の 1 つであるため、その帰属を明らかにするための規定です。売買実行日を基準とすることが通常であり、論点化することはほとんどありません。

■ リーシングフィーの取扱い

> 第 6 条（租税公課等の負担及び収益の帰属）
> 1. 本件信託契約に基づき受益者が得るべき信託財産により生ずる収益（賃料を含む。）並びに本件信託契約に基づき受益者が負担すべき賦課金（固定資産税、都市計画税及び償却資産税（もしあれば）を含む。）及び負担金（水道光熱費等を含む。）については、宛名名義の如何にかかわらず、売買実行日をもって区分し、売買実行日の前日（同日を含む。）以前の期間に対応する部分については、売主の収益又は負担とし、売買実行日（同日を含む。）以降の期間に対応する部分については買主の収益又は負担とする。[上記にかかわらず、信託財産に関するリーシングフィー（仲介手数料及び PM 会社に対するリーシング報酬を含むがこれらに限られない。）については、宛名名義の如何及び売買実行日の前後にかかわらず、買主の負担とする。]

　売買契約以降は特段の事情がない限り、売主においてリーシングを進めるインセンティブは失われます。売買契約締結後、売買実行日までに発生する**リーシングフィー**は通常直接売主の費用となる一方で、その対価たる賃料収益（の全部または大部分）は買主に帰属することとなります。売主における物件収支の維持は努力義務として規定されることが多いものの、費用負担のみが生じるリーシングは積極的に行いづらいのが実情です。一方で買主においては、当然ながら、売買実行までの期間をダウンタイムとせず、空室損が極小化されることが望ましいでしょう。かかる不利益を回避するため、リーシングフィーの取扱いをあらかじめ買主負担と規定し、リーシング活動の中断や停滞の回避が図られることがあります。

なお、その他収支の帰属は売買実行日を基準として分けられることが通常ですが、特定の修繕等、帰属が曖昧となる事項については、物件概要書への記載などを通じて負担区分を特定する方法がとられることもあります。

■ 固都税と事業所税

2. ●年度の信託財産に係る固定資産税及び都市計画税並びに償却資産税（以下、「固都税等」という。）の負担については、●年<u>1月1日を起算日として算出し</u>、売買実行日の前日（同日を含む。）以前の期間に対応する部分については、売主の負担とし、売買実行日（同日を含む。）以降の期間に対応する部分については、買主の負担とする。<u>[なお、買主は、売買実行日（同日を含む。）から●年12月31日までの期間に対応する固都税等を、1年365日（閏年の場合366日）とする日割計算（1円未満切捨て）の上、売買実行日に売主に支払う。]</u>また、前項に規定する収益、賦課金及び負担金のうち<u>固都税等以外のもの</u>については、当該暦月の実日数に基づき日割計算（1円未満切捨て）する。

❶❷❸

❶固都税の起算日

固都税については1月1日時点の所有者に課税されることに従って、1月1日を起算日とする日割計算で負担区分を計算することが一般的です。一部関西においては4月1日を起算日とする方法が慣行とされる場合があるため、確定的なものでない点に留意すべきでしょう。

なお、固都税額の通知は各年4月（東京都区部における課税明細等の発送は6月）に行われますが、売買実行日が1月1日以降、当該通知受領日までとなる場合には、前年度課税額によって精算する方法が用いられます。その上で、適正な精算を優先する場合には、当該年度の税額確定後に再精算を行い、簡便さを優先する場合には、再精算を行わない見なし精算として取り扱います。

❷固都税精算方向

　固都税が課税されるのは 1 月 1 日時点の所有者であるため、固都税の精算は原則として買主が売主に対して負担分を支払うかたちとなります。信託受益権のケースでは、納税義務者は信託受託者となるため、買主の信託口座から支払う方法、信託受託者の別段口座などに留保しておいて当該口座から支払う方法があります。買主が投資法人など会計上の利益を重視する主体である場合には、いわゆる**固都税効果**＊を得るため、買主から売主に支払うかたちの精算（信託受託者の別段口座から支払う方法）を求めることがあります。

❸事業所税の精算

　証券化不動産についても、信託受託者が直接貸主としてテナントに賃貸している場合（いわゆる信託直貸しの場合）や、投資法人などがマスターリースするスキームを採用している場合には、管理室や駐車場などが事業所税計算上の専用床面積とみなされ、事業所税負担が発生する場合があります＊。かかる事業所税は不動産収益ではないとされることが通常ですが、不動産賃貸事業に伴い、物件ごとに生じる税負担であるから、これが生じる場合には売買時の精算対象とすることも自然だと考えられます。買主にて支払う事業所税の全部または一部が、本来売主が負担すべきものである場合＊もあるため、この精算の要否についても確認することが必要です。なお、実際の支払いが相当先となり、あらかじめ見なし精算での処理が望ましいこともあります。

＊**固都税効果**：本文180 ページのコラム参照。

＊…**場合があります**：物件単体でみた賃貸人の事業所税は、物件規模によるものの免税点（事業所床面積）を下回ることが多いが、信託直貸しの場合は当該市区町村内の受託物件すべての事業所床面積が合算された上で免税点の判定が行われることから、合算の結果として免税点を上回り、事業所税負担が生じることが多い。

＊…**である場合**：受託者の事業年度において売主が受益者であった期間に相当する事業所税は売主が負担すべきものと考えられる。受託者の決算期が 3 月末である場合かつ売買実行日が 4 月 1 日以降 5 月末までの場合には、当該年（5 月末まで）に生じる支払額全額は、同年 3 月末までの売主運用期間を対象とするものであることから、本来、売主が負担すべき金額となる。

■ 未経過固定資産税と消費税

3. 前二項の収益、賦課金及び負担金[及びリーシングフィー]については、第4条第2項に基づき、売買実行日に精算を行う。
4. 前項にかかわらず、売主及び買主の間で、売買実行日後に精算を行う必要がある場合には、1年を365日（閏年の場合366日）とする日割計算（1円未満切捨て）により、当該精算項目の金額確定後速やかに売主及び買主の間でこれを精算する。
5. 本条に基づく精算金のうち、消費税及び地方消費税課税対象（<u>本件建物にかかる固都税等のうち、第2項に基づき買主が負担</u>すべき金額を含む。）のものについては消費税及び地方消費税相当額を付して支払う。

　固都税の精算は、売買実行日を基準とした費用分担として実務上行われるものです。税務上は当該精算額について、「地方公共団体に対して納付すべき固定資産税そのものではなく、私人間で行う利益調整のための金銭の対価であり、不動産の譲渡対価の一部を構成するものとして（消費税）課税の対象となる」（消費税法基本通達10-1-6）とされています。

Column　固都税効果

　固都税の負担分を買主が売主に支払う精算方法をとった場合、当該年の固都税は売主が支払うこととなり、買主の期中費用として支払われることはありません。買主における当該精算額は、物件取得の付随費用として簿価計上され、償却というかたちで費用化されることとなりますが、固都税を直接支払うときと比較して、初年度の会計上の利益が大きくなることとなります。もちろん、簿価計上された金額のうち建物簿価に割り付けられる金額は減価償却を通じて費用化されますが、建物耐用年数による償却となるため、期中収益に与える影響は極めて軽微となります。これは**固都税効果**と呼ばれ、物件取得年度の配当可能利益を押し上げる効果を持つため、不動産投資法人をはじめとする会計上の利益を基準として分配を行うスキーム下において多く活用される手法となっています。

11-7 | 第 7 条 （受託者の承諾の取得等）

　信託受益権は債権ですので、受益権譲受人としての地位を第三者に対抗するためには、確定日付ある債務者（受託者）による承諾を具備する必要があります。本条はかかる確定日付がある受益権譲渡承諾書の取得手順を定めるものです。

■ 受託者の承諾および第三者対抗要件取得手続き

第 7 条（受託者の承諾の取得等）
　売主及び買主は、本件受益権の譲渡等について、売買実行日に、受託者の承諾を、受託者が別途指定する様式及び内容の売買実行日付の譲渡承諾書（以下、「本件受益権譲渡承諾書」という。）を取得する方法（但し、本件信託契約中に別段の定めがある場合には、当該定めに従った方法）により受託者から取得する。売主は、当該本件受益権譲渡承諾書の原本を第 5 条第 2 項に従って買主に引き渡し、買主は、当該本件受益権譲渡承諾書を受領後、売買実行日中に、当該本件受益権譲渡承諾書に確定日付を付した上で、売主にその写しを交付する。なお、当該本件受益権譲渡承諾書への確定日付の取得は、買主の費用負担にて行う。

Column　確定日付の取得

　信託受益権譲渡承諾書への確定日付の取得は、売買実行後に公証役場に直接持ち込むことで行われます。この持込みは誰によっても可能ですが（特に身分照会などは行われない）、買主の地位を保全する（第三者対抗要件を備える）ものという性質上、買主自らが行うことが通常です。媒介者がサービスの一環としてこの代行を申し出ることもありますが、事故があった場合の不利益は極めて大きなものとなりますので、安易に任せることは適切ではありません。

11-8 | 第8条（受益者変更手続）

受益権譲渡後の委託者および受益者変更登記に関する手続きを定めるものです。第2項の受益権証書は、信託受益者を証するために受託者が発行するものですが、信託契約の建付けによってはこれが発行されない場合（信託契約内で不発行の旨を定める場合）や、代わりに受益権証書不発行証明が発行される場合もあります。なお、受益権証書が発行される場合でも、受益権譲渡の都度、受託者が新受益者に対して新たに発行することが通常であり、売主・買主間で承継されるものではありません。

■ 受益者変更に関する登記手続き

第8条（受益者変更手続）

1. 売主及び買主は、本件受益権の譲渡等の効力発生後、受託者をして、速やかに本件信託契約の受益者変更に関する信託目録の変更登記手続を、買主の費用負担において行わせる。

2. 売主は、買主が受託者から本件受益権を証する受益権証書を新たに取得するために必要となる行為がある場合には、合理的な範囲で必要な協力を行う。

Column 受益権証書のファイリング

受益権証書は、①発行される場合、②（受益権証書に代えて）不発行証明が発行される場合、③特別の書面は発行せず、信託契約内で「受益権証書は発行しない」旨を規定する場合の3パターンがあります。この取扱いはまちまちですので、事後的に書類確認を行った場合に受益権証書が見当たらない（紛失している）と誤解してしまい、騒ぎになることがよくあります。まずは信託契約内で受益権証書の取扱いがどうなっているか、受益権証書または不発行証明が交付される建付けとなっているか、を確認することが適切です。

11-9 | 第 9 条（担保権等の抹消及び契約不適合責任等）

　第 1 項は引渡時の法的負担抹消義務を定めています。テナント契約は不動産収益の源泉ですので、これが付着したまま取引することが大前提となりますが、それ以外の権利や法的負担などはない状態で引き渡すことが慣行となっています。もし付着したまま引き渡すものがあれば、買主に不測の損害とならないよう物件概要書等で明示する仕組みがとられています。第 2 項は契約不適合責任の取扱いを定めています。

■ 法的負担のカーブアウト

第 9 条（担保権等の抹消及び契約不適合責任等）

1. 売主は、その責任と負担において、本件受益権の譲渡等の効力発生までに、本件受益権及び本件不動産につき、留置権、先取得権、質権、抵当権その他の担保権、賃借権等の用益権、差押え、仮差押え、滞納処分、公租公課その他の付加金及び負担金の未納処分、優先買取権、優先交渉権、その他名目形式の如何を問わず買主又は受託者による権利の行使を阻害する一切の法的負担（以下「法的負担」という。）を除去抹消しなければならない。但し、法律上当然に設定されるもの、テナント契約に基づく賃借権及び物件概要書（第 13 条第 4 項に従い、物件概要書が変更された場合における変更後の物件概要書を含む。）の特記事項欄に記載されている事項を除く。

　表明保証規定ではないものの、同じく物件概要書によるカーブアウトが必要となる規定です。通常、これら法的負担が付着した状態で取引を行うことは少ないと思われますが、うち用益権については設定されていることも多いため、表明保証とは別の問題として、カーブアウトに漏れがないかを確認すべきでしょう。

■ 契約不適合責任

2. 本件受益権の売買は、売買実行日における本件不動産及び本件受益権の現状有姿によるものとし、売主は本件不動産及び本件受益権に係る契約不適合（物件概要書に記載されたものか否かを問わず、種類、品質又は数量に関する不適合（本件不動産についての経年による劣化、諸設備等の性能低下、土壌汚染（油汚染を含む。）・放射能汚染・地中障害物・地中埋設物・埋蔵文化財・アスベスト・ポリ塩化ビフェニル（以下「PCB」という。）・廃棄物（PCB廃棄物を含む。）・環境責任等の環境事項関連の不適合、心理的要因に関する不適合、土地境界・越境に関する不適合、耐震性に関する不適合、遵法性に関する不適合、地盤不良を含むが、これらに限られない。）、第三者の権利の付着による制限、あるべき権利の不存在、法令による制限、その他一切の不適合をいう。以下同じ。）並びに当該契約不適合を原因として買主に生じた損害、損失及び費用（弁護士費用を含むが、これに限られないものとし、以下「損害等」という。）について、一切責任を負わないものとする。

　第2項は、契約不適合責任免責の規定例です。証券化不動産売買における多くの取引においては、売主が施工者でもあるような場合を除き、契約不適合責任は免責とした上で、一定の表明保証を行うとされることが多いようです。

　なお、契約不適合責任免責を規定するのに絡めて、その他の請求権まで制限する調整が図られることもあります。よって、契約不適合責任免責を容認する場合でも、請求権の限定範囲が不当に拡大されていないか（契約不適合責任以外の請求権にまで及んでいないか）については注意を払う必要があります。

11-10 │ 第10条 （売主の表明保証）

■ 売主の表明保証

　不動産は個別性が高く、売主と買主との間には情報の非対称性が存在します。買主は一定のデューデリジェンスを行い、不明事項にかかるリスクを低下させた上で売買を行うものです。しかし、デューデリジェンスは時間やリソースの制約を受けるため、かかる情報の非対称性の全ては解消できません。そこで、売主が、物件などが一定の状態にあることを表明し、これに反する事実に起因して買主に損害が生じた場合に補償する仕組みがとられています。この仕組みは**表明保証**と呼ばれます。買主においては、売主の表明保証はリスク負担の低下につながりますし、売主においても、買主の不明事項がリスクプレミアムとなって売買金額を低下させることを防ぐ効果が得られます。よって、表明保証の仕組みは実務上広く取り入れられています。ただし、表明保証はこれを行う当事者の補償責任につながるため、その範囲や効果を定める上で、論点となりやすい事項です。

■ 表明保証の方法

　多くの場合、表明保証は以下の建付けで規定されます。

①売買契約書本文において、表明保証責任とその効果（違反は補償の対象となる旨）を規定する。
②別紙（本契約例では別紙4）において、具体的にどういった事項が表明保証の対象となるかを規定する。
③別紙として添付する物件概要書や容認事項（本契約例では別紙2）において、表明保証の対象外となるカーブアウト事項を特定する。

　結果として、表明保証事項のうち、物件概要書（または容認事項、以下同様）でカーブアウトされていない事項が表明保証の対象となります。物件概要書でのカーブアウ

トを適切に行えば、表明保証違反が生じるリスクは低下するため、物件概要書作成時には適切なカーブアウトが行えるよう、対象不動産の実態に即した特記に努めるべきです。一方で、かかるカーブアウトができる範囲はやはり認識できる範囲にとどまるため、認識できない表明保証事項はカーブアウトができない（売主がリスク負担することになる）という前提に基づき、表明保証事項の調整を進めることが必要です。

▼ 表明保証カーブアウトのイメージ

表明保証事項　　　　物件概要書／容認事項

責任を負担する範囲　　　　責任を免れる範囲
（カーブアウト部分）

■ 表明保証の時点

第 10 条（売主の表明保証）

1. 売主は、買主に対し、本契約締結日[及び売買実行日]において、本契約別紙 4-1「売主の表明保証事項」記載の事項が[重要な点において]真実であることを表明及び保証する。

　表明保証事項には、売主にコントロールできないものも含まれ、契約締結日では表明保証違反は生じていなかったものの、時の経過に伴う状況の変化により、売買実行日には表明保証違反が生じてしまうことがあります。そのため、将来時点の内容については表明保証できないとする考え方があります。

　例えば、信託契約の変更やプロパティマネジメント契約の変更は売主の意思による

ものであるため、時点を問わずこれらを変更しないことを前提とした表明保証をすることは比較的容易でしょう。

　しかしながら、テナントから賃料減額要請を受けていないことや、解約通知を受領していないことなど、売主のコントロール外のものもあります。これらについては、売買契約締結時点現在のものは保証できたとしても、売買実行日の状態についてまでは言及できないのが実情です。一方で、買主において売買実行日の状態は、売買契約日の状態に増して重要です。よって、売買実行日も表明保証の対象となる時点に含めた上で、表明保証事項を変更する余地を確保する方法がとられることが多いようです。もっとも、売主が任意に表明保証事項を変更できるとすると、そもそもの表明保証の意義が失われるため、その変更は合理的な範囲にとどめられ、第三者の行為により必要が生じた場合や売主の関与が伴わない場合などに限定する、といった一定のルール付けが行われます。

Column　表明保証

　表明保証は、一般に日本法においては契約不適合責任または債務不履行責任ではなく、当事者の特別な合意としての損害担保契約（一定の事由が生じた場合に表明者の故意または過失にかかわらず責任が生じるとの合意）だと考えられています。よって、表明保証を規定した場合には、併せてこれに伴う補償を規定する必要があります。したがって契約上別段の定めがない限り、その責任は表明者の相手方（補償請求者）の主観的対応に左右されないと一般に考えられます。しかし、表明保証条項に関する日本の裁判例は比較的少ないため、かかる解釈についての判例法理は確立していません。地裁判決ではあるものの、表明保証違反についての補償請求者の主張が悪意または重過失によるものである場合には、（公平の観点から）表明保証違反の主張が認められないことが示唆された例（東京地判平成 18 年 1 月 17 日判時 1920 号 136 頁、株式売買契約上の表明保証違反の責任が問題となった事案）もあり、契約書上で当事者間での認識の取扱いをあらかじめ明確化しておくことが推奨されます。

■ 表明保証におけるリスク調整

2. 売主は、前項に定める売主の表明及び保証が[重要な点において]虚偽又は不正確であったこと（以下、「不正確事項」と総称する。）が判明した場合には、直ちに買主に対しその旨書面により通知し、かかる不正確事項に起因又は関連して買主が損害等を被った場合には、[買主の認識にかかわらず直ちに買主に対しかかる損害等の一切を相当因果関係の範囲で補償する。／直ちに買主に対しかかる損害等の一切を相当因果関係の範囲で補償する。但し、（ⅰ）買主が当該不正確事項を知り又は知り得た場合、又は（ⅱ）当該不正確事項を基礎付ける事実に関する情報が売主から買主に対して開示された情報に含まれる場合には、当該不正確事項は表明保証違反を構成しないものとし、売主は、当該不正確事項により買主に生じた損害等を補償する義務を負わない。]

プロ・サンドバッキング条項の例

アンチ・サンドバッキング条項の例

　表明保証は一定の補償責任を売主（買主の表明保証においては買主）が負担するものであり、その調整は売主・買主間におけるリスク分担の調整にほかなりません。当事者の利益に直結するため、その調整は難航することが多いです。具体的な調整方法としては、以下のものが考えられます。

①重要性の限定
②売主の主観による留保
③買主の主観による留保
④個別の表明保証事項の調整
⑤補償期間の調整

①重要性の限定

　　表明保証に関する規定の柱書又は個別の表明保証事項において、「重要な点において」などの留保を付すことで、補償の範囲を調整する方法です。

　　具体的には、「重要な点において」「軽微な事項を除き」「重大な悪影響を及ぼす」「（重大な違反に限る）」「（軽微な事項を除く）」などの限定を付します。

　　重要性の解釈に問題は残るものの、個別の表明保証条項ごとに細かな調整が可能です。

②売主の主観による留保

　　個別の表明保証事項において、「売主の知る限り」「売主の知り得る限り」などの留保を付すことで、補償の対象を限定する方法です。「知る限り」の留保が付された表明保証は、売主に告知義務を課すものであり、買主が関心を持つ事項について情報の非対称性が解消される効果が得られます。「知り得る限り」の留保は「知る限り」の留保より一段踏み込んだものであり、告知義務に加えて一定の調査義務まで課すものと解釈されます。売主しか知り得ない事項であり、かつ、重要性が高い事項（隣地との係争やテナントクレームなどの有無）については、調査義務まで負う場合が多いようです。「知り得る限り」の留保は、売主が負担する調査義務の範囲が不明確であるため、実務上、かかる留保を「知る限り」にとどめるか、「知り得る限り」に拡大するかの修正が重なることも多くあります。もちろん、買主の立場からは表明保証の範囲が広い方が有利ではありますが、「知り得る限り」を求めるべき表明保証事項かは、個別に判断すべきです。買主においても調査確認が可能な事項にまで売主の調査義務を求めることは、バランスにかけると考えられます。

③買主の主観による留保

　　表明保証違反の発生に関する買主の認識をどのように取り扱うかが問題となり、その取扱いによってアンチ・サンドバッギング条項あるいはプロ・サンドバッギング条項が規定されることがあります。

● アンチ・サンドバッギング条項

　買主が知り、または知り得た事項については、表明保証の対象外とする規定方法です。主に、表明保証はあくまで情報の非対称性の解消を目的とするもので、デューデリジェンスなどで把握し得た事項についてまで売主が責任を負うことは不公平・不合理である、とする考え方を根拠としています。

● プロ・サンドバッギング条項

　買主の主観（知っていたか、または知り得たか）にかかわらず売主が責任を負担する規定です。買主が特定の事実を知ろうが知るまいが、売主が負担するリスクに変わりはないこと、買主の認識可能性を要件とすると事後的な紛争可能性が高まり妥当でないなどを根拠としています。

Column　サンドバッギング条項の規定方法

　アンチ・サンドバッギング条項については、本契約例のほか、表明保証条項以外の部分で「買主の行ったデューデリジェンスにおいて、買主に対して直接若しくは間接に提供された情報（文書口頭その他提供方法を問わない）に含まれる事実若しくは事由は、第●項に定める売主の表明及び保証の違反を構成しない。」等の規定を置くことで、その効果を得る方法もあります。

　また、プロ・サンドバッギング条項についても、「買主の認識にかかわらず」として簡単に付す方法や、「買主は売主の行った表明保証についてその正誤を確認する義務を負わない。」と付記する方法、「疑義を回避するため付言すれば、本取引の実行を検討するために買主が行ったデューデリジェンス及びそれに基づく買主の認識は、本契約に基づく売主の表明若しくは保証又は本契約に関連する補償若しくは救済措置の有効性、範囲及び効果その他の事項につき、いかなる意味においても影響を及ぼさない。」と明記する方法など多岐にわたります。

　これらの規定方法は様々であり＊、調整時には原案または相手方の修正がいずれをとっているかについて注意を払う必要があります。

④個別の表明保証事項の調整

　個別の表明保証事項を追加し、または削除することで、直接、リスク分担の範囲を調整する方法です。なお、物件概要書で特記された事項はカーブアウトされますが、売主により物件概要書において表明保証を包括的に打ち消す記載（**包括的カーブアウト＊**）が試みられることもあります。表明保証の枠組みを用いる前提を台無しにする場合もあるため、相手方によりこの規定が試みられた場合には、都度調整を図ることが必要です。

Column　物件概要書による包括的カーブアウト

　売主によって、物件概要書で包括的カーブアウトが試みられることがあります。その法的判断がどうなるかは、判例などがなくわかりませんが、少なくとも紛争材料となることに疑いはありません。よってかかる試みが見られた場合、「表明保証責任の問題は売買契約上の調整事項とさせていただけますでしょうか」などとして、削除を求めることが適切です。通常、リーガルアドバイザーや法務担当者は物件概要書の内容を精査しませんので、目が届かないこともありますが、物件概要書を不当に用いた責任回避が図られるケースは少なくありません。

＊…**様々であり**：コラム「アンチ・サンドバッギング条項の規定」（本文190ページ）参照。
＊**包括的カーブアウト**：個別の表明保証として越境の不存在が規定されている場合において、物件概要書で「越境があった場合でも、売主はこれに関して何ら責任を負うものではありません。」と記載する方法。

⑤補償期間の調整

　補償に期間的限定を設けることにより、リスク分担を図る方法です。本契約例では補償期間を第15条第5項において売買実行日以降［6カ月］に制限しています。他の調整方法と切り口はやや異なるものの、売主の責任を一定の期間内に明らかになるような表明保証違反に限定する分担方法です。解散予定の SPC が売主となることもあれば、半永久的に存続することが予定される投資法人や事業会社が売主となることもあり、特に後者の主体においては半永久的に補償責任を負担することに抵抗があるケースも多いです。このような主体に無期限の表明保証を求めると、そもそも表明保証自体を行えないとの主張を受けることもあり、それをボトムとしたバランス調整として、本制限が利用されることがあります。

● 表明保証違反の効果

　表明保証規定はそれのみで効果を持つものではなく、別途その効果を定める条項を設ける必要があります。本契約例では第10条第2項がこれにあたります。ドキュメンテーションにおいては、表明保証の対象に目が行きがちですが、その効果がどのように規定されているかについても、併せて確認が必要です。

● 表明保証とその他条項との関係

　表明保証は CP 条件や解除規定、違約金規定と結び付けられることが多いです。例えば、CP 条件として「表明保証事項が真実かつ正確であること」が求められることが多くあります。また、表明保証違反が、直接的または間接的に、違約金に結び付けられることがあります。これらが結び付いたとき、違反により買主に生じる実質的な損害と、その効果とがバランスしないことが起こりがちです。例えば、軽微な表明保証違反であっても CP 条件不充足を引き起こしたり、多額の違約金発生につながったりと、重大な影響を招くことがあります。よって、表明保証規定と他規定との関連性（簡単に CP 条件不充足や違約金に結び付いてしまわないか）は、買主にとって、売買契約書ドキュメンテーション上、最も注意を払うべき点です。CP 条件として「重要な点において」など重要性の限定を付したり、違約金の発生局面を限定したりすることで、全体の建付けを調整し、バランスをとる必要があります。

11-11 | 第 11 条 （買主の表明保証）

　買主が行う表明保証を記載します。売主のそれと異なり、物に関する表明保証がありません。

■ 買主の表明保証

第 11 条（買主の表明保証）

1. 買主は、売主に対し、本契約締結日［及び売買実行日］において、本契約別紙 4-2「買主の表明保証事項」記載の事項が［重要な点において］真実であることを表明及び保証する。

2. 買主は、前項に定める買主の表明及び保証に関し不正確事項が判明した場合には、直ちに売主に対しその旨書面により通知し（但し、当該通知により、買主の表明及び保証が虚偽又は不正確であったことによる責任が宥恕又は軽減されるものではない。）、かかる不正確事項に起因又は関連して売主が損害等を被った場合には、直ちに売主に対しかかる損害等の一切を相当因果関係の範囲で補償する。［但し、（ i ）売主が当該不正確事項を知り又は知り得た場合、又は（ ii ）当該不正確事項を基礎付ける事実に関する情報が買主から売主に対して開示された情報に含まれる場合には、当該不正確事項は表明保証違反を構成しないものとし、買主は、当該不正確事項により売主に生じた損害等を補償する義務を負わない。］

　売買において売主の関心は売買代金を収受することに尽きるため、買主の表明保証事項は売主のそれと異なり、売買が詐害行為により否認されないかなど、その有効性を基礎付ける事項に限定されます。よって、買主の表明保証が論点となることは少ないようです。

第12条
（敷金返還債務相当額）

売買代金と別に敷金などを精算する（売主が買主に対して敷金相当額を引き渡す）方法と、この精算を行わない（買主は独自で敷金返還債務を負担する）方法とがあり、売主・買主間でこれをどう取り扱うかを定めるものです。

■ 承継する敷金

第12条（敷金返還債務相当額）
1. 売主は本件受益権の譲渡等の効力発生時に、各テナント契約に基づきテナントから受託者に対して預託されている敷金返還債務相当額（但し、各テナント契約に基づき、当該テナント契約に基づく債務の弁済に充当された金額相当額を除くものとし、また、各テナント契約において一定の場合に賃貸人がその全部又は一部を償却する旨の定めがある場合には当該償却[前／後]の金額とする。以下「敷金返還債務相当額」という。）を買主に交付する義務を負う。
2. 売主が前項に基づき買主に対して交付すべき敷金返還債務相当額は、第4条第2項に定めるとおり、売主が買主より受領する本件売買代金との差引き決済により精算する。

> 敷金償却を売主・買主間でどう取り扱うかにより変更します。

売買精算は別途締結する精算合意書などによりその詳細を定めることとなりますが、その作成は売買実行日となるため、売買契約締結がこれに先行する場合には、あらかじめ、承継する敷金額を償却前のものとするか償却後のものとするかを規定しておくこととなります（償却の効果は6-1節の「承継する敷金」〈本文81ページ〉記載のとおり）。

11-13 | 第13条（本件不動産の維持・管理責任）

　物件引渡しまで、不動産価値に影響する行為を禁止し、目的物の価値保全を図るための規定です。

■ 売買実行までの管理責任

第13条（本件不動産の維持・管理責任）
1. 本件不動産の管理責任は、本件不動産の信託譲渡の効力発生と同時に売主から買主に移転する。売主は、本契約締結後、本件受益権の譲渡等の効力発生に至るまでの間、自ら又は受託者をして善良なる管理者の注意義務をもって本件受益権及び本件不動産を管理する。当該期間中、売主は、買主又は買主のアセットマネージャーである●●（以下「買主等」という。）の事前の書面（電子メールを含む。）による承諾（但し、買主等は当該承諾を不合理に留保、拒絶又は遅延しないものとする。）なく本件不動産の現状を変更させ、又は本件不動産に関連して締結された契約（テナント契約を含むが、これに限られない。）を変更し、更新し、若しくは終了させてはならず、又は、新たな担保権、用益権（本件不動産に関する賃貸借契約に基づく賃借権を含むが、これに限られない。）を設定してはならず、受託者をして行わせてはならない。

■ 管理責任の例外

但し、①売主又は受託者が締結済みの契約に基づく売主又は受託者の義務の履行としてなされたもの、②不可抗力その他第三者など売主又は受託者の支配又は関与が及ばずになされたもの、③買主の支配又は関与によりなされたもの、④本契約に基づきなされたもの、及び⑤契約に規定された自動更新規定に基づく更新若しくは期間満了による終了又は売主若しくは受託者以外の契約の相手方の一方的行為によりなされたものについては、この限りではない。

例えばテナントの申し出による解約など、現状変更は売主がコントロールできるものばかりではないため、そういった現状変更が契約違反とならないための規定です。

■ 物件概要書の変更

2. 本契約締結後、本件受益権の譲渡等の効力発生に至るまでの間に、本件不動産の価値に影響を与える事由（テナントからの解約通知の受領、賃料の延滞を含むが、これに限られない。）があった場合、売主は直ちに買主等にこれを通知し、売主及び買主等は協議の上対応する。

3. 売主は、本件受益権の譲渡等の効力発生後に新たに本件不動産の管理業務を受託する者に対して本件不動産の管理に関する事務の引継ぎが円滑に行われるように合理的範囲で協力する。また、売主は、売買実行日までに、本件 PM 契約その他売主が当事者となっている本件不動産の管理に関する既存の契約を終了させる。

4. ［売主は、本契約締結後、本件受益権の譲渡等の効力発生に至るまでの間、物件概要書の記載内容を変更する必要が生じた場合、速やかに、かかる変更内容を書面（電子メールを含む。以下本項において同じ。）にて買主等に通知する。なお、上記通知がなされる限り、物件概要書は変更されるものとするが、当該変更内容を反映した新たな物件概要書の作成は要しないものとする。／売主は、本契約締結後、本件受益権の譲渡等の効力発生に至るまでの間、物件概要書の記載内容を変更する必要が生じた場合、速やかにかかる変更内容を反映し、かつ、買主が合理的に満足する内容の新たな物件概要書を買主に交付し、買主の書面による承諾を得るものとする（買主は不合理にかかる承諾を拒絶し又は留保できないものとする。）。］

契約締結日と売買実行日が別日となる場合、契約締結後になって、物件概要書に記載した事項や記載すべき事項に変更が生じることがあります。ここで、物件概要書は、表明保証のカーブアウト機能を担うものであるため、事情変更に応じて物件概要書が変更されないときは、結果として表明保証違反が生じてしまいます。

例えば、契約締結日および売買実行日の表明保証事項として、「テナントから解約予告を受けていない」ことがあった場合、契約締結日に当該事実がなければ、物件概要書には何らこのカーブアウトは記載されません。しかし、契約締結後売買実行前に解約通知を受領した場合、物件概要書でかかる事実はカーブアウトされていないために、結果として表明保証違反が生じてしまうこととなります。

こういった後発事象の発生による不利益を回避するため、物件概要書の変更に関する手続きや条件などがあらかじめ規定されます。ただし、売主が一方的に物件概要書記載内容を変更できるとすると、これを通じて売主買主間のリスク分担を任意に調整できることとなりかねません。一方で、変更を買主の承諾事項としてしまうと、買主が変更を承諾しないことを通じて、表明保証違反を意図的に発生させることが可能となってしまいます。かかるバランス調整は、変更を通知で可能とするか、買主の承諾事項とするか、留保付きの買主の承諾事項とするかなどの調整並びに売買契約締結後の維持管理責任に関する規定＊の調整により行われます。

■ リーシング努力義務

> 5. [売主は、本契約締結後、本件受益権の譲渡等の効力発生に至るまでの間、[売主の責任及び費用負担で、] 本件不動産に係る収支を維持し、かつ、本件不動産のうち賃貸可能な貸室及び駐車場につき第三者に対してこれらを賃貸するためのリーシング活動（テナントが退去する場合における当該テナントに係る貸室及び駐車場のリースアップを含むが、これに限られない。）を行うよう最大限努力する。]

売買契約後は、売主がリーシングのインセンティブを持つことも当然には期待しづらいものです。一方で買主においては、引渡しまでの期間も重要なリーシングなどのチャンスです。そのため、売買実行日までのリーシング機会にロスが生じることを防ぐため、努力義務として本規定が置かれることがあります。なお、リーシングフィーの取扱いは協議により定められ、買主がこれを負担するとすることがあります。

＊**…に関する規定**：本契約例では第13条第1項および第2項。

11-14 第14条（危険負担）

　一般的な危険負担の規定です。論点化することはあまりありませんが、売買契約書が売主ドラフトである場合に意図的に落とされることもありますので、注意が必要です（外資系アセットマネージャーが売主となる場合に、ダメ元で使われることがある手口です）。

■ 不可抗力により滅失等が生じた場合の処理

第14条（危険負担）

　本契約締結後、本件受益権の譲渡等の効力発生に至るまでの間に、天災地変その他売主及び買主双方の責めに帰すことのできない事由により本件不動産が滅失し又は毀損若しくは減耗が生じた場合には、以下の定めに従う。

(1) 本件不動産が滅失した場合には、本契約は当然に失効する。

(2) 本件不動産が毀損したとき又はその一部が滅失したとき（但し、前号に定める場合を除く。）は、売主と買主は誠意をもって協議した上で、速やかに、売主がその費用で本件不動産を修復して買主に引き渡すか、又は滅失若しくは毀損の割合に応じて本件売買代金を減額するかを決定するものとする。本件売買代金を減額する場合、買主は、当該滅失又は毀損に相当する額を本件売買代金から控除するものとする。

(3) 前号にかかわらず、本件不動産が毀損若しくは減耗により修復が不可能となった場合又は修復に過大な費用を要する場合には、売主又は買主のいずれかの相手方に対する書面による通知により、本契約を解除することができる。

(4) 第1号又は第3号により本契約が失効又は解除された場合、売主は直ちに受領済みの金員（もしあれば）全部を無利息にて買主に返還する。

(5) 売主及び買主は、天災地変その他売主及び買主双方の責めに帰すことのできない事由を原因として自己に生じた損害等の一切を自ら負担し、当該損害等の補てんを相手方に請求することができないことを、相互に確認する。

11-15 | 第 15 条 （本契約の違反等）

　契約違反があった場合の取扱いを定める部分です。解除や違約金につながり、影響が大きいため、論点となりやすい部分です。特に CP 条件不充足、表明保証違反とどうつながっているかをよく確認する必要があります。

■ 解除条件と解除権行使

第 15 条（本契約の違反等）
1. 売主又は買主は、その相手方が本契約の各条項に ［重要な点において］違反し、[当該違反の治癒を行うために相当な期間を定めた催告に応じない]場合は、本契約を解除することができる。[但し、本件受益権の効力発生後は、第 19 条第 2 項に基づく場合を除き、理由の如何を問わず、売主及び買主は本契約を解除することはできない。]

❶解除条件

　売買契約の解除が可能となる要件を定めています。本契約例では、売主および買主の合理的意思がそもそも売買を実行することであることを前提に、催告期間を設けた上での解除としています。無催告解除を可能とする規定が行われる場合もあり、その場合には当事者の一方（特に売主）の負担が相当に大きくなることに注意してください。

　性状的に是正できない違反には履行の催告期間は意味を持ちませんし、是正可能性もありません。事後紛争防止の観点からは、性状的に是正できない違反があることを前提として、これを区別して取扱いを定めることが適切です。

❷解除権行使の期間的制限

　解除権の行使については、売主の立場から、主に売買実行後は解除の効果としての原状回復が困難となることを根拠として、売買実行日までに限定すると主張されることがあります。しかしながら、解除権の発生原因となる表明保証違反などは、売買が実行され、物件の支配が買主に移転して初めて明らかになる事項も少なくありません。また当該事実の判明が、たまたま売買実行日以前であるか以後であるかによって、買主の救済方法が左右されることは合理的ではありません。よって、そもそも解除権を制限すべきか否かについては検討が必要でしょう。また、違約金の発生は解除権行使の効果とされていることが多いため、解除権が期間的に制限されることにより、結果として相手方の違反に対して違約金請求ができなくなります。事実上、ペナルティとして違約金が機能しなくなり、売主に逃げ得を許すことも考えられます。

■ 違約金の性格

> 2. 前項に基づき本契約が解除された場合に限り、本契約の解除を行った当事者は、相手方に対し、本件売買代金（但し、消費税及び地方消費税相当額を除く。）の●％相当額（以下「違約金」という。）を請求することができる。[本契約の解除を行った当事者は、かかる場合において当該違約金額を上回る損害等を被ったときであっても、当該部分について、相手方に対し損害賠償請求をすることはできないものとする。／なお、かかる違約金は違約罰であり、違約金を超える損害等が生じた場合には、当該損害等を被った当事者は、当該超過部分について、相手方に対して請求することができる。]

　前者は損害賠償の予定として、後者は違約罰として違約金を定める例です。

■ 補償条項

3. 第 1 項に基づき、本契約が解除された場合の原状回復に要する一切の費用（本契約の失効又は解除に起因又は関連して受託者に生じた損害等の補償を含む。）は、本契約に違反した当事者の負担とする。
4. 売主又は買主が本契約に違反した場合、本契約に違反した当事者は相手方が当該違反により被った損害等の一切を相当因果関係の範囲で賠償する。

　個別の紛争にかかる裁判所解釈において、債務不履行責任や民法改正前の瑕疵担保責任など近接する概念が類推適用されることを回避するため、違反の効果を契約上明確化するための規定例です。

■ 補償期間の限定

5. ［売主及び買主は、第 19 条第 3 項に基づく場合を除き、前項に基づく損害賠償又は第 10 条第 2 項若しくは第 11 条第 2 項に基づく補償請求その他の本契約に基づく一切の請求が、売買実行日から［6 カ月］が経過するまでに、自らが被った損害等の合理的根拠を示した書面により相手方に通知した場合に限られることに合意する。］

　売主・買主間のリスク分担を調整する場合に、補償につき一定の期間的限定を設けることがあります。特に、事業会社や投資法人など半永久的な存続を前提とする売主においては、補償責任を負う期間を永続的なものとすることに抵抗があることも多くあります。SPC（解散が予定される）に対して求められる補償とのバランスから、補償期間を限定することに、買主の理解が得られることもあります。なお、かかる補償期間の限定が行われる場合、その期間をどの程度とするかが次の論点となりますが、SPC 清算までの期間や、通常の不動産投資法人の決算期間などに鑑み、6 カ月程度で妥結することが多いようです。

なお、本契約例のように、損害などの合理的根拠を示すことを補償の条件とすると、設定する請求期間次第では、物理的にかかる請求が間に合わないこともある点に留意すべきです。すなわち、不具合が判明した場合、原因調査や手当の検討を経て、是正コストの見積り（≒損害などの合理的根拠）を得ることとなります。不具合の内容次第では、原因調査や検討自体で数カ月を要することも大いにあり得ます。売主の主張する補償請求期間が短いものであった場合、損害などの合理的根拠を備えることが間に合わず、事実上補償を受けることができなくなることも考えられます。よってこの期間の調整においては、物理的に必要となる期間などを根拠として、その長期化に努めることが肝要です。

■ 補償の（税務上の）性質

> 6. 売主の表明保証違反による補償等は、本件売買代金の調整として行われるものとする。

　買主において、売主により補償がなされた場合の税務上の取扱いを明確にするための規定です。補償を受けた場合、当該金銭を会計上の損益とする取扱いと、取得金額の修正とする取扱いとが考えられます。ここで、買主は表明保証が正確であることを前提として売買代金を決定しているため、かかる前提条件が崩れた場合に受けた補償は、評価の誤りを是正するものであって、売買代金減額に相当すると考えることが合理的でしょう。しかしながら、税務分野においては、かかる補償を当該期の損益に参入すべきとする取扱いも見られることから＊、表明保証違反などに基づく補償金が会計上の利益として課税されるのを防ぐために、その取扱いをあらかじめ明示するものです。本規定は、特に不動産投資法人など、補償金が損益として取り扱われ当該期に分配されてしまうことが妥当ではない主体において、用いる意義が高いです。

＊…**ことから**：国税不服審判所採決平成18年9月8日採決事例集72号325頁では、表明保証違反の場合の損害額を株式譲渡代金の減額として返金する旨が明示的に規定されていた場合において、表明保証違反に基づく補償金の支払は売買代金の調整（一部返金）と認定されたが、課税庁においては雑益として益金に算入されると主張されていた。

11-16 | 第16条（遅延損害金）

　一般的な遅延損害金の規定です。特異な提案がされることは少なく、論点化することはほとんどありません。

■ 遅延による損害の手当

第16条（遅延損害金）
　売主又は買主が本契約に基づく金銭債務の支払を怠った場合には、かかる支払を怠った当事者は、各支払期日の翌日（同日を含む。）からその完済した日（同日を含む。）に至るまで年利14％の割合による遅延損害金をその相手方に対し支払う。なお、遅延損害金は、1年を365日（閏年の場合366日）とする日割計算（1円未満切捨て）の上、1日単位で発生するものとする。

11-17 | 第17条（守秘義務）

　守秘義務の規定です。開示する対象の範囲が調整されることはありますが、論点化することはほとんどありません。

■ 守秘義務と事前開示承諾先

第 17 条（守秘義務）

1. 売主及び買主は、①適用法令、行政官庁、裁判所若しくは受託者の要請により必要とされる場合、②監督官庁、金融商品取引所若しくは自主規制機関（一般社団法人投資信託協会及び一般社団法人日本投資顧問業協会を含むが、これらに限られない。）、若しくはこれらが制定する規則その他の関連する規則（適時開示に関する規則を含むが、これに限られない。）により開示を要請された場合、③売主若しくは買主の法律顧問、会計税務顧問、不動産鑑定業者、アセットマネージャー若しくはその親会社、関連会社、若しくは仲介会社に開示する場合、④買主が本件受益権を購入するため資金を出資若しくは融資する第三者（出資若しくは融資が直接的であるか間接的であるかを問わず、潜在投資家、潜在貸付人、貸付人、アレンジャー及びアドバイザーを含むが、これらに限られない。）に開示する場合、⑤買主が買主の投資主、資産保管会社、事務受託会社、並びに買主の投資口、投資法人債券及び新投資口予約権について募集に関する事務を行う者、その他買主の資金調達に際して開示が必要と合理的に判断される第三者（格付機関及び潜在的投資家等を含むが、これらに限られない。）に開示する場合、⑥買主が買主のホームページ若しくは IR 資料上に開示する場合又は⑦その他当事者間で別途合意する場合を除き、本契約の内容を第三者に開示せず、また、本契約に基づき知り得た相手方当事者に関する情報を第三者に開示せず、かつ、本契約の目的以外に利用しない。

2. 前項に従い、いずれかの情報を第三者に開示した開示当事者は、法令で別段の定めがある場合を除き、本条に定める守秘義務を当該第三者に遵守させる。

3. 第 1 項の規定は、以下の情報には適用されない。

①相手方から開示された時点で、既に公知の情報

②相手方から開示された後、情報取得者の故意又は過失によらず公知となった情報

③相手方から開示された時点で、既に自ら保有していた情報

④開示に関する制限なく当該情報を取得した正当な権限を有する第三者から適法に開示された情報

11-18 | 第18条（通知）

　売買契約上、通知が必要な局面が規定されますが、その手順を定めるものです。論点化することはほとんどありません。

■ 通知の手続き

第18条（通知）
　本契約に基づき当事者がなすべき通知は全て書面によってなされ、かつ、手交、郵便又はファクシミリによって以下の住所宛に行われる。但し、ファクシミリによる場合には送信後遅滞なく郵送又は持参により確認を行う。なお、本条に基づく相手方への通知により、各当事者は、各当事者の住所の変更を行うことができる（但し、当該変更に係る通知を怠ったために、本契約に基づき行われた通知が遅延し又は到達しなかった場合には、当該通知は通常到達すべき時点に到達したものとみなす。）。

売主宛の場合：［住所］●●
　　　　　　　　［氏名］●●
ファクシミリ：●●
電　　　　話：●●

買主宛の場合：［住所］●●
　　　　　　　　［氏名］●●
ファクシミリ：●●
電　　　　話：●●

第19条
（反社会的勢力の排除）

　反社会的勢力排除のための規定です。特に論点化することはありません。なお、引渡し後は解除不可とする契約であっても、反社会的勢力に関する違反はこの限りでないとする建付けが多くとられます。

■ 反社会的勢力排除規定

第19条（反社会的勢力の排除）

1. 売主及び買主は、それぞれ相手方に対し、次の各号の事項を確約する。
(1) 自らが、暴力団員による不当な行為の防止等に関する法律（平成3年法律第77号。その後の改正を含む。）第2条で定義される暴力団、指定暴力団、指定暴力団連合、暴力団員若しくはこれらの関連者、総会屋等、社会運動等標ぼうゴロ、特殊知能暴力集団等若しくはこれらに準ずる者又はその構成員（以下、総称して「反社会的勢力」という。）ではないこと。
(2) 自らの役員（業務を執行する社員、取締役、執行役又はこれらに準ずる者をいう。）が反社会的勢力ではないこと。
(3) 反社会的勢力に自己の名義を利用させ、本契約を締結するものでないこと。
(4) 本件受益権の移転及び本件売買代金の全額の支払のいずれもが終了するまでの間に、自ら又は第三者を利用して、本契約に関して次の行為をしないこと。
　①相手方に対する脅迫的な言動又は暴力を用いる行為
　②偽計又は威力を用いて相手方の業務を妨害し、又は信用を毀損する行為
2. 売主又は買主の一方について、次のいずれかに該当した場合には、その相手方は、何らの催告を要せずして、本契約を解除することができる。
(1) 前項第1号又は第2号の確約に反する申告をしたことが判明した場合。
(2) 前項第3号の確約に反し本契約を締結したことが判明した場合。
(3) 前項第4号の確約に反した行為をした場合。

3. 第 2 項の規定により本契約が解除された場合、本契約の解除を行った当事者は、相手方に対し、違約罰として違約金を請求することができる。なお、本項に規定する違約金は違約罰であり、違約金を超える損害等が生じた場合には、当該損害等を被った当事者は、当該超過部分について、相手方に対して請求することができる。
4. 第 2 項の規定により本契約が解除された場合、解除された当事者は、解除により生じる損害等について、相手方に対し、一切の請求を行うことができない。

11-20 ｜ 第 20 条 （追加の書類等への調印）

手続き上の一般的な規定です。

■ 事後対応のための手当

第 20 条（追加の書類等への調印）
　売主及び買主は、相手方から要求がある場合において、本契約の目的を達成し、本契約に基づく取引を履行するために必要又は適切と認められる限り、更に追加の書類等に調印する。

11-21 | 第21条（地位の承継）

手続き上の一般的な規定です。

■ 売主または買主の地位承継

第21条（地位の承継）

　売主及び買主は、本契約に基づく契約上の地位及び権利義務の全部又は一部を、相手方当事者の事前の書面による同意なくして、第三者に対して譲渡、移転、担保差入その他の処分をすることができない。

11-22 | 第22条（印紙税の負担）

手続き上の一般的な規定です。通常、売買契約書は売主保管分・買主保管分の2部が作成され、各自捺印時に自己負担分の印紙を貼り付けます。

■ 印紙税負担規定

第22条（印紙税の負担）

　本契約書に課せられる印紙税は、売主及び買主がこれを折半して負担する。

11-23 | 第23条（修正・変更）

手続き上の一般的な規定です。

■ 契約変更の方法

第 23 条（修正・変更）
　本契約の条項は、売主及び買主の書面による合意によってのみ修正又は変更される。

　契約の修正には契約当事者全員の同意が必要ですが、これを規定化して明確にするものです。また、契約の変更等に関する疑義が生じないよう「書面による」合意を求めることが通常です。

11-24 | 第24条（完全合意）

手続き上の一般的な規定です。

■ 完全合意

第 24 条（完全合意）
　本契約は当事者間の本契約に定める事項についての完全な合意を含むものであり、書面によるか口頭によるかを問わず、全ての従前の合意に代わるものである。

売買契約を締結する前に当事者が作成した提案書などや口頭でのやりとりについて、紛争時における証拠能力を認めないとする当事者間での合意を意味します。係争時に、交渉経緯などが裁判所判断に用いられることは考えられるものの、事後紛争を予防する見地からは、しかるべき規定と考えられます。

11-25 | 第25条 (準拠法及び裁判管轄権)

手続き上の一般的な規定です。

■ 準拠法・管轄

第25条(準拠法及び裁判管轄権)
　本契約は日本法を準拠法とし、かつ、同法に従い解釈される。また、本契約に関する紛争については、東京地方裁判所を第一審の専属的合意管轄裁判所とする。

　専属的合意管轄裁判所は多くの場合、売主または買主の本店所在地もしくは不動産所在地を管轄する地方裁判所を定めます。

11-26 | 第 26 条（規定外事項）

手続き上の一般的な規定です。

■ 誠実協議・サインページ

第 26 条（規定外事項）

　本契約に定めのない事項については、民法、信託法、その他関係法令及び信義誠実の原則に従い、売主及び買主協議の上、決定する。

[以下余白]

　本契約締結を証するため、正本 2 通を作成し、売主及び買主がそれぞれ記名押印の上、各 1 通を所持する。

　　●年●月●日

　　売主　●●
　　　　　●●

　　買主　●●
　　　　　●●

別紙1
本件不動産の表示

■ 売買の対象となる土地建物等の表示

本件不動産の表示

＜物件名：●●ビル＞

1. 土地・建物（いずれも登記記録上の記載）

土　地

所　　在：●●

地　　番：●●

地　　目：●●

地　　積：●● m²

建　物

所　　在：●●

家屋番号：●●

種　　類：●●

構　　造：●●

床面積：

1 階　　　●● m²

2 階　　　●● m²

8 階　　　●● m²

9 階　　　●● m²

2. その他

上記本件不動産の附属設備、工作物及び従物等並びに上記本件不動産に関わる一切の権利等

以　上

11-28 別紙 2　物件概要書

　表明保証のカーブアウト事項を定めるため、**物件概要書**を添付します。多くは仲介会社作成の重要事項説明書を流用しますが、仲介会社がいない場合には、売主が作成することとなります。

　物件概要書作成時における仲介会社の関心は、自らが負担する媒介契約上の説明責任を充足することであり、売主の表明保証責任を適切にカーブアウトすることではありません。よって、物件概要書については、売主自身によって表明保証に照らして不足がないかをよく確認する必要があります。

　仲介会社作成のものを流用する場合、表明保証のカーブアウトとなる部分（主として特記事項部分）以外の部分の取扱いが問題となることがあります。例えば、物件概要書に記載された行政条件に誤りがあった場合に、売主の責任を構成するかという問題です。実際に問題があった場合に、買主からそうした主張がなされることは予測できます。かかる疑義をあらかじめ排除するための手当として、物件概要書の添付でなく、容認事項を作成して添付する建付けに変更することや、「売主は責任を負担しない」旨を規定することなどが考えられます。

■ カーブアウトのための物件概要書添付

別紙 2

物件概要書

（添付のとおり）

　これは表明保証事項の例外を明示し、カーブアウトするためのものですので、個別の表明保証事項に照らし、漏れがないかを確認する必要があります。

別紙３
テナント契約の表示

テナント契約は買主の物件取得動機の主要な部分ですので、その認識に誤りがないことを確認するため、レントロールを添付します。また、テナント契約は買主が承継することとなるため、レントロールで承継対象となるテナントを明示することは、反社会的勢力がテナントにいないことの証憑の意味を持ちます。契約書の製本やデリバリーを考慮して、カットオフする提案（契約締結日時点のレントロールでなく、例えば１週間前の日付で切って、これを添付レントロールとして取り扱う提案）がなされることがあります。しかしそうした場合、そもそも売買契約書が予定している建付けが崩れ、カットオフ時点以降契約締結時までのテナント変動をどう取り扱うか、などの新たな論点が発生することとなります。売買契約書は、あくまで契約締結日のレントロールを添付することを前提に作成されており、これをカットオフした場合、隙間の期間における反社会的勢力の入居や主要テナント退去などのリスクを買主が負担することとなります。よって、安易にカットオフを容認することは適切ではありません。

■ テナント契約特定のためのレントロール添付

別紙３

テナント契約の表示

（添付のとおり）

個人情報保護の見地から、具体的な名称（氏名や会社名）を記載しないレントロールを用いるケースも見られますが、その場合には、CP条件や表明保証との関係で不具合がないかを確認することが適切です。

11-30 ｜ 別紙 4-1 売主の表明保証事項

● 売主の表明保証事項の構成

　売主の表明保証事項は、取引の有効性の前提となる事項を対象とする表明保証（本契約例では 1、本文 219 ページ）と、物件に関する表明保証（本契約例では 2、本文221 ページ）に分けて規定されることが多いです（12 章の契約例のように信託受益権に関する表明保証をさらに区分する場合もある）。売主の表明保証事項は、買主が保証を求める様々な事項について、表明保証事項各号において問題がないことを規定し、これに反するものを物件概要書または容認事項などにより明示することで責任の範囲から除外（カーブアウト）する、という構成がとられます。

● カーブアウトの手順

　売買契約書で表明保証の対象とする範囲および深度の調整が行われ、これと併行して物件概要書などにおいてカーブアウト事項の特定が進められます。表明保証事項はその範囲や深度において論点となりがちであるので、多くの場合、その内容が確定するのは、ドキュメンテーションの終盤（≒契約締結間際）となります。その後に、これに応じたカーブアウト事項を改めて作成する時間はとれないため、売主の立場からは、買主が当初提示したフル・ボリュームでの表明保証事項を前提としてカーブアウト事項の書き出しを進めることが適切でしょう（表明保証範囲の縮小は別途試みつつも）。

● ドキュメンテーションと物回り（売主）

　売買契約上の表明保証の調整と、物件概要書などとの調整とは切り離せないものなので、本来、同一の視点での作成が必要です。売買契約書上の個別の表明保証が理解できていなければ、それに対応したカーブアウト事項を適切に物件概要書などに落とし込むことは困難ですし、漏れが生じるおそれもあります。反対に、カーブアウトが困難な事項については、そもそも表明保証規定自体で調整すべきです。よって、やはり表明保証事項を調整する際には不動産運用の実情に対する理解が不可欠です。売

主側のクロージング体制において、ドキュメンテーションと物回りとを別の担当者が行う場合には、不適切な表明保証を負担し、または適切なカーブアウトができないままファイナル化してしまう事例も少なくないため、その連携には相当の注意を払う必要があります。こうした理解を確認するため、表明保証事項にかかるチェックシートを作成することも有益です。

▼表明保証事項チェックシートの例

表明保証事項を最小単位でブレークダウンする。	検証可能性を保つべく、物件概要書でカーブアウトが行われていれば、該当の番号（特記事項番号等）を記載。	カーブアウトの有無、できていない場合には重要性の限定や主観による留保、その他カットなど、修正の要否およびその理由を記載。

	売主の表明保証
●条	［例］甲は、本契約締結日及び譲渡実行日（但し、別途表明及び保証の日が指定されている場合にはそれに従う。）において、全ての本賃借人が別紙2に掲げる否認先のいずれにも該当しないことを表明し、保証する。 甲は、本契約締結日及び譲渡実行日において、別紙3に掲げる事項が真実かつ正確であることを表明し、保証する。 甲は、前二項に定める表明又は保証に関し誤りがあり又は不正確であったことが判明した場合、乙に対し直ちに書面で通知するとともに、かかる表明又は保証違反に起因又は関連して乙が被った一切の損害（相当因果関係の範囲内のものに限る。）を賠償する。

#	号	表明保証事項	物件概要書対応番号	備考
1	2-1	信託受託者は、本物件の唯一の所有者であり、		
2		何らの負担のない完全な所有権を保有しており、		
3		本物件を譲渡するために必要な権利の一切を保有し、		
4		その対抗要件を具備している。		
5	2-2	第三者に対する本物件の譲渡はなされておらず、		
6		かつ、甲及び信託受託者は第三者のために将来それらの行為を行う義務を負っていない。		
7	2-3	本物件に関し、本賃貸借契約及び本承継契約を除き、乙、信託受託者又は乙の指定する者に承継されることになるいかなる第三者との権利義務関係も存在しない。		
8	2-4	本物件に関して、第三者との間でいかなる訴訟、仲裁、調停その他の法的手続及び行政手続も裁判所又は政府機関に係属しておらず、		
9		また、それを合理的に予見させる事由も存在しない。		
10	2-5	本物件について、抵当権（譲渡実行日までに抹消されるものを除く。）、質権、先取特権、仮登記担保権その他の担保権、第三者の用益権（別紙1「賃貸借契約一覧」記載のもの及び隣接地の所有者との間で別途書面が締結され、かつ、乙に開示されたものを除く。）、占有権、利用権、通行権その他の権利、その他一切の負担や制限（適法・違法を問わない。）は存在しない。		

11		本契約に基づく乙又は信託受託者の権利に損害を及ぼす又はそのおそれのある処分は一切行われておらず、		
12		かつ、甲及び信託受託者が第三者のためにそのような処分を行う義務も負っていない。		
13		また、本契約の締結及び本契約上の義務の履行、又は本契約で企図されている取引の実行の結果として、甲及び信託受託者がそのような義務を負うこととはならない。		
14	2-6	本物件に対する公租公課その他の賦課金は、納付期限の到来しているものは全て支払われており、何らの滞納もない。		
15	2-7	本物件について、第三者による仮差押、保全差押若しくは差押又は仮処分、強制執行、競売等の申立てが行われておらず、また、それを合理的に予見させる事由もない。		
16	2-8	本物件の建築、運営・管理又は価値に悪影響を及ぼす欠陥（物理的欠陥のみならず、届出許認可の未了、権利の欠陥も含む。軽微な欠陥は除く。）はなく、		
17		本物件の建築、所有、管理、利用及び処分に係る適用法令の違反（軽微な違反は除く。）は存在しない。		
18	2-9	本物件の所有、賃貸、運営又は管理に関する全ての契約、規約及び規則に関し、甲、信託受託者及び既存MLによる債務不履行はない。		
19	2-10	本物件の譲渡、本物件への抵当権の設定その他の担保提供、その他本物件の処分を制限する法令又は契約その他の合意は存在しない。但し、本契約締結日時点に限り、譲渡実行日に抹消されるものを除く。		
20	2-11	本物件に関し法令（条例を含み、本号において以下同じ。）上求められる手続及び要件はすべて満たしており、		
21		本物件に関し法令上の手続及び要件の違法性の違反を指摘されることを合理的に予見させる箇所は存在しない。		
22	3-1	本契約締結日における本物件に関する賃貸借契約は、別紙1に記載されたものが全てである。		
23	3-2	本賃貸借契約は適法、有効、かつ拘束力のある契約であり、その条項に従って執行可能である。		
24	3-3	甲の知る限り、本賃貸借契約に基づく賃料請求権に対し、反対債権の主張はない。		
25	3-4	甲の知る限り、本賃貸借契約について、本賃借人より1か月を超える賃料又は共益費の前払いはなされていない。		
26		また、本賃貸借契約について賃料不払等の金銭債務及びその他の当事者の債務の不履行（但し、軽微な義務違反は除く。）の事実はない。		
27	3-5	甲の知る限り、別途乙に開示されたものを除き、本賃貸借契約について、甲、既存ML及び信託受託者は、本賃借人から賃料減額請求その他何らの請求（解約不可期間経過後の賃料減額請求も含む。）も受けておらず、		
28		かつ、賃料の減額を生ぜしめる事由又は原因は生じていない。		
29		甲の知る限り、別途乙に開示されたものを除き、甲、既存ML及び信託受託者は本賃借人から口頭であると文書であるとを問わず、解約（解除）通知、更新拒絶通知又はその他本賃貸借契約の終了に関する通知（解約不可期間経過後効力が発生するものも含む。）を受領していない。		
30	3-6	甲の知る限り、本賃貸借契約に関して、判決、決定、命令又は裁判上の和解はなく、		
31		訴訟、行政手続は係属しておらず、		

217

32		かつ、かかる手続に至らない紛争、異議、苦情申し出等もなく、		
33		それを合理的に予見させる事由もない。		
34	3-7	甲の知り得る限り、本賃貸借契約に基づく賃料、共益費請求権、又は敷金等返還請求権等は譲渡、担保提供、その他の処分の対象になっておらず、		
35		かつ、強制執行又は保全処分の対象にもなっていない。		
36	3-8	本賃貸借契約に関して、賃貸人たる地位の移転を制限する特約又はその他の合意は存在しない。		
37	3-9	本契約締結日において、甲、既存ML及び信託受託者は、本賃貸借契約及び別紙5物件概要説明書に記載されたとおりの敷金を受領している。		
38	3-10	甲の知る限り、本賃貸借契約及び本物件概要説明書に記載された敷金返還請求権を除くほか、本賃借人は、甲、既存ML及び信託受託者に対して、本賃貸借契約に関していかなる金銭債権（有益費償還請求権、必要費償還請求権及び造作買取請求権を含むが、これらに限られない。）も有しておらず、		
39		また、本賃貸借契約に関してかかる債権を生ぜしめる事由又は原因は生じていない。		
40	3-11	甲、既存MLの知り得る限り、本賃借人につき、支払停止はなく、破産手続開始、民事再生手続開始、会社更生手続開始、特別清算開始若しくは特定調停の申立てがなされていない。		
41	3-12	甲は乙に対して、本契約締結時点において存在する本賃貸借契約の全てにつきその真実かつ正確な写しを交付し、		
42		譲渡実行時点において存在する本賃貸借契約の全てにつきその原本を交付している。		

■ 売主による表明保証

別紙 4-1

売主の表明保証事項

　売主が負担する表明保証事項（本契約例では第 10 条）の具体的内容を記載する部分です。表明保証責任を負担する前提であっても、その内容は個別的に調査し、責任の範囲を調査します。

■ 売主の一般的表明保証事項

1. 売主は、買主に対し、以下の事項が、本契約締結日及び売買実行日において、［重要な点において、］真実かつ正確であることを表明し保証する。

(1) 売主は、日本法に基づき適法に設立され、有効に存続する［合同会社］であり、自己の財産を所有する完全な権利能力及び行為能力を有し、現在従事している事業を行い、かつ、本契約を締結し、本契約上の義務を履行するために必要とされる完全な権利能力及び行為能力を有していること。

(2) 売主による本契約の締結及び履行並びに本契約において企図される取引の実行は、売主の会社の目的の範囲内の行為であり、①売主の定款その他の内部規則、②法律、規則、通達、命令その他裁判所又は行政機関（自主規制機関を含む。）等の適法な要求事項、③売主若しくはその財産を拘束し、又はこれらに影響を与える命令、令状、判決、決定のいずれにも反するものではなく、④売主若しくはその財産を拘束し、又はこれらに影響を与える債務証書、その他の契約若しくは証書に含まれている条項若しくは約束に反するものではないこと。売主による本契約の締結及び履行並びに本契約において企図される取引の実行につき、法令上及び売主の定款その他の内部規則において必要とされる一切の手続を履践していること。売主は、本契約を締結し、これに基づく権利を行使し、義務を履行するために、法令、定款、及びその他の内部規則に基づき必要な一切の内部手続（事後設立の適用がある場合には事後設立手続）を適法かつ適正に完了していること。

(3) 本契約に基づく売主の債務は、適法、有効かつ法的拘束力を有するものであり、一般的に債権者の権利の強制可能性に影響を与える適用ある法律の制約に服するほか、売主に対し契約条項に従って強制することが可能であること。

(4) 売主による本契約の締結及び履行並びに本契約において企図される取引の実行のためには、既に売主が適法に取得しているものを除き、何らの政府機関その他の第三者の許可、認可、登録、免許、承認、承諾若しくは同意等又はそれらに対する通知等又は政府機関その他の第三者に対する事前の届出も必要とされないこと。

(5) 売主の財務状況、経営状況若しくは経済状況、又は売主による本契約の締結及び履行並びに本契約において企図される取引の実行に悪影響を及ぼすようないかなる訴訟、裁判、仲裁、調停その他の法的手続、紛争解決手続及び行政手続はいかなる裁判所、仲裁機関又は行政機関にも係属しておらず、また、売主の知る限り、かかる手続が提起又は開始されるおそれがないこと。

(6) 売主は、債務超過、支払停止又は支払不能その他の無資力の状態にはなく、本契約の締結及び履行並びに本契約において企図される取引の実行により、債務超過、支払停止又は支払不能その他の無資力の状態に陥るおそれがないこと。売主について、破産手続開始、民事再生手続開始、会社更生手続開始、特別清算開始、特定調停その他売主に適用ある法的倒産手続（私的整理を含み、以下、総称して「倒産手続等」という。）開始の申立てはされておらず、かかる申立ての原因は存在していないこと。売主は、本契約上の義務を履行するために十分な資産を有し、本契約の締結又は履行を妨げるような売主の財政状態に重大な悪影響を及ぼす事由は存在しないこと。

(7) 売主は、本件売買代金は売買代金として適正な金額であると認識していること。本契約の締結又は履行は、売主の債権者を害することにはならず、売主はかかる債権者を害することとなるとの認識又は意図その他の不法な意図を有しておらず、かつ、売主は、本件売買代金として受領した金員につき、隠匿、無償の供与、偏頗弁済その他の売主の債権者を害する処分をする意図を有していないこと。本契約の締結又は履行が、詐害行為取消しの対象となり得る事実はないこと。

(8) 本契約において企図される取引は、いかなる意味においても担保取引としての意味を有さず、真正かつ有効な売買を行う意図を有すること。売主の内部手続においてかかる意図に基づくものとして承認されていること。

　売主による表明保証は、売主自身に関する表明保証と物件に関する表明保証とに分けて記載する場合が多いです。うち売主自身に関する表明保証としては、売主が該当不動産譲渡を行う法的能力を有していること、売主について当該譲渡の障害となる事由が存在していないこと、などが規定されます。

■ 売主の物件に関する表明保証事項

> 2. 売主は、買主に対し、本件受益権及び本件不動産に関し、以下の事項が本契約締結日［及び売買実行日］（但し、本契約において表明保証の時点を別途特定した場合にはその日を意味する。）において、［重要な点において］真実かつ正確であることを表明し保証する。なお、物件概要書に特記事項として記載された事項のうち以下の規定のいずれかに反するものには、売主の本契約締結日［及び売買実行日］における表明及び保証は及ばないものとする（第 13 条第 4 項に従い物件概要書の内容が変更された場合、当該変更後の物件概要書の内容についても、以下の規定のいずれかに反するものには、売買実行日における表明及び保証は及ばないものとする。）［が、物件概要書の特記事項欄（第 13 条第 4 項に従い物件概要書が変更された場合、変更後の物件概要書の内容を含む。）に売主の義務として記載された事項（もしあれば）は、本契約における売主の義務を構成する］。［疑義を回避するため付言すれば、売主は物件概要書の正確性について何ら責任を負わない。］

❶物件概要書の取扱い

　表明保証のカーブアウトを特定する方法として、**物件概要書**を利用することが多いです。物件概要書の特記事項にはカーブアウト機能に適する部分が多いこと、仲介会社が介在するケースでは通常、仲介会社により物件概要書が作成され、これを流用することによってリソースを削減できること、などから慣行化したものと考えられます。

❷プレクロージング事項／ポストクロージング事項＊

　不具合事項の是正などが売主負担で行われる場合（かつ売買契約締結までにこれが間に合わない場合）、当該事項を売主の義務として契約上規定する必要があります。売買契約書上特別の条文を設けて規定する方法、物件概要書に規定する方法があり、本契約例は後者の場合の例文です。前者は義務となる事項が一覧表形式で抽出・列挙されるため、誤認が生じ難いところに利点がありますが、実務上これら事項の負担調整

＊**プレクロージング事項／ポストクロージング事項**：売買実行日を基準として、実行前に履行期日を迎えるものをプレクロージング事項、実行後に履行期日を迎えるものをポストクロージング事項という。

は物件概要書作成に合わせて行われることも多く、ドキュメンテーションが煩雑となる
欠点もあります。

❸カーブアウト事項以外の物件概要書記載事項

　通常、仲介会社が作成する物件概要書は、物に関する公法上の規制や行政的な条件、
境界確認の状況など、表明保証のカーブアウトとして機能する部分以外の部分も多く
含んでいます。この点、売主は買主に対して、仲介会社と同等の説明義務までは負わず、
売買契約上物件概要書を利用する主旨は、特記事項の一部をカーブアウトとして用い
ることにとどまるはずです。しかしながら、物件概要書全体が添付されることにより、
あたかもその記載内容全体につき、売主が説明を行い、一定の責任を負担していると
解釈する余地が生じてしまいます。とした場合、こうしたカーブアウト機能を持つ部
分以外の記載に誤りがあった場合に、買主がその責任を売主に対して求めることが懸
念されます。実際に売主としてドキュメンテーションを行っていた際に、買主からそ
うした主張を受けることはあります。この点が紛争に発展した場合、最終的に裁判に
おいてどのように判断されるかはともかくとしても、賠償責任の根拠として買主に利
用されることは容易に想像できます。物件概要書を添付することによって、本来、売
主が負担していない説明責任を、負担していると解釈される余地が生じてしまいます。
　かかる解釈の余地を残すことは、本来、当事者（特に売主）の予定するところでは
ないはずです。よって、物件概要書を添付するのはあくまでカーブアウト事項を明示
するためであって、そもそもの物件概要書の正確性などについて、売主は何ら責任を
負わないことを明らかにしておくことが有意義です。そのため、このようななお書き
が付されることがあります。
　なお、この点をより明確にしたい場合には、そもそも物件概要書を添付するのでは
なく、表明保証のカーブアウトとすべき事項を容認事項として抽出し、添付する方法
を採用すべきでしょう（その場合には、物件概要書の調整が整った上で、容認事項を
作成することとなり、抽出された容認事項が改めて論点化することも考えられるため、
スケジュールのタイト化が予想される）。

■ 法的負担などの付着

(1) 売買実行日において本件受益権及びこれに付随する一切の権利が売主のみに帰属し、かつ、対抗要件を具備していること。売買実行日において売主のみが本件受益権に関する一切の処分権限を有すること。売買実行日において、本件受益権について、買主以外の第三者に対する譲渡、担保権設定、先買権の付与、優先交渉権の付与、優先購入権等の付与、第三者の賃借権（但し、テナント契約（但し、本契約締結日においては本契約別紙 3「テナント契約の表示」に記載の賃貸借契約に限る。）に基づくものを除く。）その他の権利の設定、その他本契約に基づく買主の権利に損害を及ぼす［又はそのおそれ［(合理的に予見できるものに限る。)］のある］処分が一切行われておらず、買主による本件受益権に対する完全な権利の行使の妨げとなる法的負担が付着していないこと（但し、法律上当然に設定される権利の設定による負担及び売買実行日中に解除又は消滅する担保権を除く。）。また、売主は、買主以外の第三者のためにかかる処分を行う義務（書面又は口頭、登記の有無その他の方法若しくは態様を問わない。）を負っていないこと。

　該当事項がある場合には、カーブアウトすれば足りるため、売主におけるリスク負担は困難ではないと考えらえます。ただし、「おそれ」に関しては売主がコントロールできるものでなく、何をもっておそれがあったとするかには解釈の余地が大きいため、一定の留保を付すべきでしょう。

■ 信託契約の有効性

(2) ［売主の知る限り、］売買実行日において、本件信託契約が適法かつ有効に成立しており、本件信託契約に基づき、本件受益権が適法かつ有効な法的拘束力を有する受託者の債務を構成し、その条項に従って執行可能であること。

　信託契約および信託受益権譲渡承諾書などは、買主に対して開示していることが通常であり、買主において契約の適法性や有効性をデューデリジェンスの対象とするこ

223

とは可能であり、そもそもその適法性を売主が保証するのは慣行に馴染みません。よって、表明保証事項から除外すべき主張をすることにも合理性が認められます。もちろん、通常の場合、売主はこれに反する事実を認識していないでしょうから、主観による留保を付してリスク分担を調整することは、売主買主双方において一定の合理性を持つものと考えられます。

■ 信託受益権譲渡性

> (3) 売買実行日において、本件受益権は、本件信託契約に定める受託者の承諾を条件として、有効に売主から買主に対し譲渡することができるものであること。

受益権譲渡ができないとすると引渡しを受けることができず、売買契約を締結する前提が崩れるのは当然です。よって、（信託契約の法的性質などに関連する表明保証ではあるものの）売主が受諾する合理性や必要性は高いと考えられます。ただし、受益権譲渡を妨げる事情がある場合（複数物件1信託であり、信託分割などによる当該物件のみの売却ができないような場合など）もあり得るため、特異な事情がないかを確認しておく必要があります。

■ 信託契約上の債務不履行等の不存在

> (4) 売買実行日において、本件信託契約につき、売主［又は受託者］の債務不履行その他の解除又は終了事由［及び通知若しくは時の経過又はその双方の理由によってこれらの事由となり得る事由］が発生していないこと。

信託契約において、例えば、報告義務などが子細に（かつ実務に適さないかたちで）規定されていることも多く、実務上重要性の乏しい義務違反が生じていることは多くあり得ます（契約上の違反状態があったとしても、特にこれが認識されず運用されていることも多い）。

　また、些末な契約違反であっても、その違反状態が続くことが解除事由・終了事由の発生原因となるよう定められている場合もあります。その点では、本号が捉える範囲は相当に広くなり、重要性が低いものも含まれ得るため、売主において留保を付すことに一定の合理性があるでしょう。なお、売主自身の行為であるため、主観による留保には馴染まず、重要性の限定を付すことや、（未発生であれば当該受益権譲渡における承諾依頼書や信託変更契約で買主においてリスクが発生しないよう調整することも可能であろうことから）信託終了事由や解除権が既発生か否かにより区別することなどによる手当が考えられます。

Column　利害関係者取引

　利害関係者取引にあたる取引に直面することも少なくありません。主には、ブリッジスキームにおいて、アセットマネジメント会社（またはその親会社等）で物件をいったんブリッジし、ファンド組成に合わせてファンドに売却する、といった場合がこれにあたります。

　利害関係者取引では、当事者の利益が相反することが多く、投資家保護が適切に図られているかの確認が特に重要となる局面です。通常、コンプライアンスオフィサーによる確認がフロー上に組み込まれ、その妥当性を検証する体制がとられます。売買の局面では、取引金額の妥当性に主眼が置かれますが、

売買精算の対象についても注意が必要です。売買契約書の付随契約書としてあまりフォーカスされない半面、投資家に負担させるべきでない項目が（おそらく無邪気に）精算対象として含まれているケースもよく見られます。

　例えば、測量のためのコストや各種レポート取得のためのコストなど、ブリッジ主体が負担すべきブリッジコストと区別しづらいものも多く存在します。通常の売買（第三者間売買）であったとき、その精算（負担）を当然に受け入れたか、という視点で確認する必要があります。

■ 抗弁事由の不存在と倒産手続き

> (5) ［売主の知る限り、］売買実行日において本件受益権の成立、存続、帰属又は行使を妨げる抗弁事由が存在しないこと。また、売買実行日において、本件信託に係る信託財産について倒産手続等開始の申立ては行われておらず、かかる申立ての原因が存在していないこと。

● 抗弁事由の不存在

買主のデューデリジェンスにおいて抗弁事由の有無に関する手がかりは確認できこそすれ、事実関係を明らかにすることは現実的には困難です。一方で、過去の諸事情なども影響するため、売主においても積極的にリスクを負担しづらい事項です。主観による留保を付した上で告知義務を負担するにとどめることが、現実的な整理方法の1つと考えられます。

● 倒産手続き

売主自身に関するものであるので、留保は馴染みません。

Column　当初信託時の表明保証

現物不動産を信託受益権化する場合、売主は、売主として買主に対して表明保証責任を負担すると共に、当初委託者として信託受託者に対して信託契約上表明保証責任を負担することが求められます。

この信託契約上の表明保証責任は、これを免れるテクニック（当初信託契約では規定せず、譲受人が変更契約上で負担する方法など）もありますが、少なくとも売買契約上で買主に対して負担する範囲を上回らないよう注意が必要です。信託契約は、売買契約より警戒度が下がりますが、類似の責任負担が規定されます。

■ 信託契約上の義務違反など

> (6) 売買実行日において、本件受益権につき、本件信託契約の条項の変更、本件受益権に係る受益者の権利についての放棄、宥恕、変更、猶予、和解又は減免、本件受益権に係る指図権の行使、信託利益の配当又は信託元本の償還のいずれもなされていないこと。売買実行日において、本件信託契約上、本契約及び本件信託契約に基づく買主の権利に悪影響を及ぼし、又は及ぼすことが合理的に予見される売主[又は受託者]の義務違反がないこと。

● 信託契約の変更など

信託契約の変更は売主自身の積極的な行為を伴います。よってこれらを行わないとする責任を売主がとることはリスク分担上も妥当であり、留保を付す余地は乏しいものと考えられます。

● 信託契約上の義務違反

義務違反については、軽微なものも含まれるため、一定の留保（重要性など）を付すことが望ましいでしょう。受託者の義務違反についてまで売主が責任を負担する必要はないと考えられるため、主体を売主に限定する合理性は認められます。もっとも、受託者の義務違反に基づき、売主がかかる損失を買主に対して補償した場合には、売主も受託者に対して一定の求償を求めることが可能であろうことから、過度に不合理とまではいえません。

実務上のポイント 複数物件売買時の信託受益権譲渡承諾書

受託者を同一とする複数の信託受益権を同時に売買する場合、譲渡承諾書の作成には注意が必要です。譲渡承諾書の作成方法には、複数物件分をまとめて譲渡承諾を得る方法（この場合の譲渡承諾書は1通）と、物件ごとに個別に作成する方法（この場合の譲渡承諾書は物件数分）とがあります。

取得時には複数物件をまとめて取得したとしても、売却のタイミングが同じであるとは限りません。別のタイミングに、別の買主に売却することも大いに考えられるからです。その場合、前者の方法によると、いずれかの買主に原本を交付することができなくなります。

受託者による原本証明などで手当する方法もありますが、無用の説明や手数が生じてしまいます。よって、将来の個別売却に備えて、譲渡承諾書は物件ごとに作成しておくことが適切です。

■ 受益権に関する訴訟手続き等の不存在

> (7) 売買実行日において、本件受益権に関して、判決、決定、命令又は裁判上若しくは裁判外の和解はないこと。[売主の知る限り、]第三者によるいかなる訴訟、裁判、仲裁、調停その他の法的手続、紛争解決手続及び行政手続がいかなる裁判所、仲裁機関又は行政機関にも係属して[いないこと。／おらず、また、そのおそれ[(合理的に予見できるものに限る。)]もないこと。]

「おそれ」に関しては売主がコントロールできるものでなく、何をもっておそれがあったとするかには解釈の余地が大きいため、当該部分のカットや、合理的予見可能性等による留保などを付すべきでしょう。

■ 受益権に関する差押え等の不存在

> (8) 売買実行日において、本件受益権及びこれに付随する一切の権利について、売主は、第三者による差押え、仮差押え、保全差押え、仮処分、強制執行又は競売がなされておらず、かつ、これらの申立ての通知を受領していないこと。売買実行日において、その他本契約に基づく買主の権利に損害を及ぼす[又はそのおそれ[(合理的に予見できるものに限る。)]のある]権利又は負担が本件受益権に付着していないこと。

リスク分担上特異な条件ではなく、一般的に留保を付す合理的理由に乏しいと思われます。ただし、何をもっておそれがあったとするかには解釈の余地が大きいため、当該部分のカットや、合理的予見可能性等による留保などを付すべきでしょう。

■ 所有権の帰属

> (9) 本件不動産の所有権は受託者のみに帰属すること。受託者は、本件不動産に関する一切の管理処分権限を単独で有し、かつ本件不動産の所有権に係る対抗要件を具備していること。

リスク分担上特異な条件ではなく、一般的に留保を付す合理的理由に乏しいと思われます。

■ 法的負担の不存在

> (10) 本件不動産について、法的負担が付着していないこと（但し、法律上当然に設定される権利の設定による負担及び本契約別紙3「テナント契約の表示」に記載された賃貸借契約を除く。）。また、売主及び受託者は、買主以外の第三者のために法的負担を設定する義務（書面又は口頭、登記の有無その他の方法若しくは態様を問わない。）を負っていないこと。

法的負担の付着は経済価値への影響が大きいため、表明保証の対象とする必要性は高いでしょう。また、該当事実がある場合でも、カーブアウトすれば足りるものであるから、売主に過度なリスク分担を強いるものではありません。なお、法的負担は捉える範囲が広いため、カーブアウト上漏れが生じないよう注意が必要です。

■ 不動産・付属する権利に関する訴訟等の不存在

> (11) 本件不動産及びこれに付随する一切の権利（賃料債権及び敷金等の返還債務を含む。本号及び第12号において以下同じ。）に関して、判決、決定、命令又は裁判上若しくは裁判外の和解はなく、これらの登記（仮登記を含む。）で抹消済みでないものは存在せず、また本件不動産及びこれに付随する一切の権利に係る訴訟、裁判、仲裁、調停その他の法的手続、紛争解決手続及び行政手続がいかなる裁判所、その他の紛争解決機関又は行政機関にも係属して［いないこと。／おらず、また、係属するおそれ［(合理的に予見できるものに限る。)］もないこと。］

　リスク分担上特異な条件ではなく、一般的に留保を付す合理的理由に乏しいと思われます。ただし、「おそれ」に関しては売主がコントロールできるものでなく、何をもっておそれがあったとするかには解釈の余地が大きいため、当該部分のカットや、合理的予見可能性等による留保などを付すべきでしょう。

■ 不動産・付属する権利に関する差押え等の不存在

> (12) 本件不動産及びこれに付随する一切の権利について仮差押え、保全差押え、仮処分若しくは保全処分がなされ、又は差押え、強制執行若しくは競売がなされ、又は、これらの申立てが行われておらず、予告登記が付されていないこと。［また、そのおそれ［(合理的に予見できるものに限る。)］もないこと。］

　リスク分担上特異な条件ではなく、一般的に留保を付す合理的理由に乏しいと思われます。ただし、「おそれ」に関しては売主がコントロールできるものでなく、何をもっておそれがあったとするかには解釈の余地が大きいため、当該部分のカットや、合理的予見可能性等による留保などを付すべきでしょう。

■ 境界・近隣に関する紛争等の不存在

> (13) 本件土地は、隣地の所有者との間で隣地との境界についての確認を全て完了していること。隣地との境界に関し、訴訟、調停、仲裁その他の法的手続又は紛争解決手続は一切存在せず、境界につき又は本契約の締結及び履行に関し、クレーム、異議、不服、苦情［（いずれも軽微なものを除く。）］は受けていないこと。［売主の知る限り、］本件不動産に対し隣地上の建物又は構造物による不法な侵害はないこと。［売主の知る限り、］隣地に対し本件不動産又は本件不動産の付帯設備、構築物による不法な侵害はないこと。本件建物に関する近隣対策（電波障害対策、騒音対策、日照問題対策及び光害対策を含むが、これらに限定されない。）に関わる紛争は生じておらず、又は全て解決済みであ［ること。／り、また、かかる紛争が生じるおそれ［（合理的に予見できるものに限る。）］もないこと。］

　情報の非対称性により、売主しか知り得ない情報ですので、表明保証の対象とする必要性は高いでしょう。また、該当事実がある場合でも、カーブアウトすれば足りますので、売主に過度なリスク分担を強いるものではありません。もっとも、苦情などはその捉える範囲が広いため、これを受諾する場合にはプロパティマネージャーや建物管理会社など関係者に対する詳細な確認が必要となる点に留意してください。レポートとしては上がっていなくとも、担当者は苦情を受けていたというようなケースは大いにあり得ます。

　また、捉える範囲も広い事項であるため、重要性の限定を付すことが適切な場合もあるでしょう。なお、越境などには地中での越境も考えられることから、主観による留保を検討する余地があります。また、「おそれ」に関しては売主がコントロールできるものでなく、何をもっておそれがあったとするかには解釈の余地が大きいため、当該部分のカットや、合理的予見可能性等による留保などを付すべきでしょう。

■ 特定外建物の不存在

> （14）本件土地上には、本契約別紙1「本件不動産の表示」に記載された本件建物以外
> に構造上又は経済上独立した建物は存在しないこと。

　リスク分担上特異な条件ではなく、一般的に留保を付す合理的理由に乏しいと思われます。ただし、買主のデューデリジェンスにおいて容易に確認できる事項であって情報の非対称性は生じづらいため、そもそも表明保証の対象とする必要性に乏しいとも考えられます。

■ 収用等手続きの不存在

> （15）本件土地には、都市計画法（昭和43年法律第100号。その後の改正を含む。
> 以下同じ。）上の都市計画道路その他都市計画決定のなされた都市施設の敷地は
> 含まれておらず、また、本件土地には、土地収用法（昭和26年法律第219号。
> その後の改正を含む。）上の土地収用、土地区画整理法（昭和29年法律第119号。
> その後の改正を含む。）上の土地区画整理事業、都市再開発法（昭和44年法律
> 第38号。その後の改正を含む。）上の市街地再開発事業その他これらと類似の
> 手続は行われて［いないこと。／おらず、また、その予定もないこと。］

　買主のデューデリジェンスにおいて容易に確認できる事項であるため、そもそも表明保証の対象とする必要性に乏しいとも考えられます。

■ 瑕疵の不存在

> (16) 本件不動産の運営、管理又は価値に悪影響を及ぼす本件不動産の瑕疵はないこと。

　契約不適合責任などと類似の責任を負うこととなるため、契約不適合責任免責の前提下では、表明保証事項として扱うには適しません。

■ 建物の状態

> 本件建物は、(a) 建築当時の法令及び建築実務慣行に基づき合理的な品質の素材を使用して適法かつ適切に建築されており、(b) その基礎部分、屋根、外壁及び空調設備、電気、水道、エレベーターその他の建築附属設備に本件建物の利用に何らかの支障をきたすような瑕疵及び将来において支障をきたすことが合理的に予測される瑕疵（保守管理の懈怠その他の理由によるものと否とを問わない。）が存在せず、(c) その建築年数及び構造分類に鑑み、構造上強固であり、建築関連法令に基づく現行の耐震設計基準（いわゆる新耐震設計基準）を満たしていること。

　買主のデューデリジェンスの範疇との見方もあるものの、実際のデューデリジェンスにおける時間的制約や情報非対称性の観点からは、表明保証の対象とする意義も認められます。ただし、一般的には、主観による留保（調査義務の観点から「知る限り」）が適切と考えられます。

■ インフラ設備の接続

> 本件不動産において、水道、ガス、電力供給、公衆衛生、下水処理施設、その他公共設備の利用が、供給源への直接接続、隣接する公道での接続若しくは永久地役権を有する土地における接続のいずれかの手段により確保されていること。

　買主のデューデリジェンスにおいて容易に確認できる（ただし、敷地内配管図等の確認のためには売主において委任状を交付するなどの協力は必要）事項であるため、そもそも表明保証の対象とする必要性に乏しいとも考えられます。なお、無権限で他人地を経由して公設管に接続している事例は事実として存在するため、売主・買主いずれの立場でも調査に遺漏がないよう留意してください。

■ 不適切事業者関与の不存在

> ［売主の知る限り、］本件建物の設計・建設・監理に関して、●●、●●、●●、●●、●●、その他の国土交通省ホームページで構造計算書偽装物件に関与したと指摘されている建築主、設計者、施工者、建築確認機関のいずれに対しても直接又間接に業務の委託を行った事実はないこと。

　売主が直接施主であったような場合を除き、建物建築時における間接的な業務委託先を確認することまでは困難であるので、一般的には表明保証事項の対象とはしづらいでしょう。受諾するにしても主観による留保を付すことが限度となるものと考えられます。

■ 杭打ちデータ流用の不存在

> また、本件建物の杭打ち作業に関してデータ流用は行われていないこと。

　売主の立場でこれを現実的に確認することは困難であるから、一般的には表明保証事項の対象とはしづらいでしょう。受諾するにしても主観による留保を付すことが限度となるものと考えられます。

■ 法令上の手続き履行の状態

> (17) 本件土地に本件信託を設定するにあたり、公有水面埋立法（大正 10 年法律第 57 号。その後の改正を含む。）、国土利用計画法（昭和 49 年法律第 92 号。その後の改正を含む。）、公有地の拡大の推進に関する法律（昭和 47 年法律第 66 号。その後の改正を含む。）及び農地法（昭和 27 年法律第 229 号。その後の改正を含む。）等の適用法令上必要な手続（もしあれば）が履践されていること。

　信託設定時に主に必要とされる手続きは行われていると推測されるものの、対象となる事項が包括的であり、また、その確認にも限度がある点で表明保証の対象とはしづらく、受諾するにしても主観による留保を付すことが限度となるものと考えられます。

■ 建築確認手続きの状態

> (18) 本件建物は、有効な建築確認が得られ、その建築確認済証に従った建設が行われていることを証する検査済証が得られていること。

　買主のデューデリジェンスにおいて容易に確認できる事項であるため、そもそも表明保証の対象とする必要性に乏しいとも考えられます。

■ 建物遵法性の状態

> [売主の知る限り、] 本件建物は、建築基準法（昭和 25 年法律第 201 号。その後の改正を含む。）、都市計画法、消防法（昭和 23 年法律第 186 号。その後の改正を含む。）等を含む一切の適用法令に従って建築、管理、使用されており（但し、既存不適格［及び軽微なもの］は除く。）、売主及び受託者は所轄行政機関、裁判所その他の第三者からかかる適用法令に違反がある旨の通知又は違反するおそれがある旨の通知を受けていないこと。[また、かかる通知を受けるおそれ［（合理的に予見できるものに限る。）］もないこと。]

　買主のデューデリジェンスにおいて確認できる部分も多く、そもそも表明保証の対象とする必要性に乏しいとも考えられます。一方で、情報の非対称性の観点からは、告知義務の負担はやむなしとする考え方もあります。ただしその場合でも、範囲が相当に広くなるため、重要性の限定を付すことが考えられます。

　「使用」は、テナントなど第三者によるものを含むところ、専用部内の確認までは実質的に困難であるから、主観による留保を付す合理性は高いと考えられます。また、「おそれ」に関しては売主がコントロールできるものでなく、何をもっておそれがあったとするかには解釈の余地が大きいため、一定の留保を付すべきでしょう。

■ テナント契約の状態

> (19) テナント契約は、本契約締結日においては本契約別紙 3「テナント契約の表示」
> に記載されているとおりであり、また、売買実行日においては本契約別紙 3「テ
> ナント契約の表示」及び第 5 条第 2 項⑤に基づき引き渡される賃貸借契約書に
> 記載されているとおりで［あり、いずれも適法、有効、かつ拘束力のある契約で］
> あること。

　テナント契約は収益の源泉であるから、これを特定するため、表明保証の対象とすることには合理性が認められます。また、テナント契約が全て書面化されており、紛失などがない場合には特に不利益は生じないと考えられます。もっとも、賃貸借契約書の適法性などは買主において別途確認可能であり（むしろ買主自身で確認すべき事項であり）、売主が責任を負担すべき範囲を超えるとも考えられます。

■ テナント契約上の債務不履行の不存在

> (20)［売主の知る限り、］受託者及びテナントは、テナント契約における［一切の］債
> 務（テナントの賃料支払債務を含むが、これに限られない。［軽微なものを除く。］）
> を履行し又は義務［（軽微なものを除く。）］を遵守していること。

　情報の非対称性から、表明保証の対象とすることには一定の合理性が認められます。ただし、テナント契約は利用方法などにかかる詳細の定めがなされていることが通常で、売主が現実の利用状況を全て把握することは困難です。よって、主観による留保や重要性の限定を付すなど手当が必要でしょう。

■ テナント賃料減額等の不存在

> 売主は、テナント契約のいずれについても書面又は口頭により賃料減額等の要望を受領していないこと。[売主の知る限り、] 本件不動産には、テナント契約以外に現在有効な賃貸借契約、使用貸借契約その他の契約に基づく第三者の占有権原は設定されておらず、[売主の知る限り、] テナント以外の占有者は存在せず、かつ、本契約別紙3「テナント契約の表示」に記載された敷金及び保証金その他第5条第2項⑤に基づき引き渡される賃貸借契約書に記載の敷金及び保証金以外には、第三者から預かり又は第三者に対し返還を要する敷金、保証金その他名目を問わず一切の預り金（以下、「敷金等」という。）が存在しないこと。

　情報の非対称性から、表明保証の対象とすることには一定の合理性が認められます。また、プロパティマネージャーその他、建物管理者などへの確認が適切に行われる限りにおいては必要なカーブアウトが可能であり、特に不利益は生じないと考えられます。もっとも、無承諾転貸や無承諾の同居がなされている場合もあるため、主観による留保を付すことが限度となるものと考えられます。なお、同居人の確認方法としては、プロパティマネージャーや現地管理者への聴収、郵便受けの表示などが手掛かりとなりますが、そのほか**国税庁法人番号公表サイト**＊での物件住所からの検索によって認識外のものがないかを確認することも有益です。なお、かかる調査によって居住用不動産などにおいて事務所利用など目的外利用の有無を確認することもできます。

＊**国税庁法人番号公表サイト**：https://www.houjin-bangou.nta.go.jp/（2022年現在）。

■ テナント敷金に関する特殊事情の不存在

テナント契約上の敷金等の預託金は、全てテナント契約に基づき、売主に対して預託されていること。テナント契約に基づく敷金等の返還請求権（以下、「敷金返還請求権」という。）の譲渡若しくは移転又は質権その他担保権の設定について、売主は、いかなる承諾、承認、同意等をも与えておらず、また、各テナントからかかる譲渡若しくは移転又は質権その他担保権の設定についての通知を受けていないこと。また、[売主の知る限り、]各テナントはいずれも、敷金返還請求権をいかなる第三者に対しても譲渡又は移転しておらず、質権その他いかなる担保権をも設定しておらず、かつ設定する約束をしていないこと。

　情報の非対称性から、表明保証の対象とすることには一定の合理性が認められます。ただし、売主取得以前の行為も含まれるため、主観による留保を付すことが限度となるものと考えられます。

■ テナント契約における抗弁事由の不存在

[売主の知る限り、]テナントは売主に対して、敷金返還請求権を除くほか、金銭債権の承継又は取得を主張する権利を一切有しておらず、また、本契約締結以前にかかる債権を生ぜしめる事由又は原因は生じていないこと。[売主の知る限り、]売主がテナントに対し、テナント契約における賃貸人たる地位に基づく義務を履行する限りにおいて、賃料債権の行使を妨げる抗弁事由は一切発生していないこと。

　主として、費用償還請求権・有益費償還請求権、造作買取請求権などを意図した規定です。これらを排除する特約の有無は賃貸借契約書で確認可能であるものの、有益費支出などの原因事実の有無には情報の非対称性があるため、表明保証の対象とすることには一定の合理性が認められます。ただし、売主において原因事実を必ずしも認識できるものではないため、主観による留保を付すことが限度となるものと考えられます。

■ テナント解約等の不存在

売主は、テナントからテナント契約の解除又は更新拒絶通知を受領しておらず、売主に対して解除又は更新拒絶の意向を示したテナントがいないこと（いずれも書面によると口頭によるとを問わない。）。売主は、それぞれ、支払時期の到来していない賃料の前払を受けていないこと。テナント契約の当事者の間でテナント契約に関して判決、決定、命令又は裁判上の和解はなく、またかかるテナント契約に関連し、訴訟、裁判、仲裁、調停その他の法的手続、紛争解決手続及び行政手続がいかなる裁判所、仲裁機関又は行政機関にも係属して［いないこと。／おらず、そのおそれ［（合理的に予見できるものに限る。）］もないこと。］

　情報の非対称性から、表明保証の対象とすることには一定の合理性が認められます。「おそれ」に関しては売主がコントロールできるものでなく、何をもっておそれがあったとするかには解釈の余地が大きいため、一定の留保を付すべきでしょう。

■ テナントクレームの不存在

また、テナントから、買主の権利に悪影響を及ぼす［ような／ことが合理的に予測される］クレーム、異議、不服、苦情［（いずれも軽微なものを除く。）］はないこと。

　プロパティマネージャーその他建物管理者などへの確認が適切に行われる限りにおいては必要なカーブアウトが可能で、特に不利益は生じないと考えられます。ただし、因果関係の問題及び範囲の問題は残るため、一定の限定を付すべきでしょう。

■ テナントクレジットの状態

> ［売主の知る限り、］各テナントは支払不能若しくは支払停止の状態にはなく、いずれのテナントも倒産手続等開始の申立てをしておらず、第三者によるかかる手続開始の申立てもなく、テナントに対する賃料債権は他に一切譲渡、担保設定又は処分されておらず、仮差押え、保全差押え、差押え、仮処分若しくは保全処分その他の負担が存在しないこと。

　情報の非対称性から、表明保証の対象とすることには一定の合理性が認められるものの、一般的に売主がテナントの状況に関する全ての情報を把握しているわけではないため、主観による留保を付すことが相当と考えられます。

■ 賃料等に関する消費税の取扱い

> 本契約別紙 3「テナント契約の表示」に記載の賃料及び共益費その他第 5 条第 2 項⑤に基づき引き渡される賃貸借契約書に記載の賃料及び共益費とは別に、これらに課せられる消費税及び地方消費税はそれぞれテナント負担であること。

　消費税の取扱いは、買主のデューデリジェンスにおいて容易に確認できる事項であり、そもそも表明保証の対象とするかについては検討する余地があります。

■ 公租公課等滞納の不存在

> (21)　本件不動産に対する固定資産税、都市計画税その他の公租公課又はその他の賦課金は、支払時期の到来しているものは全て適時に支払われており、支払時期を徒過して滞納しているものはないこと。

情報の非対称性から、表明保証の対象とすることには一定の合理性が認められます。ただし、費用収益の負担は別途規定することが通常であり（本契約例では第6条第2項）、その負担区分は明確といえるため、適切な売買精算が行われる（または違反があった場合には求償できる）ことを前提とすれば、表明保証の対象としない整理もなし得るものと考えられます。

■ 情報提供の完全性

> (22) 売買実行日において、売主は、買主に対し、本件不動産に関して売主が保有しているべき文書（本件土地に関する実測図及び境界確認書、本件不動産又は建築附属設備に関する書面、本件建物に関する建設図面、建物・昇降機・工作物に関する建築確認通知書及び検査済証、竣工図面、構造計算書、本件建物の使用に関する許認可及び届出等に関する書類、テナント契約に関する賃貸借契約書、本件 PM 契約、その他本件不動産に関する契約書を含むがこれらに限られない。）及び本件不動産に関して売主が現に有する情報（過去の収支実績、修繕履歴その他を含むが、これらに限られない。）［のうち売主が現に保有しているもの］を全て交付又は提供していること。

資料などには現存性の問題があるため、その範囲を全てとするか、現存するものにとどめるかが論点となります。ただし、「売主が保有しているべき文書」の範囲は外縁が不明確であり、範囲が極めて広くなります。よって、事実上カーブアウトは困難であるため、「現に保有しているもの」にとどめることが現実的と考えられます。

■ 情報提供の正確性・網羅性

> ［売主の知る限り、］売主が交付した文書は原本又はその真正かつ完全な写しであり、また、売主の提供した情報は真実かつ正確であること。［売主が交付した文書及び売主の提供した情報は誤解を避けるために必要な事項の記載を欠いておらず、誤解を生ぜしめる内容は含まれていないこと。］

　売主の立場からは、提供情報は多岐にわたり、そのほとんどが自らの作成によるものではない点で、正確性などを表明保証の対象とはしづらいのが実情です。一方で、買主の立場からは、提供を受けた情報はデューデリジェンスの基礎となるものであるため、正確性などは表明保証の対象であるべきと考えられます。リスク分担の観点からは様々な整理は考えられますが、少なくとも秘匿する情報はないこと、意図的に誤った資料や情報を提供してはいないことの表明にとどめ、主観による留保を付すことが、現実的な着地点の1つと考えられます。

■ 有害物質等の不存在

(23)　［売主の知る限り、］本件不動産のいかなる部分も産業廃棄物を処理、処分する事業又は特別管理産業廃棄物を排出する事業（但し、当初委託者が正規の廃棄物処理業者を通じて適法かつ適切に廃棄物を処理している場合は除く。）に利用されたことはないこと。［売主の知る限り、］本件不動産からは禁止有害物質（以下に定義する。以下同じ。）又は価値減損有害物質（以下に定義する。以下同じ。）が排出されておらず、また、禁止有害物質又は価値減損有害物質の保管、維持、製造、加工又は処分のために利用されたことはないこと。［売主の知る限り、］本件土地上には、水質汚濁防止法(昭和45年法律第138号。その後の改正を含む。)に規定する特定施設に該当する施設は存在しないこと。売主及び受託者は、本件不動産に関し、行政機関又は裁判所から、環境関連法規（以下に定義する。）に違反し又は違反するおそれがある旨の通知又は連絡を受けておらず、また、第三者から環境関連法規違反に関する通知を受けておらず、また何人からも本件不動産につき土壌汚染その他の環境問題に関するクレームを受けていないこと。［売

主の知る限り、〕本件不動産は、現況の環境関連法規（条例及び当局のガイドラインを含む。）に違反しておらず、これらにより許容される範囲を超える禁止有害物質又は価値減損有害物質は一切存在しないこと。なお、本号において、「産業廃棄物」とは、廃棄物の処理及び清掃に関する法律（昭和 45 年法律第 137 号。その後の改正を含む。）（以下、「廃棄物処理法」という。）における定義と同様の意味を有し（「特別管理産業廃棄物」も同様とする。）、「禁止有害物質」とは、日本国の法令上その使用が禁止、制限その他の方法により規制されている物質（石綿を含むがこれに限られない。）をいい、「価値減損有害物質」とは、本件不動産の所有、使用、改良（建物の改装、改修、改築又は取壊しを含むが、これらに限られない。）又は譲渡が行われる場合に、当該物質に関して日本国の法令上適用ある規制を遵守し又は日本国の法令上負担するおそれのある責任を回避するために、費用、義務又は何らかの制限を負うこととなると合理的に予想することのできる物質をいい、「環境関連法規」とは、本契約締結日以降効力を有する、健康、安全、産業衛生、環境、自然資源若しくは危険物質に関連し、又はこれを規制する全ての適用ある国、都道府県及び市町村の法令、条例、規則（制定法、行政命令又は裁判所命令が義務付けるものであるか否かを問わない。）をいう。また、〔売主の知る限り、〕本件土地について、土壌汚染対策法（平成 14 年法律第 53 号。その後の改正を含む。以下同じ。）に基づき、特定有害物質によって汚染されている区域、要措置区域又は形質変更時要届出区域として指定されたことがなく、現に指定されておらず、かつ、売主は指定されることが合理的に予見される事情を認識していないこと。売主は、土壌汚染対策法に基づき、本件土地について土壌の特定有害物質による汚染の状況について調査を行うよう通知を受けたことはないこと。また、〔売主の知る限り、〕(i) 地下道、貯蔵タンク、ポンプ、ガス又は油井は本件不動産又はその周辺には存せず、(ii) ポリ塩化ビフェニル、変圧器、蓄電器、安定器その他ポリ塩化ビフェニルを含有する誘導性の流動物質を含む機器は本件不動産には存せず、(iii) 尿素ホルムアルデヒドを含有する断熱材は本件不動産には存せず、(iv) アスベストを含有するいかなる物質も本件不動産には存しないこと。

　売主の調査可能な範囲と買主のそれとの間に大きな違いはないため、通常、売主が留保なくかかる表明保証を行うことは現実的には困難でしょう。ただし、情報非対称性解消の観点から、クレームや通知などに関しては告知義務の負担はやむなしとも考えられ、限定的に主観の留保を付した上で受諾することにも合理性が認められます。

■ 諸契約の適法性、債務不履行の不存在

> (24) ［売主の知る限り、］売主及び受託者が、本件不動産の所有、賃貸、運営、管理等に関して締結した全ての契約は適法、有効かつ拘束力のある契約であり、売主は、これらの契約における［一切の］債務を［重要な点において］履行し又は義務を［重要な点において］遵守していること。

　信託契約および信託受益権譲渡承諾書などは買主に対して開示していることが通常であり、買主において契約の適法性や有効性をデューデリジェンスの対象とすることは可能ですし、そもそもその適法性を売主が保証するのは慣行に馴染みません。よって、表明保証事項から除外すべきとの主張をすることにも合理性が認められます。もちろん通常、売主はこれに反する事実を認識していないでしょうから、主観による留保を付してリスク分担を調整することも合理的と考えられます。

■ テナント等における反社会的勢力の不存在

---

(25) ［売主の知る限り、］テナント又は本件不動産の占有者が、反社会的勢力若しくは以下のいずれかに該当する者であるという事実［又は反社会的勢力若しくは以下のいずれかに該当する者と関連を有しているという事実］は存在しないこと。

①風俗営業等の規制及び業務の適正化等に関する法律(昭和23年法律第122号。その後の改正を含む。) 第2条第1項に定める風俗営業、同条第5項に定める性風俗関連特殊営業その他これに類する業を行うために本件不動産を利用しようとする者。

②無差別大量殺人行為を行った団体の規制に関する法律（平成11年法律第147号。その後の改正を含む。）に基づき処分を受けた団体若しくはそのような団体の構成員又はかかる団体若しくはかかる構成員の影響下にあると認められる法人若しくは個人。

③組織的な犯罪の処罰及び犯罪収益の規制等に関する法律（平成11年法律第136号。その後の改正を含む。）に定める犯罪収益等隠匿及び犯罪収益等収受を行い又は行っている疑いのある者及びこれらの者と取引のある者。

④貸金業法（昭和58年法律第32号。その後の改正を含む。）第24条第3項に定義される取立て制限者、又はこれらに類する者。

⑤その他、公序良俗に反する行為を行う団体又はその関係者。

　反社会的勢力の定義やデータベースが売主買主間で一致しないことは十分に考えられます。また、買主も契約当事者の反社チェックは可能でしょう。さらに、未承諾の同居者などがいた場合に、かかる占有者は売主における反社チェックの対象となっておらず、漏れが生じている可能性もあります。未承諾の同居人は売主にとってコントロールしきれない範囲であり、かかるリスクを全て売主が負担することは酷とも考えられます。

　以上を踏まえれば、主観による留保を付すことが相当と考えられます。また、本例では反社会的勢力などと関連を有しているという事実まで踏み込んだものとなっていますが、実質的にこの確認は困難であるため、当該部分に留保を付すことは不可欠でしょう。

■ 違法行為の不存在

> (26) ［売主の知る限り、］本件不動産又は本件不動産にかかる抵当権、根抵当権、地上
> 　　 権、賃借権、質権、先取特権、地役権その他の負担等に関して、違法行為（不法
> 　　 占有及び犯罪行為を含むが、これらに限られない。）が行われているという事実（又
> 　　 は行われていたという事実）は存在しないこと。

　情報の非対称性から、表明保証の対象とすることには一定の合理性が認められるもの
の、一般的に売主がこれら事実を当然に知りまたは知り得るものではないため、主
観による留保を付すことが相当と考えられます。

■ 地中障害物の不存在

> (27) ［売主の知る限り、］本件土地につき、遺跡、岩盤、地中障害物その他物的障害物
> 　　 はなく、また、本件土地は本件建物を支持するために必要な地盤の強度を有して
> 　　 いること。

　買主がこれらに強い関心を示す場合であっても、デューデリジェンス条件下におけ
る売買を前提とすれば、かかる調査は買主の責任と負担で行うべきでしょう。また、
これら事象は売主が当たり前に知りまたは知り得る事項ではないため、情報の非対称
性を解消するためとの整理も行いづらいと考えられます。主観の留保を付した上で告
知義務を負担することがボトムとなるものと考えられます。

11-31 | 別紙 4-2 （買主の表明保証事項）

■ 買主の一般的表明保証事項

別紙 4-2

買主の表明保証事項

買主は、売主に対し、以下の事項が、本契約締結日及び売買実行日において、［重要な点において、］真実かつ正確であることを表明し保証する。

(1) 買主は、日本法に基づき適法に設立され、有効に存続する［合同会社］であり、自己の財産を所有する完全な権利能力及び行為能力を有し、現在従事している事業を行い、かつ、本契約を締結し、本契約上の義務を履行するために必要とされる完全な権利能力及び行為能力を有していること。

(2) 買主による本契約の締結及び履行並びに本契約において企図される取引の実行は、買主の会社の目的の範囲内の行為であり、①買主の定款その他の内部規則、②法律、規則、通達、命令その他裁判所又は行政機関（自主規制機関を含む。）等の適法な要求事項、③買主若しくはその財産を拘束し、又はこれらに影響を与える命令、令状、判決、決定のいずれにも反するものではなく、④買主若しくはその財産を拘束し、又はこれらに影響を与える債務証書、その他の契約若しくは証書に含まれている条項若しくは約束に反するものではないこと。買主は、本契約の締結及び履行並びに当該取引の実行につき、法令上及び買主の定款その他の内部規則において必要とされる一切の手続を履践していること。買主は、本契約を締結し、これに基づく権利を行使し、義務を履行するために、法令及び定款、その他の内部規則に基づき必要な一切の内部手続を適法かつ適正に完了していること。

(3) 本契約に基づく買主の債務は、適法、有効かつ法的拘束力を有するものであり、一般的に債権者の権利の強制可能性に影響を与える適用ある法律の制約に服するほか、買主に対し契約条項に従って強制することが可能であること。

(4) 買主による本契約の締結及び履行並びに本契約において企図される取引の実行のためには、既に買主が適法に取得しているものを除き、何らの政府機関その他の第三者の許可、認可、登録、免許、承認、承諾若しくは同意等又はそれらに対する通知等又は政府機関その他の第三者に対する事前の届出も必要とされないこと。

(5) 買主の財務状況、経営状況若しくは経済状況、又は買主による本契約の締結及び履行並びに本契約において企図される取引の実行に悪影響を及ぼすようないかなる訴訟、裁判、仲裁、調停その他の法的手続、紛争解決手続及び行政手続はいかなる裁判所、仲裁機関又は行政機関にも係属しておらず、また、買主の知る限り、かかる手続が提起又は開始されるおそれがないこと。

(6) 買主は、債務超過、支払停止又は支払不能その他の無資力の状態にはなく、本契約の締結及び履行並びに本契約において企図される取引の実行により、債務超過、支払停止又は支払不能その他の無資力の状態に陥るおそれがないこと。買主について、倒産手続等の開始の申立てはされておらず、かかる申立ての原因は存在していないこと。

　買主が負担する表明保証責任（本契約例では第 11 条）を具体的に定める部分です。
　個別性の強い不動産を引き渡す売主と異なり、買主の義務は金銭支払いですので、物件に関する表明保証はありません。買主自身に関する表明保証にとどまり、その内容は売主自身の表明保証のミラーとして作成されます。

Column　事業所税算定上の注意点

　不動産収支としては扱われませんが、事実上生じ得る支出として事業所税があります。東京都主税局・都税事務所「事業所税の手引き」においては、「ビルの管理要員室、管理用倉庫等の管理のための施設は当該貸主が納税義務者となる」とされており、これらの床面積に応じた納税が必要となります。オフィス用途では、管理室や倉庫のほか屋内駐車場（車路含む）が、住宅用途でもこれらのほか、駐輪場やトランクルームが該当するとされています。

　事業所税は市町村税ですが、課税担当者によって判断が異なることも多く、取扱いに悩まされる項目です。「事業所税の手引き」が参考になりますが、特に注意すべきは屋内駐車場、駐輪場ならびに車路の取扱いです。「事業所税の手引き」では、事業所面積は、「固定資産税における家屋」であり、「建物登記簿に登記されるべき建物」とされており、登記が面積算定上の基礎となります。ここで、屋内駐車場などが登記面積に含まれているかは、壁の配置など実態によって様々であり、竣工図上は屋内車路と見えても、登記面積に含まれておらず、申告対象とならないというケースも少なくありません。

　よって事業所税申告面積の算出のためには、①法務局備付けの建物図面を取得し、②建物面積として登記の対象となっている部分を把握し、③当該部分と竣工図とを照らし合わせ、屋内駐車場等として登記面積に含まれている部分を特定する作業が必要となります。

第12章

売主・買主の信託受益権売買
契約の比較

同じ様式の売買契約書を、売主・買主それぞれの立場で修正した
ものです。左右のページを見比べることで、論点の所在や修正案を
確認することができます。

【売主】信託受益権売買契約書

（●●ビル）

●●年●月●日

売　主：　●●

買　主：　●●

＊本契約書のサンプルは、読者の便宜のためダウンロードサービスを用意しました。
＊実務上用いられる契約書の構成は様々ですので、意図的に第11章で用いた契約例とは別の構成を用いています。

【買主】信託受益権売買契約書①*

【買主】信託受益権売買契約書

（●●ビル）

●●年●月●日

売　主：　●●

買　主：　●●

＊本契約書のサンプルは、読者の便宜のためダウンロードサービスを用意しました。
＊実務上用いられる契約書の構成は様々ですので、意図的に第11章で用いた契約例とは別の構成を用いて
　います。

信託受益権売買契約書
(●●ビル)

　●●（以下、「売主」という。）及び●●（以下、「買主」という。）は、●年●月●日（以下、「本契約締結日」という。）付で、信託受益権売買契約書（●●ビル）（以下、「本契約」という。）を締結する。

p.157参照　第1条（定義）

　　本契約において、以下の用語は以下の意味を有する。

(1) 「受益者」とは、本件信託契約における受益者を個別に又は総称したものを意味する。

(2) 「受託者」とは、本件信託契約における受託者である●●を意味する。

(3) 「信託財産」とは、本件不動産並びに本件信託契約に従い本件信託に帰属する全ての資産及び負債を総称したものを意味する。

(4) 「テナント」とは、テナント契約における賃借人を意味する。

(5) 「テナント契約」とは、本件不動産に関し、本契約締結日時点で締結されている本契約別紙3「テナント契約の表示」に記載された賃貸借契約その他本契約締結日以降売買実行日までに本契約に従い締結された賃貸借契約を意味する。

(6) 「当初委託者」とは、●●を意味する。

(7) 「売買実行日」とは、●年●月●日（但し、本契約における別段の定めに基づき変更された場合又は売主及び買主が別途合意した場合にはその日）を意味する。

(8) 「物件概要書」とは、本契約別紙2「物件概要書」に記載された物件概要書を意味する。

(9) 「本件PM契約」とは、受託者及び●●との間で●年●月●日付で締結されたプロパティマネジメント業務委託契約書（●●ビル）（その後の変更、修正及び改定を含む。）を意味する。

(10) 「本件受益権」とは、本件信託契約に基づく信託受益権を意味する。

(11) 「本件信託」とは、本件信託契約に基づき設定された信託を意味する。

(12) 「本件信託契約」とは、当初委託者と受託者との間で●年●月●日付で締結された不動産管理処分信託契約書（その後の変更、修正及び改定を含む。）を意味する。

(13) 「本件建物」とは、本契約別紙1「本件不動産の表示」に記載された建物（附属設備、構築物及び従物等を含む。）を意味する。

(14) 「本件土地」とは、本契約別紙1「本件不動産の表示」に記載された土地を意味する。

(15) 「本件売買代金」とは、第4条第1項に規定する意味を有する。

(16) 「本件不動産」とは、本件建物と本件土地及びこれらに関わる一切の権利等を総称したものを意味する。

p.159参照　第2条（本件受益権の譲渡等）

1. 売主は、売買実行日に、本件受益権を現状有姿で、本契約に定めるところに従い

【買主】信託受益権売買契約書②

信託受益権売買契約書
(●●ビル)

　●●（以下、「売主」という。）及び●●（以下、「買主」という。）は、●年●月●日（以下、「本契約締結日」という。）付で、信託受益権売買契約書（●●ビル）（以下、「本契約」という。）を締結する。

p.157参照 第1条（定義）
　　本契約において、以下の用語は以下の意味を有する。
　(1)　「受益者」とは、本件信託契約における受益者を個別に又は総称したものを意味する。
　(2)　「受託者」とは、本件信託契約における受託者である●●を意味する。
　(3)　「信託財産」とは、本件不動産並びに本件信託契約に従い本件信託に帰属する全ての資産及び負債を総称したものを意味する。
　(4)　「テナント」とは、テナント契約における賃借人を意味する。
　(5)　「テナント契約」とは、本件不動産に関し、本契約締結日時点で締結されている本契約別紙 3「テナント契約の表示」に記載された賃貸借契約その他本契約締結日以降売買実行日までに本契約に従い締結された賃貸借契約を意味する。
　(6)　「当初委託者」とは、●●を意味する。
　(7)　「売買実行日」とは、●年●月●日（但し、本契約における別段の定めに基づき変更された場合又は売主及び買主が別途合意した場合にはその日）を意味する。
　(8)　「物件概要書」とは、本契約別紙 2「物件概要書」に記載された物件概要書を意味する。
　(9)　「本件 PM 契約」とは、受託者及び●●との間で●年●月●日付で締結されたプロパティマネジメント業務委託契約書（●●ビル）（その後の変更、修正及び改定を含む。）を意味する。
　(10)　「本件受益権」とは、本件信託契約に基づく信託受益権を意味する。
　(11)　「本件信託」とは、本件信託契約に基づき設定された信託を意味する。
　(12)　「本件信託契約」とは、当初委託者と受託者との間で●年●月●日付で締結された不動産管理処分信託契約書(その後の変更、修正及び改定を含む。)を意味する。
　(13)　「本件建物」とは、本契約別紙 1「本件不動産の表示」に記載された建物（附属設備、構築物及び従物等を含む。）を意味する。
　(14)　「本件土地」とは、本契約別紙 1「本件不動産の表示」に記載された土地を意味する。
　(15)　「本件売買代金」とは、第4条第1項に規定する意味を有する。
　(16)　「本件不動産」とは、本件建物と本件土地及びこれらに関わる一切の権利等を総称したものを意味する。

p.159参照 第2条（本件受益権の譲渡等）
　1.　売主は、売買実行日に、本件受益権を現状有姿で、本契約に定めるところに従い

【売主】信託受益権売買契約書③

p.159参照
買主に売り渡し、買主は本件信託契約の各条項を承認の上、これを買い受ける。

2. 売主及び買主は、本件受益権の売買につき、いかなる意味においても担保取引としてではなく、真正かつ有効な売買とする意思を有することをここに確認する。

3. 買主は、第1項に基づく本件受益権の譲渡に伴い、売主の本件信託契約上の委託者及び受益者たる地位並びに委託者及び受益者の権利及び義務（本件信託契約において明示的に当初委託者の義務とされているもの及び受益者としての売主が受託者又は信託財産に対して現に負担している既発生の債務（損害賠償債務を含むが、これに限られない。）を除く。以下同じ。）を承継する。

p.160参照
第3条（本件受益権の譲渡等の効力発生）

前条に基づく本件受益権の譲渡並びにこれに伴う委託者及び受益者たる地位の移転（以下、「本件受益権の譲渡等」という。）は、売買実行日に、第4条に従い買主が本件売買代金全額を支払った時点でその効力を生じる。但し、受益者たる地位の移転について、本件信託契約中に別段の定めがある場合は当該本件信託契約の定めに従う。

p.161参照
第4条（本件売買代金、支払方法等）

1. 本件受益権の売買代金は、下記のとおりとする（以下、下記の本件土地売買価格相当額及び本件建物売買価格相当額並びにこれに対する消費税及び地方消費税相当額を合算した価格を「本件売買代金」という。）。なお、本件売買代金の基礎たる本件不動産の対象面積、構造及び種類は、別紙1「本件不動産の表示」記載の登記記録（公簿）面積及び表記によるものとし、かかる面積、構造及び種類が実測面積又は実際の構造及び種類と相違する場合であっても、売主及び買主は、本件売買代金の増減請求等一切の異議又は苦情を申し立てない。

記

本件売買代金		金＊＊，＊＊＊，＊＊＊，000 円
（内訳）	本件土地売買価格相当額	金＊＊，＊＊＊，＊＊＊，000 円
	本件建物売買価格相当額	金＊＊，＊＊＊，＊＊＊，000 円
	消費税及び地方消費税相当額	金＊，＊＊＊，＊＊＊，000 円

2. 買主は、売主に対し、売買実行日に、本件売買代金から、敷金返還債務相当額（第12条第1項に定義される。）を差し引いた金額（以下、「本件振込金額」という。）を、本項記載の売主が指定する銀行口座に電信振込送金する方法により支払う（但し、本件売買代金の送金に係る一切の費用は、買主の負担とする。）。本項に従い本件振込金額が売主に支払われた時点（上記口座への本件振込金額の着金の時点をいう。）で、買主は売主に対する本件売買代金の支払債務の全部を履行したものとみなされる。但し、本件売買代金の支払に際して第6条に基づく精算を行う場合には、買主は、別途売主と買主の合意による精算額を加算及び控除した後の金額を支払えば足りる。かかる精算手続は第6条に定めるほか、別途売主及び買主の間で締結する覚書で定める。

≪売主が指定する銀行口座≫

銀 行 名 ： ●●銀行　●●支店

口座種類 ： 普通預金

【買主】信託受益権売買契約書③

p.159参照 買主に売り渡し、買主は本件信託契約の各条項を承認の上、これを買い受ける。

2. 売主及び買主は、本件受益権の売買につき、いかなる意味においても担保取引としてではなく、真正かつ有効な売買とする意思を有することをここに確認する。

3. 買主は、第1項に基づく本件受益権の譲渡に伴い、売主の本件信託契約上の委託者及び受益者たる地位並びに委託者及び受益者の権利及び義務（本件信託契約において明示的に当初委託者の義務とされているもの及び受益者としての売主が受託者又は信託財産に対して現に負担している既発生の債務（損害賠償債務を含むが、これに限られない。）を除く。以下同じ。）を承継する。

p.160参照 第3条（本件受益権の譲渡等の効力発生）

前条に基づく本件受益権の譲渡並びにこれに伴う委託者及び受益者たる地位の移転（以下、「本件受益権の譲渡等」という。）は、売買実行日に、第4条に従い買主が本件売買代金全額を支払った時点でその効力を生じる。但し、受益者たる地位の移転について、本件信託契約中に別段の定めがある場合は当該本件信託契約の定めに従う。

p.161参照 第4条（本件売買代金、支払方法等）

1. 本件受益権の売買代金は、下記のとおりとする（以下、下記の本件土地売買価格相当額及び本件建物売買価格相当額並びにこれに対する消費税及び地方消費税相当額を合算した価格を「本件売買代金」という。）。なお、本件売買代金の基礎たる本件不動産の対象面積、構造及び種類は、別紙1「本件不動産の表示」記載の登記記録（公簿）面積及び表記によるものとし、かかる面積、構造及び種類が実測面積又は実際の構造及び種類と相違する場合であっても、売主及び買主は、本件売買代金の増減請求等一切の異議又は苦情を申し立てない。

記

本件売買代金		金＊＊,＊＊＊,＊＊＊,000円
（内訳）	本件土地売買価格相当額	金＊＊,＊＊＊,＊＊＊,000円
	本件建物売買価格相当額	金＊＊,＊＊＊,＊＊＊,000円
	消費税及び地方消費税相当額	金＊,＊＊＊,＊＊＊,000円

2. 買主は、売主に対し、売買実行日に、本件売買代金から、敷金返還債務相当額（第12条第1項に定義される。）を差し引いた金額（以下、「本件振込金額」という。）を、本項記載の売主が指定する銀行口座に電信振込送金する方法により支払う（但し、本件売買代金の送金に係る一切の費用は、買主の負担とする。）。本項に従い本件振込金額が売主に支払われた時点で、買主は売主に対する本件売買代金の支払債務の全部を履行したものとみなされる。但し、本件売買代金の支払に際して第6条に基づく精算を行う場合には、買主は、別途売主と買主の合意による精算額を加算及び控除した後の金額を支払えば足りる。かかる精算手続は第6条に定めるほか、別途売主及び買主の間で締結する覚書で定める。

≪売主が指定する銀行口座≫

銀　行　名　　：　●●銀行　●●支店

口座種類　　：　普通預金

p.161参照

口座番号　　　　：　＊＊＊＊＊＊＊
口座名義人　　　：　●●●●
口座名（カナ）　：　●●●●

重要性の限定（p.164）

p.162参照　3.　買主は、売買実行日において以下各号に記載の条件が重要な点において充足されていることを条件として、第5条第2項に規定する書類の受領と引換えに、前項に規定する方法に従い本件売買代金を支払う。

(1)　売主による本契約上の表明及び保証事項が当該表明保証を行う時点において重要な点において真実かつ正確であること。

(2)　売主が本契約及び本件信託契約上履行すべきとされる義務（本契約第9条の義務を含むが、これに限られない。また、かかる義務が売主、委託者又は受益者のいずれの立場で履行すべきものとされるかを問わない。）を重要な点において適切に履行していること。

(3)　本件信託契約が有効に締結され、存続していること。

(4)　本件不動産及び本件受益権にいかなる約定担保権も設定されておらず、かつ、本件不動産及び本件受益権に約定担保権を設定する旨のいかなる合意も締結されていないこと。

(5)　第7条に定める受託者の異議なき承諾が取得され、承諾書原本（確定日付取得前のもの）が買主に交付されていること。その他本件信託契約上、本契約に基づく本件受益権の売主から買主への有効かつ対抗力を有する譲渡につき必要とされる手続（もしあれば）が全て完了していること。

(6)　本件PM契約が、買主が合理的に満足する内容で適法かつ有効に解除されていること。なお、買主が満足できないとする場合には、買主において売主に対し合理的な根拠を示すものとする。

4.　買主は、その裁量により、第3項に定める条件の全部又は一部が充足しない場合（売主は、かかる事態が見込まれる場合、事前に買主に通知する。）であっても、本件売買代金の支払を行うことができる。但し、買主による当該売買代金の支払の実行の選択は、売主の義務の免除又は猶予（第10条に定める売主の表明保証が虚偽又は不正確であったことに基づくものを含む。）を意味するものではなく、買主の本契約に基づく請求その他の権利に何らの影響を与えない。

【買主】信託受益権売買契約書④

p.161参照

口座番号　　　：　＊＊＊＊＊＊＊
口座名義人　　：　●●●●
口座名（カナ）：　●●●●

p.162参照

3. 買主は、売買実行日において以下各号に記載の条件が<u>全て</u>充足されていることを条件として、第5条第2項に規定する書類の受領と引換えに、前項に規定する方法に従い本件売買代金を支払う。

   (1) 売主による本契約上の表明及び保証事項が当該表明保証を行う時点において<u>全て</u>真実かつ正確であること。

   (2) 売主が本契約及び本件信託契約上履行すべきとされる義務（本契約第9条の義務を含むが、これに限られない。また、かかる義務が売主、委託者又は受益者のいずれの立場で履行すべきものとされるかを問わない。）を<u>全て</u>適切に履行していること。

   (3) <u>本件信託契約が有効に締結され、存続しており、また、売主による本契約上の債務不履行その他の解除又は終了事由及び通知若しくは時の経過又はその双方の理由によってこれらの事由となり得る事由が生じておらず、本件信託契約の当事者による同契約上の債務不履行その他の解除又は終了事由及び通知若しくは時の経過又はその双方の理由によってこれらの事由となり得る事由が生じていないこと。</u>

   (4) 本件不動産及び本件受益権にいかなる約定担保権も設定されておらず、かつ、本件不動産及び本件受益権に約定担保権を設定する旨のいかなる合意も締結されていないこと。

   (5) 第7条に定める受託者の異議なき承諾が取得され、承諾書原本（確定日付取得前のもの）が買主に交付されていること。その他本件信託契約上、本契約に基づく本件受益権の売主から買主への有効かつ対抗力を有する譲渡につき必要とされる手続（もしあれば）が全て完了していること。

   (6) 本件PM契約が、買主が合理的に満足する内容で適法かつ有効に解除されていること。

4. <u>売買実行日に第3項各号に掲げる条件のいずれかが満たされていない場合（売主は、かかる事態が見込まれる場合、事前に買主に通知する。）、買主は、当該不充足が第17条第1項に規定する契約違反に該当する場合には、本契約を第17条第1項に基づき解除することができるものとする。</u>

5. 前項のほか、買主は、その裁量により、第3項に定める条件の全部又は一部が充足しない場合（売主は、かかる事態が見込まれる場合、事前に買主に通知する。）であっても、本件売買代金の支払を行うことができる。但し、買主による当該売買代金の支払の実行の選択は、売主の義務の免除又は猶予（第10条に定める売主の表明保証が虚偽又は不正確であったことに基づくものを含む。）を意味するものではなく、買主の本契約に基づく請求その他の権利に何らの影響を与えない。

6. <u>電気、通信又は各種決済システムの不通又は障害その他の買主の責めに帰さない事由により、第2項に定める買主の本件振込金額の送金及び着金（買主による第2項記載の銀行口座への本件振込金額の電信振込送金及び当該口座への着金をいう。）が遅滞したとしても、買主は、売主に対して損害賠償責任等一切の責任を負わないものとする。</u>

CP条件不充足の場合の取扱い（p.172）

金融決済システムのリスク分担（p.173）

p.174参照 第5条（書類の授受等）

1. 売主及び買主は、本契約締結日に、自己の履歴事項全部証明書及び印鑑証明書（いずれも本契約締結日前3カ月以内に発行された最新のもの）をその相手方に交付する。

2. 売主は、買主による本件振込金額（疑義を避けるために付言すると、第4条第2項に従って売主及び買主間で精算を行う場合には、別途売主と買主の合意による精算額を加算及び控除した後の金額をいう。）の支払と引換えに、買主又は買主の指定する第三者に対し、以下の書類を引き渡す。

   ① 売主の定款の原本証明付きの写し
   ② 本契約の締結を承認する取締役会議事録等の当該承認部分の抄本の原本証明付きの写し

交付書類の限定（p.175）

   ③ 売主が現に保有する本件信託契約の原本
   ④ 第7条に定義する本件受益権譲渡承諾書の原本
   ⑤ 売主が現に保有する当初委託者から売主に至るまでの本件受益権の各譲渡に関する確定日付ある受託者の承諾書の原本
   ⑥ 売主が現に保有する本件不動産に関する鍵

   ⑦ 買主が本件受益権並びに委託者及び受益者たる地位を取得するにあたり必要な書類その他売主が現に保有する本件不動産に関する書類（本件土地に関する実測図、本件不動産又は建築附属設備に関する書面、本件建物に関する建設図面、建物・昇降機・工作物に関する建築確認通知書及び検査済証、権利証又は登記識別情報、竣工図面、構造計算書、本件建物の使用に関する許認可及び届出等に関する書類、テナント契約に関する賃貸借契約書、本件PM契約及び本件PM契約に関する解約合意書、その他本件不動産に関する契約書を含むがこれらに限られない。但し、本件信託契約に基づき受託者に引き渡されたものを除く。）

   ⑧ 本件受益権の受益者変更の登記手続に要する書類及び情報（登記識別情報等を含むがこれに限られない。）であって、売主が調印又は提供すべきものとして売買実行日の5営業日前までに指定があったもの（但し売主の指定は合理的なものに限る。）

   ⑨ 売主が現に保有する本件土地に隣接する全ての土地（以下、「隣地」という。）との境界（官民、民民を含む。）を当該隣地の所有者との間で確認した図面添付の境界確認承諾書（当該隣地の所有者が捺印済のもの。）

   ⑩ 売買実行日において信託財産について担保等がある場合は、買主が合理的に満足する内容の売主の担保権者による担保解除証書

   ⑪ その他買主が合理的に要求する一切の書面

【買主】信託受益権売買契約書⑤

p.174参照 第 5 条（書類の授受等）

1. 売主及び買主は、本契約締結日に、自己の履歴事項全部証明書及び印鑑証明書（いずれも本契約締結日前 3 カ月以内に発行された最新のもの）をその相手方に交付する。

2. 売主は、買主による本件振込金額（疑義を避けるために付言すると、第 4 条第 2 項に従って売主及び買主間で精算を行う場合には、別途売主と買主の合意による精算額を加算及び控除した後の金額をいう。）の支払と引換えに、買主又は買主の指定する第三者に対し、以下の書類を引き渡す。

   ① 売主の定款の原本証明付きの写し
   ② 本契約の締結を承認する取締役会議事録等の当該承認部分の抄本の原本証明付きの写し
   ③ 本件信託契約の原本
   ④ 第 7 条に定義する本件受益権譲渡承諾書の原本
   ⑤ 当初委託者から売主に至るまでの本件受益権の各譲渡に関する確定日付ある受託者の承諾書の原本
   ⑥ 本件不動産に関する一切の鍵
   ⑦ 買主が本件受益権並びに委託者及び受益者たる地位を取得するにあたり必要な書類その他本件不動産に関する書類（本件土地に関する実測図、本件不動産又は建築附属設備に関する書面、本件建物に関する建設図面、建物・昇降機・工作物に関する建築確認通知書及び検査済証、権利証又は登記識別情報、竣工図面、構造計算書、本件建物の使用に関する許認可及び届出等に関する書類、テナント契約に関する賃貸借契約書、本件 PM 契約及び本件 PM 契約に関する解約合意書、その他本件不動産に関する契約書を含むがこれらに限られない。但し、本件信託契約に基づき受託者に引き渡されたものを除く。）
   ⑧ 本件受益権の受益者変更の登記手続に要する書類及び情報（登記識別情報等を含むがこれに限られない。）
   ⑨ 本件土地に隣接する全ての土地（以下、「隣地」という。）との境界（官民、民民を含む。）を当該隣地の所有者との間で確認した図面添付の境界確認承諾書（当該隣地の所有者が捺印済のもの。）
   ⑩ 売買実行日において信託財産について担保等がある場合は、買主が合理的に満足する内容の売主の担保権者による担保解除証書
   ⑪ その他買主が合理的に要求する一切の書面

p.177参照 第6条（租税公課等の負担及び収益の帰属）

1. 本件信託契約に基づき受益者が得るべき信託財産により生ずる収益（賃料を含む。）並びに本件信託契約に基づき受益者が負担すべき賦課金（固定資産税、都市計画税及び償却資産税（もしあれば）を含む。）及び負担金（水道光熱費等を含む。）については、宛名名義の如何にかかわらず、売買実行日をもって区分し、売買実行日の前日（同日を含む。）以前の期間に対応する部分については、売主の収益又は負担とし、売買実行日（同日を含む。）以降の期間に対応する部分については買主の収益又は負担とする。

2. ●年度の信託財産に係る固定資産税及び都市計画税並びに償却資産税（以下、「固都税等」という。）の負担については、●年1月1日を起算日として算出し、売買実行日の前日（同日を含む。）以前の期間に対応する部分については、売主の負担とし、売買実行日（同日を含む。）以降の期間に対応する部分については、買主の負担とする。なお、買主は、売買実行日（同日を含む。）から●年12月31日までの期間に対応する固都税等を、1年365日（閏年の場合は366日）とする日割計算（1円未満切捨て）の上、売買実行日に売主に支払う。また、前項に規定する収益、賦課金及び負担金のうち固都税等以外のものについては、当該暦月の実日数に基づき日割計算（1円未満切捨て）する。

3. 前二項の収益、賦課金及び負担金については、第4条第2項に基づき、売買実行日に精算を行う。

4. 前項にかかわらず、売主及び買主の間で、売買実行日後に精算を行う必要がある場合には、1年を365日（閏年の場合は366日）とする日割計算（1円未満切捨て）により、当該精算項目の金額確定後速やかに売主及び買主の間でこれを精算する。

5. 本条に基づく精算金のうち、消費税及び地方消費税課税対象（本件建物にかかる固都税等のうち、第2項に基づき買主が負担すべき金額を含む。）のものについては消費税及び地方消費税相当額を付して支払う。

p.181参照 第7条（受託者の承諾の取得）

売主及び買主は、本件受益権の譲渡について、売買実行日に、受託者の異議なき承諾を、受託者が別途指定する様式及び内容の売買実行日付の譲渡承諾書（以下、「本件受益権譲渡承諾書」という。）を取得する方法（但し、本件信託契約中に別段の定めがある場合には、当該定めに従った方法）により受託者から取得する。売主は、当該本件受益権譲渡承諾書の原本を第5条第2項に従って買主に引き渡し、買主は、当該本件受益権譲渡承諾書を受領後、売買実行日中に、当該本件受益権譲渡承諾書に確定日付を付した上で、受託者にその写しを交付する。なお、当該本件受益権譲渡承諾書への確定日付の取得は、買主の費用負担にて行う。

p.182参照 第8条（受益者変更手続）

1. 売主及び買主は、本件受益権の譲渡等の効力発生後、受託者をして、速やかに本件信託契約の受益者変更に関する信託目録の変更登記手続を、買主の費用負担において行わせる。

2. 売主は、買主が受託者から本件受益権を証する受益権証書を新たに取得するために必

【買主】信託受益権売買契約書⑥

p.177参照 第 6 条（租税公課等の負担及び収益の帰属）

1. 本件信託契約に基づき受益者が得るべき信託財産により生ずる収益（賃料を含む。）並びに本件信託契約に基づき受益者が負担すべき賦課金（固定資産税、都市計画税及び償却資産税（もしあれば）を含む。）及び負担金（水道光熱費等を含む。）については、宛名名義の如何にかかわらず、売買実行日をもって区分し、売買実行日の前日（同日を含む。）以前の期間に対応する部分については、売主の収益又は負担とし、売買実行日（同日を含む。）以降の期間に対応する部分については買主の収益又は負担とする。

2. ●年度の信託財産に係る固定資産税及び都市計画税並びに償却資産税（以下、「固都税等」という。）の負担については、●年 1 月 1 日を起算日として算出し、売買実行日の前日（同日を含む。）以前の期間に対応する部分については、売主の負担とし、売買実行日（同日を含む。）以降の期間に対応する部分については、買主の負担とする。なお、買主は、売買実行日（同日を含む。）から●年 12 月 31 日までの期間に対応する固都税等を、1 年 365 日（閏年の場合は 366 日）とする日割計算（1 円未満切捨て）の上、売買実行日に売主に支払う。また、前項に規定する収益、賦課金及び負担金のうち固都税等以外のものについては、当該暦月の実日数に基づき日割計算（1 円未満切捨て）する。

3. 前二項の収益、賦課金及び負担金については、第 4 条第 2 項に基づき、売買実行日に精算を行う。

4. 前項にかかわらず、売主及び買主の間で、売買実行日後に精算を行う必要がある場合には、1 年を 365 日（閏年の場合は 366 日）とする日割計算（1 円未満切捨て）により、当該精算項目の金額確定後速やかに売主及び買主の間でこれを精算する。

5. 本条に基づく精算金のうち、消費税及び地方消費税課税対象（本件建物にかかる固都税等のうち、第 2 項に基づき買主が負担すべき金額を含む。）のものについては消費税及び地方消費税相当額を付して支払う。

p.181参照 第 7 条（受託者の承諾の取得）

売主及び買主は、本件受益権の譲渡について、売買実行日に、受託者の異議なき承諾を、受託者が別途指定する様式及び内容の売買実行日付の譲渡承諾書（以下、「本件受益権譲渡承諾書」という。）を取得する方法により（但し、本件信託契約中に別段の定めがある場合には、当該定めに従った方法）受託者から取得する。売主は、当該本件受益権譲渡承諾書の原本を第 5 条第 2 項に従って買主に引き渡し、買主は、当該本件受益権譲渡承諾書を受領後、売買実行日中に、当該本件受益権譲渡承諾書に確定日付を付した上で、受託者にその写しを交付する。なお、当該本件受益権譲渡承諾書への確定日付の取得は、買主の費用負担にて行う。

p.182参照 第 8 条（受益者変更手続）

1. 売主及び買主は、本件受益権の譲渡等の効力発生後、受託者をして、速やかに本件信託契約の受益者変更に関する信託目録の変更登記手続を、買主の費用負担において行わせる。

2. 売主は、買主が受託者から本件受益権を証する受益権証書を新たに取得するために必

p.182参照　要となる行為がある場合には、<u>商業上合理的な範囲</u>で必要な協力を行う。

p.183参照　第9条（担保権等の抹消及び契約不適合責任等）

1. 売主は、その責任と負担において、本件受益権の譲渡等の効力発生までに、本件受益権及び本件不動産につき、担保権、先買権、優先交渉権、優先購入権等、第三者の賃借権その他の権利等買主による本件受益権及び受託者による本件不動産に対する完全な権利の行使の妨げとなる法的負担を除去抹消しなければならない。但し、法律上当然に設定されるもの、テナント契約に基づく賃借権及び物件概要書（第13条第4項に従い、物件概要書が変更された場合における変更後の物件概要書を含む。）に特記事項として記載されている事項を除く。

2. <u>本件受益権の売買は、売買実行日における本件不動産及び本件受益権の現状有姿によるものとし、売主は本件不動産及び本件受益権に係る契約不適合（物件概要書に記載されたものか否かを問わず、種類、品質又は数量に関する不適合（本件不動産についての経年による劣化、諸設備等の性能の低下、土壌汚染（油汚染を含む。）、地中障害物、地中埋設物、埋蔵文化財、アスベスト、ポリ塩化ビフェニル（以下「PCB」という。）、廃棄物（PCB廃棄物を含む。）、環境責任等の環境事項関連の不適合、心理的瑕疵に関する不適合、土地境界・越境に関する不適合、耐震性に関する不適合、遵法性に関する不適合、地盤の不良を含むが、これらに限られない。）、第三者の権利の付着による制限、あるべき権利の不存在、法令による制限、その他一切の不適合をいう。以下同じ。）並びに当該契約不適合を原因として買主に生じた損害、損失、及び費用（弁護士費用を含むが、これに限られない。）について、一切責任を負わないものとする。</u>

契約不適合責任免責の例

p.185・p.221参照　第10条（売主の表明保証）

1. 売主は、買主に対して、本契約締結日及び売買実行日において、別紙4-1記載の事項が<u>重要な点において</u>真実かつ正確であることを表明し、保証する。

2. 前項に加え、売主は買主に対し、本契約締結日及び売買実行日において別紙4-2記載の事実が、売買実行日において別紙4-3記載の事項が、それぞれ、<u>重要な点において</u>真実かつ正確であることを表明し、保証する。なお、物件概要説明書に記載された事項のうち、別紙4-2記載の各号のいずれかに反するものには、売主の本契約締結日及び売買実行日における表明及び保証は及ばないものとするが、売主が物件概要書において約束した事項は、本契約に基づく売主の義務を構成するものとする。

重要性の限定（p.189）

3. 前各項に定める売主の表明及び保証に関し、誤りがあり又は不正確であったこと（以下「不正確事項」という。）が判明した場合には、売主は、直ちに買主に対しその旨を書面により通知するものとする（但し、当該通知により、売主の表明及び保証が虚偽又は不正確であったことによる責任が宥恕又は軽減されるものではない。）。<u>この場合に、売主は、自らが表明し保証したことに起因して買主に生じた損害、損失又は費用（以下「損害等」という。）を相当因果関係の範囲内で賠償するものとする。但し、（ⅰ）買主が当該不正確事項を認識している場合若しくは当該不正確事項を認</u>

買主の主観による留保（p.189）
アンチ・サンドバッギング条項

264

【買主】信託受益権売買契約書⑦

p.182参照
要となる行為がある場合には、必要な協力を行う。

p.183参照
第 9 条（担保権等の抹消及び契約不適合責任等）

1. 売主は、その責任と負担において、本件受益権の譲渡等の効力発生までに、本件受益権及び本件不動産につき、担保権、先買権、優先交渉権、優先購入権等、第三者の賃借権その他の権利等買主による本件受益権及び受託者による本件不動産に対する完全な権利の行使の妨げとなる法的負担を除去抹消しなければならない。但し、法律上当然に設定されるもの、テナント契約に基づく賃借権及び物件概要書（第 13 条第 4 項に従い、物件概要書が変更された場合における変更後の物件概要書を含む。）に特記事項として記載されている事項を除く。

契約不適合責任負担の例

2. 売主は、本件不動産及び本件受益権に関して、本件不動産が本契約に適合しないこと（契約不適合には、土壌汚染（油汚染を含む。）、地中障害物、埋蔵文化財、法令（遵法性）違反、耐震性能又は防火性能の不足、その他の心理的、物質的及び法的事情による不適合を含むが、これらに限られない。以下同じ。）が判明した場合には、買主が売主に書面で通知した契約不適合について、事前に催告することなく買主の選択により、(i)①本契約の内容に適合する履行の追完（買主が指定する方法により、売主による方法の変更は認められないものとする。）を行い、又は②売買代金を減額し、かつ、(ii)当該契約不適合を原因として買主及び本件建物に生じた損害（弁護士費用を含む。）、損失及び費用（第三者からの請求によるものを含む。）を賠償する。

3. 本契約に関し、商法（明治 32 年法律第 48 号。その後の改正を含む。）第 526 条は適用されない。また、本契約上、買主に認められた救済手段は累積的であり、買主による特定の救済手段の行使は、本契約及び法令上の他の救済手段の行使を排除・制限しない。

p.185・p.221参照
第 10 条（売主の表明保証）

1. 売主は、買主に対して、本契約締結日及び売買実行日において、別紙 4-1 記載の事項が全て真実かつ正確に相違ないこと及び誤解を避けるために必要な事項の説明が欠けていないことを表明し、保証する。

2. 前項に加え、売主は買主に対し、本契約締結日及び売買実行日において別紙 4-2 記載の事実が、売買実行日において別紙 4-3 記載の事項が、それぞれ、真実かつ正確に相違ないこと及び誤解を避けるために必要な事項の説明が欠けていないことを表明し、保証する。なお、物件概要説明書に記載された事項のうち、別紙 4-2 記載の各号のいずれかに反するものには、売主の本契約締結日及び売買実行日における表明及び保証は及ばないものとするが、売主が物件概要書において約束した事項は、本契約に基づく売主の義務を構成するものとする。

3. 前各項に定める売主の表明及び保証に関し、誤りがあり又は不正確であったこと（以下「不正確事項」という。）が判明した場合には、売主は、直ちに買主に対しその旨を書面により通知するものとする（但し、当該通知により、売主の表明及び保証が虚偽又は不正確であったことによる責任が宥恕又は軽減されるものではない。）。この場合に、売主は、自らが表明し保証したことに起因又は関連して買主に生じた損

265

【売主】信託受益権売買契約書⑧

買主の主観による留保（p.189）アンチ・サンドバッギング条項　　　**物件概要書の性格（p.133、213）**

p.185・
p.221参照

識し得た場合、又は（ⅱ）当該不正確事項を基礎付ける事実に関する情報が売主から買主に対して開示された情報に含まれる場合には、当該不正確事項は表明保証違反を構成しないものとし、売主は当該不正確事項により買主に生じた損害等を補償する義務を負わない。疑義を回避するため付言すれば、物件概要書は本契約にかかる仲介会社が作成し、本契約に添付するものであり、売主は物件概要書記載の事項を買主に説明する義務をそもそも負担しておらず、その記載内容に誤りが判明した場合であっても、買主は売主に対し、一切の請求を行うことはできないものとする。

4.　売主の表明保証違反による補償は、本件売買代金の調整として行われるものとする。

p.193参照　第 11 条（買主の表明保証）

1.　買主は、売主に対し、本契約締結日及び売買実行日において、本契約別紙 5「買主の表明保証事項」記載の事項が重要な点において真実かつ正確であることを表明し、保証する。

2.　前項に定める買主の表明及び保証に関し、不正確事項が判明した場合には、買主は、直ちに売主に対しその旨を書面により通知するものとする（但し、当該通知により、買主の表明及び保証が虚偽又は不正確であったことによる責任が宥恕又は軽減されるものではない。）。この場合に、買主は、当該不正確事項に起因して売主に生じた損害等を相当因果関係の範囲内で賠償するものとする。但し、（ⅰ）売主が当該不正確事項を認識している場合若しくは当該不正確事項を認識し得た場合、又は（ⅱ）当該不正確事項を基礎付ける事実に関する情報が買主から売主に対して開示された情報に含まれる場合には、当該不正確事項は表明保証違反を構成しないものとし、買主は当該不正確事項により売主に生じた損害等を補償する義務を負わない。

p.194参照　第 12 条（敷金返還債務相当額）

1.　売主は、テナント契約に基づき売主に預託されている敷金等返還債務相当額（但し、各テナント契約において一定の場合に賃貸人がその全部又は一部を償却する旨の定めがある場合には当該償却後の金額とする。以下、「敷金返還債務相当額」という。）を買主に交付する義務を負うものとする。

2.　売主が前項に基づき買主に対して交付すべき敷金返還債務相当額は、第 4 条第 2 項に定めるとおり本件売買代金から控除して支払うものとする。

【買主】信託受益権売買契約書⑧

プロ・サンドバッギング条項（p.190）

p.185・
p.221参照

**補償の
性質
（p.202）**

害、損失又は費用（弁護士費用を含むものとし、以下「損害等」という。）の一切を賠償するものとする。疑義を回避するため附言すれば、本取引の実行を検討するために買主が行ったデューデリジェンス及びそれに基づく買主の認識は、本契約に基づく売主の表明若しくは保証又は本契約に関連する補償若しくは救済措置の有効性、範囲及び効果その他の事項につき、いかなる意味においても影響を及ぼさない。

4. 売主の表明保証違反による補償は、本件売買代金の調整として行われるものとする。

p.193参照

第 11 条（買主の表明保証）

1. 買主は、売主に対し、本契約締結日及び売買実行日において、本契約別紙 5「買主の表明保証事項」記載の事項が真実かつ正確であることを表明し、保証する。

2. 前項に定める買主の表明及び保証に関し、不正確事項が判明した場合には、買主は、直ちに売主に対しその旨を書面により通知するものとする（但し、当該通知により、買主の表明及び保証が虚偽又は不正確であったことによる責任が宥恕又は軽減されるものではない。）。この場合に、買主は、当該不正確事項に起因又は関連して売主に生じた損害等の一切を賠償するものとする。

p.194参照

第 12 条（敷金返還債務相当額）

1. 売主は、テナント契約に基づき売主に預託されている敷金等返還債務相当額（但し、各テナント契約に基づき当該テナント契約に基づく債務の弁済に充当された金額相当額を除くものとし、また、各テナント契約において一定の場合に賃貸人がその全部又は一部を償却する旨の定めがある場合には当該償却前の金額とする。以下、「敷金返還債務相当額」という。）を買主に交付する義務を負うものとする。

2. 売主が前項に基づき買主に対して交付すべき敷金返還債務相当額は、第 4 条第 2 項に定めるとおり本件売買代金から控除して支払うものとする。

【売主】信託受益権売買契約書⑨

p.195参照 第 13 条（本件不動産の維持・管理責任）

1. 本件不動産の管理責任は、本件受益権の譲渡等の効力発生と同時に売主から買主に移転する。売主は、本契約締結後、本件受益権の譲渡等の効力発生に至るまでの間、善良なる管理者の注意義務をもって本件不動産を管理する。売主は、買主又は買主のアセットマネージャーである●●の事前の書面（電子メールを含む。）による承諾なく本件不動産の現状を変更させ、又は本件不動産に関連して締結された契約（テナント契約を含むが、これに限られない。）を変更し、更新し、若しくは終了させてはならず、又は、新たな担保権、用益権（本件不動産に関する賃貸借契約に基づく賃借権を含むが、これに限られない。）その他の負担を設定せず、その他第 10 条にて表明し、保証した事項に変更をきたす事項を行ってはならず、受託者をして行わせてはならない。

   管理責任の例外（p.195） 但し、①売主又は受託者が締結済みの契約に基づく売主又は受託者の義務の履行としてなされたもの、②不可抗力その他第三者など売主又は受託者の支配又は関与が及ばずになされたもの、③買主の支配又は関与によりなされたもの、④本契約に基づきなされたもの、及び⑤契約に規定された自動更新規定に基づく更新若しくは期間満了による終了又は売主若しくは受託者以外の契約の相手方の一方的行為によりなされたものについては、この限りではない。

2. 本契約締結後、本件受益権の譲渡等の効力発生に至るまでの間に、本件不動産の価値に影響を与える事由（テナントからの解約通知の受領、賃料の延滞を含むが、これに限られない。）があった場合、売主は直ちに買主にこれを通知し、売主及び買主は協議の上対応する。

3. 売主は、本件受益権の譲渡等の効力発生後に新たに本件不動産の管理業務を受託する者に対して本件不動産の管理に関する事務の引継ぎが円滑に行われるように商業上合理的な範囲で協力する。また、売主は、売買実行日までに、本件不動産の管理に関する既存の管理委託契約等を終了させる。

4. **物件概要書の変更（p.196）** 売主は、物件概要書の記載内容を変更する必要が生じた場合、速やかにかかる変更内容を買主又は買主のアセットマネージャーである●●に通知する（電子メールによるものを含む）。なお、上記通知がなされる限り、物件概要書は変更されたものとし、当該変更内容を反映した新たな物件概要書の作成は要しないものとする。

5. 売主は、本契約締結後、本件受益権の譲渡等の効力発生に至るまでの間、売主の責任及び費用負担で、本件不動産に係る収支を維持し、かつ、本件不動産のうち賃貸可能な貸室及び駐車場につき第三者に対してこれらを賃貸するためのリーシング活動（テナントが退去する場合における当該テナントに係る貸室及び駐車場のリースアップを含むがこれに限られない。）を行うよう商業上合理的な範囲で努力する。なお、本契約締結後に本件不動産に関して発生するリーシングフィー（仲介手数料、PM 会社に対するリーシング報酬及び売主が買主に事前に通知した広告宣伝費を含むがこれらに限られない。）は、宛名名義の如何及び売買実行日の前後にかかわらず、買主の負担とする。

   リーシング費用の負担（p.197）

268

【買主】信託受益権売買契約書⑨

p.195参照　第13条（本件不動産の維持・管理責任）

1. 本件不動産の管理責任は、本件受益権の譲渡等の効力発生と同時に売主から買主に移転する。売主は、本契約締結後、本件受益権の譲渡等の効力発生に至るまでの間、善良なる管理者の注意義務をもって本件不動産を管理する。売主は、買主又は買主のアセットマネージャーである●●の事前の書面（電子メールを含む。）による承諾なく本件不動産の現状を変更させ、又は本件不動産に関連して締結された契約（テナント契約を含むが、これに限られない。）を変更し、更新し、若しくは終了させてはならず、又は、新たな担保権、用益権（本件不動産に関する賃貸借契約に基づく賃借権を含むが、これに限られない。）その他の負担を設定せず、その他第10条にて表明し、保証した事項に変更をきたす事項を行ってはならず、受託者をして行わせてはならない。

2. 本契約締結後、本件受益権の譲渡等の効力発生に至るまでの間に、本件不動産の価値に影響を与える事由（テナントからの解約通知の受領、賃料の延滞を含むが、これに限られない。）があった場合、売主は直ちに買主にこれを通知し、売主及び買主は協議の上対応する。

3. 売主は、本件受益権の譲渡等の効力発生後に新たに本件不動産の管理業務を受託する者に対して本件不動産の管理に関する事務の引継ぎが円滑に行われるように協力する。また、売主は、売買実行日までに、本件不動産の管理に関する既存の管理委託契約等を終了させる。

4. 売主は、物件概要書の記載内容を変更する必要が生じた場合、速やかに、かかる変更内容を反映し、かつ、買主が合理的に満足する内容の新たな物件概要書を買主に交付し、買主の書面による承諾を得るものとする（買主はかかる承諾を不合理に留保しないものとする。）。

> **物件概要書の変更（p.196）**

5. 売主は、本契約締結後、本件受益権の譲渡等の効力発生に至るまでの間、売主の責任及び費用負担で、本件不動産に係る収支を維持し、かつ、本件不動産のうち賃貸可能な貸室及び駐車場につき第三者に対してこれらを賃貸するためのリーシング活動（テナントが退去する場合における当該テナントに係る貸室及び駐車場のリースアップを含むがこれに限られない。）を行うよう最大限努力する。

第 14 条（物件調査等）

　　買主若しくは●●又はこれらの者から委託を受けた者は、本契約締結後、本件受益権の譲渡等の効力発生に至るまでの間、本件不動産の調査（以下、「物件調査」という。）を行うことができ、売主はかかる物件調査に合理的な範囲で協力する。物件調査の期間中、買主は売主に対し、合理的な範囲での本件不動産への立ち入り、本件不動産に関係する全ての記録（賃料等の出入金状況その他経理書類を含む。）及び賃貸借契約、管理委託契約、建築関係図面、その他本件不動産に関する文書等の閲覧、謄写を求めることができる。

p.198参照 第 15 条（危険負担）

　　本契約締結後、本件受益権の譲渡等の効力発生に至るまでの間に、天災地変その他売主及び買主双方の責めに帰すことのできない事由により本件不動産が滅失し又は毀損若しくは減耗が生じた場合には、以下の定めに従う。

(1) 本件不動産が滅失した場合には、本契約は当然に失効する。

(2) 本件不動産が毀損したとき又はその一部が滅失したときは、売主と買主は誠意をもって協議した上で、速やかに、売主がその費用で本件不動産を修復して買主に引き渡すか、又は滅失若しくは毀損の割合に応じて本件売買代金を減額するかを決定するものとする。本件売買代金を減額する場合、買主は、当該滅失又は毀損に相当する額を本件売買代金から控除するものとする。

(3) 前号にかかわらず、本件不動産が毀損若しくは減耗により修復が不可能となった場合又は修復に過大な費用を要する場合には、売主又は買主のいずれかの相手方に対する書面による通知により、本契約を解除することができる。

(4) 第 1 号又は第 3 号により本契約が失効又は解除された場合、売主は直ちに受領済みの金員（もしあれば）全部を無利息にて買主に返還する。

(5) 売主及び買主は、天災地変その他売主及び買主双方の責めに帰すことのできない事由を原因として自己に生じた損害等の一切を自ら負担し、当該損害等の補てんを相手方に請求することができないことを、相互に確認する。

p.201参照 第 16 条（本契約の違反等）

　　売主又は買主が本契約に違反した場合、本契約に違反した当事者は、当該違反により相手方に生じた損害等を賠償するものとする。

【買主】信託受益権売買契約書⑩

第 14 条（物件調査等）

買主若しくは●●又はこれらの者から委託を受けた者は、本契約締結後、本件受益権の譲渡等の効力発生に至るまでの間、本件不動産の調査（以下、「物件調査」という。）を行うことができ、売主はかかる物件調査に全面的に協力する。物件調査の期間中、買主は売主に対し、合理的な範囲での本件不動産への立ち入り、本件不動産に関係する全ての記録（賃料等の出入金状況その他経理書類を含む。）及び賃貸借契約、管理委託契約、建築関係図面、その他本件不動産に関する文書等の閲覧、謄写を求めることができる。

`p.198参照` 第 15 条（危険負担）

本契約締結後、本件受益権の譲渡等の効力発生に至るまでの間に、天災地変その他売主及び買主双方の責めに帰すことのできない事由により本件不動産が滅失し又は毀損若しくは減耗が生じた場合には、以下の定めに従う。

(1) 本件不動産が滅失した場合には、本契約は当然に失効する。

(2) 本件不動産が毀損したとき又はその一部が滅失したときは、売主と買主は誠意をもって協議した上で、速やかに、売主がその費用で本件不動産を修復して買主に引き渡すか、又は滅失若しくは毀損の割合に応じて本件売買代金を減額するかを決定するものとする。本件売買代金を減額する場合、買主は、当該滅失又は毀損に相当する額を本件売買代金から控除するものとする。

(3) 前号にかかわらず、本件不動産が毀損若しくは減耗により修復が不可能となった場合又は修復に過大な費用を要する場合には、売主又は買主のいずれかの相手方に対する書面による通知により、本契約を解除することができる。

(4) 第 1 号又は第 3 号により本契約が失効又は解除された場合、売主は直ちに受領済みの金員（もしあれば）全部を無利息にて買主に返還する。

(5) 売主及び買主は、天災地変その他売主及び買主双方の責めに帰すことのできない事由を原因として自己に生じた損害等の一切を自ら負担し、当該損害等の補てんを相手方に請求することができないことを、相互に確認する。

`p.201参照` 第 16 条（本契約の違反等）

売主又は買主が本契約に違反した場合、本契約に違反した当事者は、当該違反により相手方に生じた損害等を賠償するものとする。

解除権行使の期間的制限（p.200）　　　　　性状的に是正できない違反に対する手当て（p.199）

p.199参照　第17条（債務不履行による契約の解除及び解除の効果）

1. 売主又は買主は、相手方が本契約の各条項に違反（第10条又は第11条に基づく表明及び保証に虚偽又は誤解を生ぜしめるものがあった場合を含むが、これらに限られない。）し、当該違反の治癒（当該違反が性状的に是正できないものである場合には、当該違反に基づき相手方に発生した損害等の賠償に代えるものとする。）を行うために相当な期間を定めた催告に応じない場合は、本契約を解除することができる。但し、本件受益権の譲渡等の効力発生後は、第21条第2項に基づく場合を除き、理由の如何を問わず、売主及び買主は本契約を解除することはできない。

2. 前項に基づき本契約が解除された場合、本契約の解除を行った当事者は、相手方に対し、本件売買金額（但し、消費税及び地方消費税を除く。）の20％相当額（以下「違約金」という。）を請求することができる。

3. 第1項に基づき本契約が解除された場合、当該解除の日において、次のとおり支払又は返還を行う。なお、前項に規定する違約金は損害賠償の予定であり、本契約の解除を行った当事者は、かかる場合において、当該違約金額を上回る損害を被ったときであっても当該超過部分について、相手方に対し損害賠償請求をすることはできないものとする。

   (1) 売主の違反により買主が解除したときは、売主は、直ちに受領済みの金員を無利息にて買主に返還し、かつ、違約金を付加して買主に支払う。

   (2) 買主の違反により売主が解除した場合、(i) 違約金が買主により支払済みの金額を上回るときは、買主が、売主に対して違約金と支払済みの金員との差額を支払うものとし、(ii) 違約金が買主により支払済みの金額を下回る場合には、売主が、買主に対して違約金と受領済みの金員との差額を支払うものとする。

4. 本条の規定に基づいて本契約が解除された場合の原状回復に要する一切の費用（本契約の失効又は解除に起因して受託者に生じた損害等の相当因果関係の範囲内での補償を含む。）は、本契約に違反した当事者の負担とする。

5. 売主及び買主は、第21条第3項に基づく場合を除き、前項に基づく損害賠償又は第10条第3項若しくは第11条第2項に基づく補償請求その他の本契約に基づく一切の請求が、売買実行日から6カ月が経過する日までに、自らが被った損害等の合理的根拠を示した書面により相手方に通知した場合に限られることに合意する。

p.203参照　第18条（遅延損害金）

売主又は買主が本契約に基づく金銭債務の支払を怠った場合には、かかる支払を怠った当事者は、各支払期日の翌日（同日を含む。）からその完済した日（同日を含む。）に至るまで年利14％の割合による遅延損害金をその相手方に対し支払う。なお、遅延損害金は、1年を365日（閏年の場合は366日）とする日割計算（1円未満切捨て）の上、1日単位で発生するものとする。

p.203参照　第19条（守秘義務）

1. 売主及び買主は、①適用法令、行政官庁、裁判所若しくは受託者の要請により必要とされる場合、②監督官庁、金融商品取引所若しくは自主規制機関（一般社団法人投資

補償期間の限定（p.201）

272

【買主】信託受益権売買契約書⑪

p.199参照 第 17 条（債務不履行による契約の解除及び解除の効果）

1. 売主又は買主は、相手方が本契約の各条項に違反（第 10 条又は第 11 条に基づく表明及び保証に虚偽又は誤解を生ぜしめるものがあった場合を含むが、これらに限られない。）し、当該違反の治癒を行うために相当な期間を定めた催告に応じない場合は、本契約を解除することができる。なお、当該違反の治癒が不可能な場合には、催告なしに直ちに本契約を解除することができる。

2. 前項に基づき本契約が解除された場合、本契約の解除を行った当事者は、相手方に対し、本件売買金額（但し、消費税及び地方消費税を除く。）の 20%相当額（以下「違約金」という。）を請求することができる。

3. 第 1 項に基づき本契約が解除された場合、当該解除の日において、次のとおり支払又は返還を行う。なお、前項に規定する違約金は損害賠償の予定であり、本契約の解除を行った当事者は、かかる場合において、当該違約金額を上回る損害を被ったときであっても当該超過部分について、相手方に対し損害賠償請求をすることはできないものとする。

   (1) 売主の違反により買主が解除したときは、売主は、直ちに受領済みの金員を無利息にて買主に返還し、かつ、違約金を付加して買主に支払う。

   (2) 買主の違反により売主が解除した場合、(i) 違約金が買主により支払済みの金額を上回るときは、買主が、売主に対して違約金と支払済みの金員との差額を支払うものとし、(ii) 違約金が買主により支払済みの金額を下回る場合には、売主が、買主に対して違約金と受領済みの金員との差額を支払うものとする。

4. 本条の規定に基づいて本契約が解除された場合の原状回復に要する一切の費用（本契約の失効又は解除に起因又は関連して受託者に生じた損害等の補償を含む。）は、本契約に違反した当事者の負担とする。

p.203参照 第 18 条（遅延損害金）

売主又は買主が本契約に基づく金銭債務の支払を怠った場合には、かかる支払を怠った当事者は、各支払期日の翌日（同日を含む。）からその完済した日（同日を含む。）に至るまで年利 14%の割合による遅延損害金をその相手方に対し支払う。なお、遅延損害金は、1 年を 365 日（閏年の場合は 366 日）とする日割計算（1 円未満切捨て）の上、1 日単位で発生するものとする。

p.203参照 第 19 条（守秘義務）

1. 売主及び買主は、①適用法令、行政官庁、裁判所若しくは受託者の要請により必要とされる場合、②監督官庁、金融商品取引所若しくは自主規制機関（一般社団法人投資信託協会及び一般社団法人日本投資顧問業協会を含むが、これらに限られない。）、若しくはこれらが制定する規則その他の関連する規則（適時開示に関する規則を含むが、これに限られない。）により開示を要請された場合、③売主若しくは買主の法律顧問、会計税務顧問、不動産鑑定業者、アセットマネージャー若しくはその親会社、関連会社、若しくは媒介業者に開示する場合、④買主が本件受益権を購入するため資金を出資若しくは融資する第三者（出資若しくは融資が直接的であるか間接的であるかを問

273

【売主】信託受益権売買契約書⑫

p.203参照

信託協会及び一般社団法人日本投資顧問業協会を含むが、これらに限られない。）、若しくはこれらが制定する規則その他の関連する規則（適時開示に関する規則を含むが、これに限られない。）により開示を要請された場合、③売主若しくは買主の法律顧問、会計税務顧問、不動産鑑定業者、アセットマネージャー若しくはその親会社、関連会社、若しくは媒介業者に開示する場合、④買主が本件受益権を購入するため資金を出資若しくは融資する第三者（出資若しくは融資が直接的であるか間接的であるかを問わず、潜在投資家、潜在貸付人、貸付人、アレンジャー及びアドバイザーを含むが、これらに限られない。）に開示する場合、⑤買主が買主の投資主、資産保管会社、事務受託会社、その他買主の資金調達に際して開示が必要と合理的に判断される第三者（格付機関及び潜在的投資家等を含むが、これらに限られない。）に開示する場合、又はその他当事者間で別途合意する場合を除き、本契約の内容を第三者に開示せず、また、本契約に基づき知り得た相手方当事者に関する情報を第三者に開示せず、かつ、本契約の目的以外に利用しない。

2. 前項に従い、いずれかの情報を第三者に開示した開示当事者は、法令で別段の定めがある場合を除き、本条に定める守秘義務を当該第三者に遵守させる。

3. 第1項の規定は、以下の情報には適用されない。
    ① 相手方から開示された時点で、既に公知の情報
    ② 相手方から開示された後、情報取得者の故意又は過失によらず公知となった情報
    ③ 相手方から開示された時点で、既に自ら保有していた情報
    ④ 開示に関する制限なく当該情報を取得した正当な権限を有する第三者から適法に開示された情報

p.205参照

第20条（通知）

本契約に基づき当事者がなすべき通知は全て書面によってなされ、かつ、手交、郵便又はファクシミリによって以下の住所宛に行われる。但し、ファクシミリによる場合には送信後遅滞なく郵送又は持参により確認を行う。なお、本条に基づく相手方への通知により、各当事者は、各当事者の住所の変更を行うことができる（但し、当該変更に係る通知を怠ったために、本契約に基づき行われた通知が遅延し又は到達しなかった場合には、当該通知は通常到達すべき時点に到達したものとみなす。）。

売主宛の場合： ［住所］●●
　　　　　　　　 ［氏名］●●
ファクシミリ： ●●
電　　　話： ●●

買主宛の場合： ［住所］●●
　　　　　　　　 ［氏名］●●
ファクシミリ： ●●
電　　　話： ●●

274

【買主】信託受益権売買契約書⑫

p.203参照
わず、潜在投資家、潜在貸付人、貸付人、アレンジャー及びアドバイザーを含むが、これらに限られない。）に開示する場合、⑤買主が買主の投資主、資産保管会社、事務受託会社、その他買主の資金調達に際して開示が必要と合理的に判断される第三者（格付機関及び潜在的投資家等を含むが、これらに限られない。）に開示する場合、又はその他当事者間で別途合意する場合を除き、本契約の内容を第三者に開示せず、また、本契約に基づき知り得た相手方当事者に関する情報を第三者に開示せず、かつ、本契約の目的以外に利用しない。

2. 前項に従い、いずれかの情報を第三者に開示した開示当事者は、法令で別段の定めがある場合を除き、本条に定める守秘義務を当該第三者に遵守させる。

3. 第1項の規定は、以下の情報には適用されない。
   ① 相手方から開示された時点で、既に公知の情報
   ② 相手方から開示された後、情報取得者の故意又は過失によらず公知となった情報
   ③ 相手方から開示された時点で、既に自ら保有していた情報
   ④ 開示に関する制限なく当該情報を取得した正当な権限を有する第三者から適法に開示された情報

p.205参照
第20条（通知）

本契約に基づき当事者がなすべき通知は全て書面によってなされ、かつ、手交、郵便又はファクシミリによって以下の住所宛に行われる。但し、ファクシミリによる場合には送信後遅滞なく郵送又は持参により確認を行う。なお、本条に基づく相手方への通知により、各当事者は、各当事者の住所の変更を行うことができる（但し、当該変更に係る通知を怠ったために、本契約に基づき行われた通知が遅延し又は到達しなかった場合には、当該通知は通常到達すべき時点に到達したものとみなす。）。

売主宛の場合：　［住所］●●
　　　　　　　　［氏名］●●
ファクシミリ：　●●
電　　　話：　●●

買主宛の場合：　［住所］●●
　　　　　　　　［氏名］●●
ファクシミリ：　●●
電　　　話：　●●

p.206参照 第21条（反社会的勢力の排除）

1. 売主及び買主は、それぞれ相手方に対し、次の各号の事項を確約する。
   (1) 自らが、暴力団員による不当な行為の防止等に関する法律（平成3年法律第77号。その後の改正を含む。）第2条で定義される暴力団、指定暴力団、指定暴力団連合、暴力団員若しくはこれらの関係者、総会屋等、社会運動等標ぼうゴロ、特殊知能暴力集団等若しくはこれらに準ずる者又はその構成員（以下、総称して「反社会的勢力」という。）ではないこと。
   (2) 自らの役員（業務を執行する社員、取締役、執行役又はこれらに準ずる者をいう。）が反社会的勢力ではないこと。
   (3) 反社会的勢力に自己の名義を利用させ、本契約を締結するものでないこと。
   (4) 本件受益権の移転及び本件売買代金の全額の支払のいずれもが終了するまでの間に、自ら又は第三者を利用して、本契約に関して次の行為をしないこと。
       ① 相手方に対する脅迫的な言動又は暴力を用いる行為
       ② 偽計又は威力を用いて相手方の業務を妨害し、又は信用を毀損する行為
2. 売主又は買主の一方について、次のいずれかに該当した場合には、その相手方は、何らの催告を要せずして、本契約を解除することができる。
   (1) 前項第1号又は第2号の確約に反する申告をしたことが判明した場合。
   (2) 前項第3号の確約に反し本契約を締結したことが判明した場合。
   (3) 前項第4号の確約に反した行為をした場合。
3. 第2項の規定により本契約が解除された場合、本契約の解除を行った当事者は、相手方に対し、違約罰として違約金を請求することができる。なお、本項に規定する違約金は違約罰であり、違約金を超える損害等が生じた場合には、当該損害等を被った当事者は、当該超過部分について、相手方に対して請求することができる。
4. 第2項の規定により本契約が解除された場合、解除された当事者は、解除により生じる損害等について、相手方に対し、一切の請求を行うことができない。

第22条（買主の責任財産限定特約及び売主による強制執行申立等の制限）

1. 本契約に基づく買主の売主に対する一切の債務の支払は、買主の預金、預金払戻請求権及び買主が有する金銭並びにそれらの運用益、買主への出資金、本件受益権を担保とする借入金及びそれらの運用益（以上については、本件受益権の譲渡等の効力発生前に限る。）並びに本件受益権（本件受益権に係る配当及び償還金を含む。）（以下、本条において「責任財産」という。）のみを引当として、その範囲内でのみ行われ、買主の有する他の財産には一切及ばず、売主はこれを異議なく承認する。責任財産が全て換価処分され、買主の債権者その他の第三者に分配された場合には、本契約に基づく買主の売主に対する未払債務が残存する場合であっても、売主は、当該未払債務にかかる請求権を当然に放棄したものとみなされる。
2. 売主は、買主が本件売買代金の支払原資を調達するために行う借入れに係る債務の全額が弁済された日から1年と1日が経過するまでの間、買主又は買主の財産に対し、仮差押え、仮処分その他の民事保全手続又は強制執行その他の民事執行手続に係る申立を行わず、破産手続等開始又は民事再生手続開始その他買主に適用ある法的倒産

【買主】信託受益権売買契約書⑬

p.206参照 第 21 条（反社会的勢力の排除）

1. 売主及び買主は、それぞれ相手方に対し、次の各号の事項を確約する。
   (1) 自らが、暴力団員による不当な行為の防止等に関する法律（平成 3 年法律第 77 号。その後の改正を含む。）第 2 条で定義される暴力団、指定暴力団、指定暴力団連合、暴力団員若しくはこれらの関連者、総会屋等、社会運動等標ぼうゴロ、特殊知能暴力集団等若しくはこれらに準ずる者又はその構成員（以下、総称して「反社会的勢力」という。）ではないこと。
   (2) 自らの役員（業務を執行する社員、取締役、執行役又はこれらに準ずる者をいう。）が反社会的勢力ではないこと。
   (3) 反社会的勢力に自己の名義を利用させ、本契約を締結するものでないこと。
   (4) 本件受益権の移転及び本件売買代金の全額の支払のいずれもが終了するまでの間に、自ら又は第三者を利用して、本契約に関して次の行為をしないこと。
       ① 相手方に対する脅迫的な言動又は暴力を用いる行為
       ② 偽計又は威力を用いて相手方の業務を妨害し、又は信用を毀損する行為
2. 売主又は買主の一方について、次のいずれかに該当した場合には、その相手方は、何らの催告を要せずして、本契約を解除することができる。
   (1) 前項第 1 号又は第 2 号の確約に反する申告をしたことが判明した場合。
   (2) 前項第 3 号の確約に反し本契約を締結したことが判明した場合。
   (3) 前項第 4 号の確約に反した行為をした場合。
3. 第 2 項の規定により本契約が解除された場合、本契約の解除を行った当事者は、相手方に対し、違約罰として違約金を請求することができる。なお、本項に規定する違約金は違約罰であり、違約金を超える損害等が生じた場合には、当該損害等を被った当事者は、当該超過部分について、相手方に対して請求することができる。
4. 第 2 項の規定により本契約が解除された場合、解除された当事者は、解除により生じる損害等について、相手方に対し、一切の請求を行うことができない。

第 22 条（買主の責任財産限定特約及び売主による強制執行申立等の制限）

1. 本契約に基づく買主の売主に対する一切の債務の支払は、買主の預金、預金払戻請求権及び買主が有する金銭並びにそれらの運用益、買主への出資金、本件受益権を担保とする借入金及びそれらの運用益（以上については、本件受益権の譲渡等の効力発生前に限る。）並びに本件受益権（本件受益権に係る配当及び償還金を含む。）（以下、本条において「責任財産」という。）のみを引当として、その範囲内でのみ行われ、買主の有する他の財産には一切及ばず、売主はこれを異議なく承認する。責任財産が全て換価処分され、買主の債権者その他の第三者に分配された場合には、本契約に基づく買主の売主に対する未払債務が残存する場合であっても、売主は、当該未払債務にかかる請求権を当然に放棄したものとみなされる。
2. 売主は、買主が本件売買代金の支払原資を調達するために行う借入れに係る債務の全額が弁済された日から 1 年と 1 日が経過するまでの間、買主又は買主の財産に対し、仮差押え、仮処分その他の民事保全手続又は強制執行その他の民事執行手続に係る申立てを行わず、破産手続等開始又は民事再生手続開始その他買主に適用ある法的倒産

手続開始の申立てをなさず、かつ、第三者をして行わせない。

p.207参照　第 23 条（追加の書類等への調印）

売主及び買主は、相手方から要求がある場合において、本契約の目的を達成し、本契約に基づく取引を履行するために必要又は適切と認められる限り、更に追加の書類等に調印する。

第 24 条（地位の承継）

売主及び買主は、本契約に基づく契約上の地位及び権利義務の全部又は一部を、相手方当事者の事前の書面による同意なくして、第三者に対して譲渡、移転、担保差入その他の処分をすることができない。

p.208参照　第 25 条（印紙税の負担）

本契約書に課せられる印紙税は、売主及び買主がこれを折半して負担する。

第 26 条（修正・変更）

本契約の条項は、売主及び買主の書面による合意によってのみ修正又は変更される。

p.209参照　第 27 条（完全合意）

本契約は当事者間の本契約に定める事項についての完全な合意を含むものであり、全ての従前の合意に代わるものである。

p.210参照　第 28 条（準拠法及び裁判管轄権）

本契約は日本法を準拠法とし、かつ、同法に従い解釈される。また、本契約に関する紛争については、東京地方裁判所を第一審の専属的合意管轄裁判所とする。

p.211参照　第 29 条（規定外事項）

本契約に定めのない事項については、民法、信託法、その他関係法令及び信義誠実の原則に従い、売主及び買主協議の上、決定する。

[以下余白]

【買主】信託受益権売買契約書⑭

手続開始の申立てをなさず、かつ、第三者をして行わせない。

p.207参照　**第 23 条（追加の書類等への調印）**
売主及び買主は、相手方から要求がある場合において、本契約の目的を達成し、本契約に基づく取引を履行するために必要又は適切と認められる限り、更に追加の書類等に調印する。

第 24 条（地位の承継）
売主及び買主は、本契約に基づく契約上の地位及び権利義務の全部又は一部を、相手方当事者の事前の書面による同意なくして、第三者に対して譲渡、移転、担保差入その他の処分をすることができない。

p.208参照　**第 25 条（印紙税の負担）**
本契約書に課せられる印紙税は、売主及び買主がこれを折半して負担する。

第 26 条（修正・変更）
本契約の条項は、売主及び買主の書面による合意によってのみ修正又は変更される。

p.209参照　**第 27 条（完全合意）**
本契約は当事者間の本契約に定める事項についての完全な合意を含むものであり、全ての従前の合意に代わるものである。

p.210参照　**第 28 条（準拠法及び裁判管轄権）**
本契約は日本法を準拠法とし、かつ、同法に従い解釈される。また、本契約に関する紛争については、東京地方裁判所を第一審の専属的合意管轄裁判所とする。

p.211参照　**第 29 条（規定外事項）**
本契約に定めのない事項については、民法、信託法、その他関係法令及び信義誠実の原則に従い、売主及び買主協議の上、決定する。

[以下余白]

本契約締結を証するため、正本2通を作成し、売主及び買主がそれぞれ記名押印の上、各1通を所持する。

●●年●月●日

売主　●●
　　　●●
　　　●●

買主　●●
　　　●●
　　　●●

【買主】信託受益権売買契約書⑮

　本契約締結を証するため、正本 2 通を作成し、売主及び買主がそれぞれ記名押印の上、各 1 通を所持する。

　●●年●月●日

　　　　　売主　　　　●●
　　　　　　　　　　　●●
　　　　　　　　　　　●●

　　　　　買主　　　　●●
　　　　　　　　　　　●●
　　　　　　　　　　　●●

別紙1

本件不動産の表示
＜物件名：●●ビル＞

1. 土地・建物（いずれも登記記録上の記載）

   土 地
   　　所　　在： ●●
   　　地　　番： ●●
   　　地　　目： ●●
   　　地　　積： ●●㎡

   建　物
   　　所　　在： ●●
   　　家屋番号： ●●
   　　種　　類： ●●
   　　構　　造： ●●
   　　床面積： ●●㎡

2. その他
   上記本件不動産の附属設備、工作物及び従物等並びに上記本件不動産に関わる一切の
   権利等

以　上

【買主】信託受益権売買契約書⑯

別紙1

本件不動産の表示
＜物件名：●●ビル＞

1.　土地・建物（いずれも登記記録上の記載）

　　土　地
　　　　所　　在：●●
　　　　地　　番：●●
　　　　地　　目：●●
　　　　地　　積：●●㎡

　　建　物
　　　　所　　在：●●
　　　　家屋番号：●●
　　　　種　　類：●●
　　　　構　　造：●●
　　　　床面積：●●㎡

2.　その他
　　上記本件不動産の附属設備、工作物及び従物等並びに上記本件不動産に関わる一切の
　　権利等

以　上

p.213参照

別紙 2

物件概要書

（添付のとおり）

p.214参照

別紙 3

テナント契約の表示

（添付のとおり）

【買主】信託受益権売買契約書⑰

p.213参照
別紙 2

物件概要書

（添付のとおり）

p.214参照
別紙 3

テナント契約の表示

（添付のとおり）

p.219参照

別紙 4-1

売主の一般的表明保証事項

(1) 売主は、日本法に基づき適法に設立され、有効に存続する合同会社であり、自己の財産を所有する完全な権利能力及び行為能力を有し、現在従事している事業を行い、かつ、本契約を締結し、本契約上の義務を履行するために必要とされる完全な権利能力及び行為能力を有している。

(2) 本契約の締結及び履行並びに本契約において企図される取引の実行は、売主の法人の目的の範囲内の行為であり、売主はかかる本契約の締結及び履行並びに当該取引の実行につき法令諸規則上及び売主の内部規則上必要とされる一切の手続を履践している。

(3) 本契約は、その締結により、売主の適法で有効かつ拘束力を有する義務を構成し、その条項に従い執行可能なものである。

(4) 売主による本契約の締結及び履行並びに本契約において企図される取引の実行のためには、既に売主が適法に取得しているものを除き、何らの政府機関その他の第三者の許可、認可、登録、免許、承認、承諾若しくは同意等又はそれらに対する通知等又は政府機関その他の第三者に対する事前の届出も必要とされない。

(5) 売主の財務状況、経営状況若しくは経済状況、又は売主による本契約の締結及び履行並びに本契約において企図される取引の実行に悪影響を及ぼすようないかなる訴訟、裁判、仲裁、調停その他の法的手続、紛争解決手続及び行政手続はいかなる裁判所、仲裁機関又は行政機関にも係属しておらず、また、売主の知る限り、かかる手続が提起又は開始されるおそれはない。

(6) 売主は、破産手続、民事再生手続、会社更生手続、特定調停手続、特別清算手続、その他類似の法的手続の開始の申立てをしておらず、第三者によるかかる手続の申立てもなされておらず、また売主の知り得る限りそのおそれもない。売主は、解散決議を行い又は解散命令を受けておらず、売主の知り得る限りそのおそれもない。売主は、債務超過、支払不能又は支払停止の状態になく、本契約が予定する取引を行うことによって、債務超過、支払不能又は支払停止の状態に陥ることもなく、売主の知り得る限りそのおそれもない。売主は本契約に基づく義務を履行するために十分な純資産を有する。売主の前所有者から売主への本土地の譲渡に関しても、当該譲渡の時点において売主及び売主の知り得る限り売主の前所有者に本号に定める事由が存在したという事実はない。

【買主】信託受益権売買契約書⑱

p.219参照　　　　　　　　　　　　　　　　　　　　　　　　別紙 4-1

売主の一般的表明保証事項

(1)　売主は、日本法に基づき適法に設立され、有効に存続する合同会社であり、自己の財産を所有する完全な権利能力及び行為能力を有し、現在従事している事業を行い、かつ、本契約を締結し、本契約上の義務を履行するために必要とされる完全な権利能力及び行為能力を有している。

(2)　本契約の締結及び履行並びに本契約において企図される取引の実行は、売主の法人の目的の範囲内の行為であり、売主はかかる本契約の締結及び履行並びに当該取引の実行につき法令諸規則上及び売主の内部規則上必要とされる一切の手続を履践している。

(3)　本契約は、その締結により、売主の適法で有効かつ拘束力を有する義務を構成し、その条項に従い執行可能なものである。

(4)　売主による本契約の締結及び履行並びに本契約において企図される取引の実行のためには、既に売主が適法に取得しているものを除き、何らの政府機関その他の第三者の許可、認可、登録、免許、承認、承諾若しくは同意等又はそれらに対する通知等又は政府機関その他の第三者に対する事前の届出も必要とされない。

(5)　売主の財務状況、経営状況若しくは経済状況、又は売主による本契約の締結及び履行並びに本契約において企図される取引の実行に悪影響を及ぼすようないかなる訴訟、裁判、仲裁、調停その他の法的手続、紛争解決手続及び行政手続はいかなる裁判所、仲裁機関又は行政機関にも係属しておらず、また、かかる手続が提起又は開始されるおそれはない。

(6)　売主は、破産手続、民事再生手続、会社更生手続、特定調停手続、特別清算手続、その他類似の法的手続の開始の申立てをしておらず、第三者によるかかる手続の申立てもなされておらず、また売主の知り得る限りそのおそれもない。売主は、解散決議を行い又は解散命令を受けておらず、売主の知り得る限りそのおそれもない。売主は、債務超過、支払不能又は支払停止の状態になく、本契約が予定する取引を行うことによって、債務超過、支払不能又は支払停止の状態に陥ることもなく、売主の知り得る限りそのおそれもない。売主は本契約に基づく義務を履行するために十分な純資産を有する。売主の前所有者から売主への本土地の譲渡に関しても、当該譲渡の時点において売主及び売主の知り得る限り売主の前所有者に本号に定める事由が存在したという事実はない。

【売主】信託受益権売買契約書⑲

p.219参照

(7) 売主による本契約の締結及び履行は、正当な目的に基づきなされるものであり、売主の詐害的意図又は不法な目的に基づきなされるものではなく、かつ、売主は、売買代金について、隠匿、無償の供与その他の売主の他の債権者を害する処分をする意思を有していない。また、売主による本契約の締結は、売主の債権者を害するものではなく、否認又は詐害行為（信託法及び民法に基づくものを含む。）の対象とならない。売主に本号に定める事由が存在したという事実はない。また、売主は、本件売買代金は売買代金として適正な金額であると認識している。

(8) 売主は、本契約に基づく本件受益権の真正な譲渡を意図している。また売主は、かかる本件受益権の真正な譲渡に関し、適切な社内手続を全て行っており、これと矛盾する手続を行っていない。

(9) 売主自ら及び自らの役員（業務を執行する社員、取締役又はこれらに準ずる者をいう。以下同じ。）は反社会的勢力に該当しない。

(10) 売主は、反社会的勢力に自己の名義を利用させ、本契約を締結するものではない。

以　上

288

【買主】信託受益権売買契約書⑲

p.219参照

(7)　売主による本契約の締結及び履行は、正当な目的に基づきなされるものであり、売主の詐害的意図又は不法な目的に基づきなされるものではなく、かつ、売主は、売買代金について、隠匿、無償の供与その他の売主の他の債権者を害する処分をする意思を有していない。また、売主による本契約の締結は、売主の債権者を害するものではなく、否認又は詐害行為（信託法及び民法に基づくものを含む。）の対象とならない。売主に本号に定める事由が存在したという事実はない。また、売主は、本件売買代金は売買代金として適正な金額であると認識している。

(8)　売主は、本契約に基づく本件受益権の真正な譲渡を意図している。また売主は、かかる本件受益権の真正な譲渡に関し、適切な社内手続を全て行っており、これと矛盾する手続を行っていない。

(9)　売主自ら及び自らの役員（業務を執行する社員、取締役又はこれらに準ずる者をいう。以下同じ。）は反社会的勢力に該当しない。

(10)　売主は、反社会的勢力に自己の名義を利用させ、本契約を締結するものではない。

以　上

売主の主観による限定（p.189）

別紙 4-2

売主の物件に関する表明保証事項

p.223・
p.224参照

(1) 本件不動産の所有権は、受託者のみに帰属し、受託者のみが本件不動産に関する一切の処分権限を有し、かつ本件不動産の所有権に係る対抗要件を具備している。

p.243参照

(2) 売主の知る限り、売主が本件受益権及び本件不動産に関連して買主に提供した、又は提供する文書は、原本又はその真実かつ正確な写しである。

p.228・
p.230参照

(3) 本件不動産に関して売主又は受託者を当事者とする判決、決定、命令又は裁判上の和解はなく、本件不動産に売主又は受託者を当事者とする訴訟その他の法的手続又は行政手続が裁判所又は政府機関に係属していない。

p.231参照

重要性の限定
（p.189）

(4) 売主の知る限り、本件不動産の境界標及び境界線は、買主に交付された実測図等に示されたとおりである。売主の知る限り、本件不動産について、本件土地の隣接地との境界に関する争いは一切なく、全ての隣接地との境界確定がなされている。売主の知る限り、本件不動産に対する隣接地の構造物等による不法な侵害は存在せず、本件不動産の付帯設備等は隣接地に侵入していない（軽微なものを除く。）。

p.229参照

(5) 本件不動産につき、先取特権、抵当権等の担保権、地上権、賃借権等の用益権（テナント契約に基づくものを除く。）、差押え、仮差押え、滞納処分、公租公課その他の賦課金及び負担金の未納分、その他名目形式の如何を問わず、売主又は受託者の完全な所有権及び管理権の行使を阻害する一切の法的負担はなく、かつ、売主及び受託者は、第三者のためにかかる処分を行う義務を負っていない（受託者については売主の知る限り。）。

p.245参照

(6) 売主又は受託者は、本件不動産の所有、賃貸、運営、管理等に関して締結した全ての契約において、売主の本契約上の義務の履行の妨げとなる不履行を行っていない（受託者については売主の知る限り。）。

p.241参照

(7) 本件不動産に対する公租公課その他の賦課金は、納付期限の到来しているものは全て支払われており、何らの滞納もない。売主の知る限り、本件不動産につき通常と異なる賦課は予定されていない。

p.242・
p.243参照

(8) 売主は、買主に対し、本件不動産に関して売主が現に保有する全ての文書（建物又は建物附属設備に関する書面、建築確認通知書、検査済証、保証書その他を含むが、これらには限定されない。）及び情報を提供しており、売主の

【買主】信託受益権売買契約書⑳

別紙 4-2

売主の物件に関する表明保証事項

p.223・p.224参照　(1)　本件不動産の所有権は、受託者のみに帰属し、受託者のみが本件不動産に関する一切の処分権限を有し、かつ本件不動産の所有権に係る対抗要件を具備している。

p.243参照　**情報の正確性（p.41）**　(2)　売主が本件受益権及び本件不動産に関連して買主に提供した、又は提供する文書は、原本又はその真実かつ正確な写しであり、別紙１及び２記載の内容及び当該文書に記載された情報は、全ての事項について省略されておらず、真実かつ正確である。

p.228・p.230参照　(3)　本件不動産に関して売主又は受託者を当事者とする判決、決定、命令又は裁判上の和解はなく、本件不動産に売主又は受託者を当事者とする訴訟その他の法的手続又は行政手続が裁判所又は政府機関に係属しておらず、そのおそれもない。

p.231参照　(4)　本件不動産の境界標及び境界線は、買主に交付された実測図等に示されたとおりである。本件不動産について、本件土地の隣接地との境界に関する争いは一切なく、全ての隣接地との境界確定がなされている。本件不動産に対する隣接地の構造物等による不法な侵害は一切存在せず、本件不動産の付帯設備等は隣接地に一切侵入していない。

p.229参照　(5)　本件不動産につき、先取特権、抵当権等の担保権、地上権、賃借権等の用益権（テナント契約に基づくものを除く。）、差押え、仮差押え、滞納処分、公租公課その他の賦課金及び負担金の未納分、その他名目形式の如何を問わず、売主又は受託者の完全な所有権及び管理権の行使を阻害する一切の法的負担はなく、かつ、売主及び受託者は、第三者のためにかかる処分を行う義務を負っていない。

p.245参照　(6)　売主又は受託者は、本件不動産の所有、賃貸、運営、管理等に関して締結した全ての契約において、売主の本契約上の義務の履行の妨げとなる不履行を行っていない。

p.241参照　(7)　本件不動産に対する公租公課その他の賦課金は、納付期限の到来しているものは全て支払われており、何らの滞納もない。本件不動産につき通常と異なる賦課は予定されていない。

p.242・p.243参照　**資料の網羅性（p.40）**　(8)　売主は、買主に対し、本件不動産に関する全ての文書（建物又は建物附属設備に関する書面、建築確認通知書、検査済証、保証書その他を含むが、これ

p.242・p.243参照
知る限り、提供した文書は原本又はその真実かつ正確な写しであり、提供した情報は真実かつ正確なものである。

p.237参照
(9) 売買実行日において、別途買主に対して開示されているものを除き、本件不動産に関する賃貸借契約はテナント契約以外に存在しない。

p.237参照
(10) テナントとの間でテナント契約以外の何らの契約・合意も交わされておらず、売主の知る限り、テナントにおいて賃料不払等の金銭債務及びその他の債務不履行の事実はなく、テナントの義務は全て履行されている。

p.239参照
(11) 売主の知る限り、テナントは売主に対して、敷金返還請求権を除くほか、金銭債権の承継又は取得を主張する権利を一切有しておらず、また、本契約締結以前にかかる債権を生ぜしめる事由又は原因は生じていない。

p.239参照
(12) 売主の知る限り、売主がテナント契約における賃貸人たる地位に基づく義務を履行する限りにおいて、賃料債権の行使を妨げる抗弁事由は一切発生していない。

p.238参照
(13) 売主の知る限り、買主に対して事前に書面により開示されているものを除き、いずれのテナント契約についても無効、取消し、解除又は解約の原因は存在していない。売主は、テナントから書面又は口頭により賃料減額請求若しくはその他賃貸借条件変更の申し入れを受領しておらず、その予定もない。

p.246参照
(14) 売主の知る限り、本件不動産に関するスキーム関係者、テナント若しくはその適法な転借人その他本件不動産の占有者又は以上に記載した者が団体である場合にはその構成員（その団体の構成員である団体の構成員を含む。）が、反社会的勢力であるという事実、又は反社会的勢力の影響下にあるという事実は存在しない。本件不動産について、反社会的勢力が関与する紛争（法的手続によるものに限られず、苦情申立や不当要求を含む。）が生じたことはない。更に、売主は、本件不動産に関し、反社会的勢力との間で資金の授受を行ったことがない。

p.238参照
(15) 売主の知る限り、本件不動産はテナントがテナント契約により賃貸されている部分を現に占有しており、それ以外に本件不動産を占有している者はいない。

p.231参照
(16) 売主の知る限り、売主は、近隣住民等との間に生ずる本件不動産に関わる日照・採光・眺望の阻害、圧迫感、風害、電波障害及び工事騒音、プライバシー侵害、その他の近隣問題並びに関係官庁の行政指導等について、クレーム、訴訟、調停、仲裁、その他の法的申立手続等の申立てを受けたことはない。

【買主】信託受益権売買契約書㉑

p.242・
p.243参照

情報の完全性
（p.42）

らには限定されない。）及び情報を提供しており、提供した文書は原本又は
その真実かつ正確な写しであり、提供した情報は真実かつ正確なものであり、
本件不動産又はそれに関する権利の運営管理又は価値に影響を及ぼす情報
が省略されていない。

p.237参照

(9)　売買実行日において、別途買主が書面で承諾したものを除き、本件不動産に
関する賃貸借契約はテナント契約以外に存在しない。

p.237参照

(10)　テナントとの間でテナント契約以外の何らの契約・合意も交わされておらず、テ
ナントにおいて賃料不払等の金銭債務及びその他の債務不履行の事実はなく、
テナントの義務は全て履行されている。

p.239参照

(11)　テナントは売主に対して、敷金返還請求権を除くほか、金銭債権の承継又は取得
を主張する権利を一切有しておらず、また、本契約締結以前にかかる債権を生ぜ
しめる事由又は原因は生じていない。

p.239参照

(12)　売主がテナント契約における賃貸人たる地位に基づく義務を履行する限りにおい
て、賃料債権の行使を妨げる抗弁事由は一切発生していない。

p.238参照

(13)　買主に対して事前に書面により開示されているものを除き、いずれのテナント契約
についても無効、取消し、解除又は解約の原因は存在していない。売主は、テナ
ントから書面又は口頭により賃料減額請求若しくはその他賃貸借条件変更の申し
入れを受領しておらず、その予定もない。

p.246参照

(14)　本件不動産に関するスキーム関係者、テナント若しくはその適法な転借人その他
本件不動産の占有者又は以上に記載した者が団体である場合にはその構成員
（その団体の構成員である団体の構成員を含む。）が、反社会的勢力であるという
事実、又は反社会的勢力の影響下にあるという事実は存在しない。本件不動産に
ついて、反社会的勢力が関与する紛争（法的手続によるものに限られず、苦情申
立や不当要求を含む。）が生じたことはない。更に、売主は、本件不動産に関し、
反社会的勢力との間で資金の授受を行ったことがない。

p.238参照

(15)　本件不動産はテナントがテナント契約により賃貸されている部分を現に占有して
おり、それ以外に本件不動産を占有している者はいない。

p.231参照

(16)　売主は、近隣住民等との間に生ずる本件不動産に関わる日照・採光・眺望の阻
害、圧迫感、風害、電波障害及び工事騒音、プライバシー侵害、その他の近隣問
題並びに関係官庁の行政指導等について、クレーム、訴訟、調停、仲裁、その他
の法的申立手続等の申立てを受けたことはなく、これからも受ける具体的なおそ
れはない。

【売主】信託受益権売買契約書㉒

p.183参照 (17) 本契約において買主又は買主が指定する者が売主より承継又は新たに引き受けると明記されたものを除き、本件不動産に関して買主又は買主が指定する者が承継又は引き受けるべき契約又は債務は存在しない。

p.223参照 (18) （意図的に削除）

p.233参照 (19) 売主の知る限り、本件建物は、法令諸規則及び建築実務慣行に基づき適法かつ適切に建築されている。本件不動産について、売主は、担当行政機関、裁判所その他の第三者からかかる適用される法令諸規則に違反がある旨の通知を受けていない。

p.243参照 (20) 本件不動産に関し、売主は、政府機関、裁判所又は第三者から、環境法令諸規則（条例を含む。以下、本号において同じ。）に違反し又は違反するおそれがある旨の通知又は連絡を受けていない。売主は、土壌汚染対策法に基づき、本件土地について土壌の特定有害物質による汚染の状況について調査を行うよう通知を受けていない。

p.247参照 (21) 売主の知る限り、本件土地につき、通常の工法では除去できないような岩盤、地中障害物等の物的障害物（本件建物の基礎部分及び本件建物の建築時に使用した山留H鋼等、その他本件建物の存立に必要な設備を除く。）はない。

以　上

【買主】信託受益権売買契約書㉒

p.183参照	(17)	本契約において買主又は買主が指定する者が売主より承継又は新たに引き受けると明記されたものを除き、本件不動産に関して買主又は買主が指定する者が承継又は引き受けるべき契約又は債務は存在しない。
p.223参照	(18)	本件不動産又はそれに関する権利の運営管理又は価値に悪影響を及ぼす本件不動産の欠陥又は関連の権利は存在しない。本件不動産は、建築当時の法令諸規則及び建築実務慣行に基づき適法かつ適切に建築されており、その建築年数及び構造分類に鑑み、構造上強固であり、新耐震設計法基準を形式及び実質の両面で満たし、その基礎部分、屋根、外壁並びに空調設備、電気、水道、エレベーターその他の建築附属設備には、本件不動産の利用者による使用に支障をきたすような欠陥が一切存在しない。
p.233参照	(19)	本件建物は、法令諸規則及び建築実務慣行に基づき適法かつ適切に建築されている。本件建物については、建築当時の有効な建築確認が得られ、その建築確認通知書に従った建設が行われていることを証する検査済証が得られ、その他、本件不動産については、建築基準法、都市計画法及び消防法、環境法令等の適用される法令諸規則等に違反した状態は存在しない。本件不動産について、売主は、担当行政機関、裁判所その他の第三者からかかる適用される法令諸規則に違反がある旨の通知を受けていない。本件土地上には、本件建物以外に、構造上又は経済上独立した建物又は構造物は存在しない。
p.243参照	(20)	本件不動産の如何なる部分も産業廃棄物を処理・処分する事業又は特別管理産業廃棄物を排出する事業（但し、売主が正規の廃棄物処理業者を通じて適法かつ適切に廃棄物を処理している場合は除く。）に利用されたことはなく、物件概要書に記載された事項を除き、日本国の法令諸規則上その使用が禁止、制限その他の方法により規制されている物質又は、本件不動産の所有、使用、改良又は譲渡が行われる場合に、費用、義務又は何らかの制限を負うこととなると合理的に予想することのできる物質の保管、維持、製造、加工又は処分のために利用されたことはなく、本件不動産にはこれらの物質は存在しない。本件不動産に関し、売主は、政府機関、裁判所又は第三者から、環境法令諸規則（条例を含む。）に違反し又は違反するおそれがある旨の通知又は連絡を受けたことはない。本件不動産は、全ての環境規制及びそれに類する法令諸規則を遵守している。売主は、土壌汚染対策法に基づき、本件土地について土壌の特定有害物質による汚染の状況について調査を行うよう通知を受けたことはない。
p.247参照	(21)	本件土地につき、通常の工法では除去できないような岩盤、地中障害物等の物的障害物（本件建物の基礎部分及び本件建物の建築時に使用した山留Ｈ鋼等、その他本件建物の存立に必要な設備を除く。）はない。

以　上

別紙 4-3

売主の本件受益権に関する表明保証事項

p.223参照 (1) 本件受益権は売主のみに帰属し、売主のみが一切の処分権限を有している。

p.226参照 (2) 本件受益権の成立、存続及び行使を妨げる抗弁事由が存在しない。

p.227参照 (3) 本件受益権につき、元本償還は一切行われていない。

p.224参照 (4) 売主は、売買実行日における受託者の承諾を条件として本件受益権を適法かつ有効に売主から買主に譲渡することができ、その他、売主の知る限り、本件受益権に関し買主が完全な権利を取得するのに妨げとなる事由及び第三者の権利は存在しない。

p.223参照 (5) 本件信託契約は法的に強制執行可能な契約であり、その契約条項に従って売主は拘束される。本件信託契約以外に売主と受託者との間で本件信託契約に関連して受益者の変更に伴い売主から買主に承継される何らの契約・合意も交わされていない。

p.223参照 (6) 本件受益権につき、本件信託契約の条項の変更、免除若しくは放棄、又は第三者に対する譲渡、担保設定は行われておらず、かつ、売主が第三者のために将来そのような処分を行う義務を負っていない。また、売主は、本件受益権につき、本契約に基づく買主の権利に悪影響を及ぼし、又は及ぼすおそれのある譲渡及び担保設定以外の方法による処分を行っておらず、かつ、売主が第三者のために将来そのような処分を行う義務を負っていない。

p.227参照 (7) 本件信託契約に基づく受益者の義務について未履行であるものはない（軽微なものを除く。）。また、本件信託契約上買主の権利に悪影響を及ぼす売主の義務違反が発生していない。本件信託契約は有効に締結され、存続しており、無効、取消し、解除又は解約の原因は存在していない。売主は、受託者から解約（解除）通知又はその他信託の終了に関する通知を受領しておらず、その予定もない。

p.226参照 (8) 本件受益権の成立、存続、帰属又は行使について、第三者によるいかなる訴訟、仲裁、調停又は行政上の手続も係属していない。

p.228参照 (9) 本件受益権の全部又は一部について、第三者による差押え又は仮差押え若しくは仮処分の申立てが行われておらず、その他本契約に基づく買主の権利に悪影響を及ぼす又はそのおそれのある権利又は負担が付着していない。

以　上

【買主】信託受益権売買契約書㉓

別紙 4-3

売主の本件受益権に関する表明保証事項

p.223参照　　(1)　本件受益権は売主のみに帰属し、売主のみが一切の処分権限を有している。

p.226参照　　(2)　本件受益権の成立、存続及び行使を妨げる抗弁事由が存在しない。

p.227参照　　(3)　本件受益権につき、元本償還は一切行われていない。

p.224参照　　(4)　売主は、売買実行日における受託者の承諾を条件として本件受益権を適法かつ有効に売主から買主に譲渡することができ、その他、本件受益権に関し買主が完全な権利を取得するのに妨げとなる事由及び第三者の権利は存在しない。

p.223参照　　(5)　本件信託契約は法的に強制執行可能な契約であり、その契約条項に従って売主は拘束される。本件信託契約以外に売主と受託者との間で本件信託契約に関連して受益者の変更に伴い売主から買主に承継される何らの契約・合意も交わされていない。

p.223参照　　(6)　本件受益権につき、本件信託契約の条項の変更、免除若しくは放棄、又は第三者に対する譲渡、担保設定は行われておらず、かつ、売主が第三者のために将来そのような処分を行う義務を負っていない。また、売主は、本件受益権につき、本契約に基づく買主の権利に悪影響を及ぼし、又は及ぼすおそれのある譲渡及び担保設定以外の方法による処分を行っておらず、かつ、売主が第三者のために将来そのような処分を行う義務を負っていない。

p.227参照　　(7)　本件信託契約に基づく受益者の義務について未履行であるものはない。また、本件信託契約上買主の権利に悪影響を及ぼす売主の義務違反が発生していない。本件信託契約は有効に締結され、存続しており、無効、取消し、解除又は解約の原因は存在していない。売主は、受託者から解約（解除）通知又はその他信託の終了に関する通知を受領しておらず、その予定もない。

p.226参照　　(8)　本件受益権の成立、存続、帰属又は行使について、第三者によるいかなる訴訟、仲裁、調停又は行政上の手続も係属しておらず、また、そのおそれも存しない。

p.228参照　　(9)　本件受益権の全部又は一部について、第三者による差押え又は仮差押え若しくは仮処分の申立てが行われておらず、その他本契約に基づく買主の権利に悪影響を及ぼす又はそのおそれのある権利又は負担が付着していない。

以　上

別紙 5

買主の表明保証事項

p.248参照

(1) 買主は、日本法に基づき適式に設立され、有効に存続する合同会社であり、自己の財産を所有する完全な権利能力及び行為能力を有し、現在従事している事業を行い、かつ、本契約を締結し、本契約上の義務を履行するために必要とされる完全な権利能力及び行為能力を有している。

(2) 買主による本契約の締結及び履行並びに本契約において企図される取引の実行は、買主の法人の目的の範囲内の行為であり、買主はかかる本契約の締結及び履行並びに当該取引の実行につき法令諸規則上及び買主の内部規則において必要とされる一切の手続を履践している。

(3) 本契約に基づく買主の債務は、適法、有効かつ法的拘束力を有するものであり、一般的に債権者の権利の強制可能性に影響を与える適用ある法律の制約に服するほか、買主に対し契約条項に従って強制することが可能である。

(4) 買主による本契約の締結及び履行並びに本契約において企図される取引の実行のためには、既に買主が適法に取得しているものを除き、何らの政府機関その他の第三者の許可、認可、登録、免許、承認、承諾若しくは同意等又はそれらに対する通知等又は政府機関その他の第三者に対する事前の届出も必要とされない。

(5) 買主の財務状況、経営状況若しくは経済状況、又は買主による本契約の締結及び履行並びに本契約において企図される取引の実行に悪影響を及ぼすようないかなる訴訟、裁判、仲裁、調停その他の法的手続、紛争解決手続及び行政手続はいかなる裁判所、仲裁機関又は行政機関にも係属しておらず、また、買主の知る限り、かかる手続が提起又は開始されるおそれがない。

(6) 買主は、債務超過、支払停止又は支払不能その他の無資力の状態にはなく、本契約の締結及び履行並びに本契約において企図される取引の実行により、債務超過、支払停止又は支払不能その他の無資力の状態に陥るおそれがない。買主について、倒産手続等の開始の申立てはされておらず、かかる申立ての原因は存在していない。

(7) 買主は、破産手続、民事再生手続、特別清算手続、特定調停手続、その他類似の法的手続の開始の申立てをしておらず、第三者によるかかる手続の申立てもなされておらず、また買主の知り得る限りそのおそれもない。買主は、解散決議を行い又は解散命令を受けておらず、買主の知り得る限りそのおそれもない。買主は、支払不能又は支払停止の状態になく、本契約が予定する取引を行うことによって、支払不能又は支払停止の状態に陥ることもなく、買主の知り得る限りそのおそれもない。買主は本契約に基づく義務を履行するために十分な純資産を有する。

(8) 買主は、自ら及び自らの役員が反社会的勢力に該当しない。

【買主】信託受益権売買契約書㉔

別紙 5

買主の表明保証事項

p.248参照

(1) 買主は、日本法に基づき適式に設立され、有効に存続する合同会社であり、自己の財産を所有する完全な権利能力及び行為能力を有し、現在従事している事業を行い、かつ、本契約を締結し、本契約上の義務を履行するために必要とされる完全な権利能力及び行為能力を有している。

(2) 買主による本契約の締結及び履行並びに本契約において企図される取引の実行は、買主の法人の目的の範囲内の行為であり、買主はかかる本契約の締結及び履行並びに当該取引の実行につき法令諸規則上及び買主の内部規則において必要とされる一切の手続を履践している。

(3) 本契約に基づく買主の債務は、適法、有効かつ法的拘束力を有するものであり、一般的に債権者の権利の強制可能性に影響を与える適用ある法律の制約に服するほか、買主に対し契約条項に従って強制することが可能である。

(4) 買主による本契約の締結及び履行並びに本契約において企図される取引の実行のためには、既に買主が適法に取得しているものを除き、何らの政府機関その他の第三者の許可、認可、登録、免許、承認、承諾若しくは同意等又はそれらに対する通知等又は政府機関その他の第三者に対する事前の届出も必要とされない。

(5) 買主の財務状況、経営状況若しくは経済状況、又は買主による本契約の締結及び履行並びに本契約において企図される取引の実行に悪影響を及ぼすようないかなる訴訟、裁判、仲裁、調停その他の法的手続、紛争解決手続及び行政手続はいかなる裁判所、仲裁機関又は行政機関にも係属しておらず、また、買主の知る限り、かかる手続が提起又は開始されるおそれがない。

(6) 買主は、債務超過、支払停止又は支払不能その他の無資力の状態にはなく、本契約の締結及び履行並びに本契約において企図される取引の実行により、債務超過、支払停止又は支払不能その他の無資力の状態に陥るおそれがない。買主について、倒産手続等の開始の申立てはされておらず、かかる申立ての原因は存在していない。

(7) 買主は、破産手続、民事再生手続、特別清算手続、特定調停手続、その他類似の法的手続の開始の申立てをしておらず、第三者によるかかる手続の申立てもなされておらず、また買主の知り得る限りそのおそれもない。買主は、解散決議を行い又は解散命令を受けておらず、買主の知り得る限りそのおそれもない。買主は、支払不能又は支払停止の状態になく、本契約が予定する取引を行うことによって、支払不能又は支払停止の状態に陥ることもなく、買主の知り得る限りそのおそれもない。買主は本契約に基づく義務を履行するために十分な純資産を有する。

(8) 買主は、自ら及び自らの役員が反社会的勢力に該当しない。

索引

memo

【著者紹介】

竹永 良典（たけなが よしのり）

証券化ビジネス黎明期において株式会社新生銀行でノンリコースローン業務に携わる。

株式会社シンプレクス・インベストメント・アドバイザーズにてアクイジション・クロージングを担当（累計1兆円）。

飛鳥リアルエステートアドバイザリー株式会社にて、AM各社に対してクロージング支援業務を提供（累計4千億円）。

不動産鑑定士、国際資産評価士（機械・設備）。

上場企業を始めとした社内研修講師受命多数。

飛鳥リアルエステートアドバイザリー株式会社

不動産投資法人運用会社、不動産ファンド運用会社等のプロフェッショナルに対してクロージング支援・サービスを提供するコンサルティングファーム。10銘柄を超える投資法人に対し、継続的支援を展開。

不動産証券化ビジネスの教科書 [クロージング実務入門]

発行日	2022年 7月 1日	第1版第1刷
	2024年 3月 1日	第1版第4刷

著　者	竹永　良典
編　著	飛鳥リアルエステートアドバイザリー株式会社

発行者	斉藤　和邦
発行所	株式会社　秀和システム
	〒135-0016
	東京都江東区東陽2-4-2　新宮ビル2F
	Tel 03-6264-3105（販売）Fax 03-6264-3094
印刷所	三松堂印刷株式会社　　　Printed in Japan

ISBN978-4-7980-6746-9 C2034

定価はカバーに表示してあります。

乱丁本・落丁本はお取りかえいたします。

本書に関するご質問については、ご質問の内容と住所、氏名、電話番号を明記のうえ、当社編集部宛FAXまたは書面にてお送りください。お電話によるご質問は受け付けておりませんのであらかじめご了承ください。